应用语言学系列教材

总主编　陈章太　于根元

应用语言学概论

主　编　于根元

副主编　郭　熙

编　者　侯　敏　李宇明

夏中华　邢　欣

应用语言学系列教材

总　　序

应用语言学事实的存在源远流长，而作为一门独立的实验性学科其历史则较短。1870 年波兰语言学家 J.N.博杜恩·德·库尔德内提出“应用语言学”这一术语，经过近百年的酝酿、探索，到 20 世纪 40—50 年代，第二次世界大战后，由于社会、科技、文化、教育等的发展，对语言在各方面的应用提出了诸多课题，于是一门多学科结合的应用语言学才作为独立学科建立起来。60 年代开始进入发展时期，其标志是 1964 年第一届国际应用语言学大会在法国召开和国际应用语言学协会的成立。弗里斯(C.Fries)、拉多(R.Lado)、弗格森(C.Ferguson)、里弗斯(W.Rivers)等对应用语言学的建立、发展做出了重要贡献。20 世纪 60 年代以来，国外在语言信息处理和计算语言学，社会语言学，语言规划及语言教学理论、方法和手段等方面都比较先进。语言信息处理和计算语言学是随着语言学与计算机的紧密结合而迅速发展起来的，沃古瓦(B. Vauquois)、伍兹(W.Woods)、维诺格拉德(T.Winograd)、海斯(D. G.Hays)、巴希勒(Bar-Hillel)、马丁·凯依(Martin Kay)等贡献很大。社会语言学在欧、美一些国家先发展起来，拉波夫(W. Labov)、甘柏兹(J.J.Gumperz)、海姆斯(D.H.Hymes)、罗曼(S. Romaine)、特鲁吉尔(P.Trudgill)等人很有贡献，他们以其研究成果及方法论为支柱形成了各自的特色，在社会上影响较大。语言规划方面，美国、法国和俄罗斯也比较领先，威因里希(Ureil Weinrich)、费什曼(S.Fishman)、克洛斯(Kloss)等发挥了重要作用。从总体上看，国外应用语言学发展很快，但在理论上还比较薄弱，这有多方面原因：一个是学科形成到现在的时间还不太长，学科基础不够深厚，理论研究自然比较薄弱；另一个是应用语言学涵盖的内容繁多，不容易进行总的理论概括和总结。加强应用语言学各分支学科方法论的综合梳理与总结，加强应用语言学基本理论研究，将是应用语言学今后在理论建设方面的重要任务。中国应用语言学形成于20世纪80—90年代，其标志是1984年语言文字应用研究所的成立和1992年《语言文字应用》杂志创刊。1995年召开“首届全国语言文字应用学术研讨会”，会上的学术成果丰富多彩，充分显示我国的应用语言学已经有了一定基础。我国应用语言学能在20世纪80—90年代成为独立学科，主要有两方面原因：一是社会发展的需要，二是受国外的影响。这时，我国实行改革开放，加快现代化建设步伐，强调新兴学科和交叉学科的建设，更加重视应用，强调科学研究与现代化建设紧密结合，而国外的应用语言学已经走过一段较长的路，并成为热门学科，我们引进了这门新兴、实用的学科及国外的先进成果。我国应用语言学自建立以来，已经有了长足的发展，相继成立了一批专门研究机构，创办了语言应用、语言教学和语言信息处理等专业刊物，筹备成立学术团体，建立了一批硕士点和博士点，并逐步建立了学科基地，在高等院校开设了专业课程，培养了一批专业人才，建立了专业队伍，取得了不少有价值的成果。进入新世纪，我国应用语言学在研究、解决语言应用的实际问题，正确引导我国语言生活，满足社会、文教、科技的需求等方面，应当作出更大的成绩，同时为世界应用语言学的发展作出贡献。

应用语言学是一门独立的交叉学科，分广义、狭义两种。狭义的应用语言学研究语言教学。中国一般取广义的，也有取狭义的。我们取广义的，包括语言应用的各个方面，范围是开放的，具体包括四大部分：一是语言教学，主要研究第二语言教学或外语教学；二是语言规划，主要研究语言地位问题和语言文字规范化、标准化；三是广义的社会语言学，研究语言同社会的关系和语言的社会应用；四是语言本体和本体语言学同现代科技的关系，例如语言信息处理和计算语言学。应用语言学是语言本体和本体语言学同相关学科发生关系的学科。作为交叉学科，它和本体语言学具有交融性。如，语法学谈语法结构属于本体研究，而谈语法运用就跨界了，谈语法规范基本上属于应用语言学了。应用语言学既注重语言应用规律和基础理论的研究，更着眼于语言的实际应用研究；既注重思辨性的探讨，更立足于自然观察、社会调查和科学实验。

正是由于应用语言学的理论比较薄弱，所以过去国内外有些人认为，应用语言学没有什么理论，它只是对语言学理论的运用。这种认识显然是不全面的，没有理论怎么能成为一门学科？事实上应用语言学有自己的理论，如交际理论、动态理论、中介理论和人文性理论，尽管这些理论还不够成熟，也还有待进一步完善。交际理论是居总纲位置的理论，是本体语言学和应用语言学结合的纽带。交际是一种活动，语言存在于交际活动之中。因此，语言是动态的，是不断发展变化的，动态性是语言的本质。其实人们早就看到了语言的动态性，问题是如何看待语言的动态和静态的关系及地位。由于结构主义语言学的影响，很长一个时期里，人们习惯于把静态看做是语言的本质特征，认为动态是对静态使用的表现。

语言的动态理论则认为，物体运动速度不同，速度相对比较慢的叫稳态，速度相对比较快的叫动态，动态是语言的主导方面。而所谓的静态只是为了研究、说明、解释的需要而提出的一种状态。中介理论一开始是从语言教学中来的，现在不仅语言教学讲中介，社会语言学也重视中介。还有人文性理论。这三者都是语言交际理论下位层次的理论，此外还有层次理论、潜显理论等。与理论相关联的是方法，应用语言学的方法有综合的，也有本学科常用的，总体上是兼容的。其实有些方法很难截然分开是属于本体语言学或其他学科还是应用语言学的，只是在研究中有时会有所侧重。另外，方法和方法论也有层次，在一个层次里是方法，在另一个层次里它可能又是方法论。应用语言学的交叉学科性质，决定它的方法主要是兼容、综合的。有传统语言学和其他学科的方法，如比较法，它从本体语言学中来，在应用语言学中也非常重要。应用语言学也有自己比较常用的方法，比如实验法和计量法，这些方法在传统语言学和有些学科中也使用。现在就我国来看，实验法在应用语言学中用得不够好。计量法在我国应用语言学中有的用得比较好，但总体上用得还比较少，而国外这方面用得很好。还有调查法，这在传统语言学和有些学科中也用，但应用语言学中用得更多一些。可以说，实验法、调查法和计量法是应用语言学的基本方法。应用语言学的方法论主要是实证论，特别强调所使用的方法要受到实践的检验。

我国应用语言学研究有自己的特色。我国应用语言学建立的背景是：那时语言教学需要加强，尤其是对外汉语教学和双语教学；语言文字工作决策要进一步科学化；语言研究要更好地为现代化建设服务;新兴的交叉学科要进一步发展。语言文字应用研究所就是随着这些条件的出现而建立和发展起来的,我国的应用语言学实际上也是随着这些条件的出现产生和发展的,并为这些条件的发展作出了贡献。我国的应用语言学十多年来与上面几个方面的需要和发展同命运,与我国的改革开放同命运,因而得到了迅速的发展。跟国外相比较,我们的应用语言学比较注意研究各分支学科的实际问题和总规律,而且认为应用语言学不只是理论的应用,本身也有理论。在理论方面,有从国外借鉴而有所发展的,有主要是我国提出的。在分支学科方面,尤其是语言规划、语言与社会文化、语言信息处理等,我们也有许多特点。我国应用语言学学科一建立,基本上就是取广义的,在研究中跟语言实际紧密结合,力求解决我国语言应用、语言教学和语言生活中的实际问题。我国的语言应用研究还跟本体语言研究密切结合。一个时期我国的本体语言学很受重视,现在研究应用语言学的学者有一批是从本体语言研究中来的,他们兼做本体和应用两方面的研究,这对应用语言学的发展十分有利。有比较好的本体语言研究做基础,这是我国自古以来就有的好传统,也是我国语言应用研究的一个特点和长处。

近些年来,我国的应用语言学得到了比较快的发展,这是令人鼓舞的。一门学科的发展,要具备两个相互推动的基本条件:一是社会发展的需要,这是外部条件;二是及时满足社会发展的需要,这是内部条件。从外部条件看,我国社会条件的改善,社会生活的发展,科学技术的现代化,改革开放的深化等等,对我国的应用语言学提出了许多要求,同时也为其发展创造了良好的条件。从内部条件看，重视、关心、参加语言应用研究，是我国自古以来语言研究的传统。同时，我们还有了一支良好的研究队伍。我国的应用语言学正遇到好时机，在今后时期内将会有较大的发展，理论和方法方面也会有所加强和完善。但就目前来看，我国的应用语言学在理论建设、方法研究、队伍建设及学科的整体规划方面，还存在不足，学科的发展有一定的局限性。理论建设的不足，跟我们的语言应用研究工作急于求成，追求立竿见影的效果有很大关系。语言应用是个庞大而复杂的系统工程，启动起来需要一定时间，而要停下来，由于惯性作用也需要时间，所以语言工作有时要适度超前，做好促进工作。对队伍建设的重视不够，也跟过去对语言应用的认识不足有关。在方法、方法论建设方面，现在做得不够好，研究不够深入，计量、实验等方法用得较少，还有为方法而方法的情况，采用的方法不能很好地说明问题。对应用语言学学科建设的总体规划不够完整、不够清晰、不够具体，这也是比较重要的问题。存在上述问题，既有历史的也有现实的原因。历史上，我国的语言学理论建设有较大局限，科学方法没有很好发展起来。现实中，与现代科技的结合比较薄弱。今后我们要在这些方面加倍努力。应用语言学是新兴的交叉学科，因此队伍建设要重视跨学科人才的培养，加强两栖人才、复合型人才的培养。作为现代应用语言学研究者，应该懂语言学又懂现代科技及其他相关学科。学科建设，还要有学科带头人、学术领袖和高层次的学术群体。纵观我国学科发展情况，学科带头人或学术领袖起了很大作用。学术群体不一定是地域性的，可以跨地域跨学科，既有共同点，又有个性，群体与群体之间是合作的、交融的。我们还要营造良好的学术空气，要提倡学术民主，在这方面我们和国外差距较大。应用语言学搞得好不好，要看我们对问题的解决程度，对学科发展的贡献和对社会发展的贡献，这是学科发展的立足点。

学科建设的一个重要方面是教材建设。在 1998 年第二届全国语言文字应用学术研讨会上，许嘉璐先生对应用语言学科今后的发展谈了三点意见：一是要加强理论建设，二是要使应用语言学进入大学课堂，三是研究人员要实行知识更新。会后，我们讨论了应用语言学进入大学课堂问题，想组织人员编写应用语言学系列教材。不久，北京广播学院播音主持艺术学院和商务印书馆汉语编辑室共同策划此事。1999 年 10 月，在北京广播学院召开了第四次应用语言学学术研讨会，会议的主题之一就是应用语言学教材建设。陈章太在会上作了“关于编写应用语言学系列教材的几个问题”的报告。陈章太说：“应用语言学在国际、国内建立以后，其基础知识、基本理论与主要方法，以及新的研究成果，应当编入有关的教材当中；而在现代化建设进程中，应用语言学在解决社会、政治、经济、教育、文化、科技等对它提出的问题时，取得了明显的成绩，这也要通过教材把它总结、肯定下来，以便传授给众多的专业受业者，并促进本学科的不断发展。然而我国至今还没有成体系的应用语言学教材，更谈不上教材的多样与选择了，这不能不说是一种不小的损失和遗憾！摆在我们应用语言学者面前的一项紧迫任务，就是充分发挥集体的力量和有利的条件，尽快编写、出版一套具有中国特色的有较高水平的应用语言学教材。”（《语言文字应用》2000 年第 1 期）这次研讨会之前，已经策划快一年了。会议结束的第二天，在商务印书馆召开了总主编、分册主编、策划人员等参加的工作会议。陈章太就编写应用语言学系列教材的缘起、特色、编写人员、具体要求和第一批书目等问题做了具体说明。计划第一批编写10本，都叫概论。总主编是我们两人。于根元主编《应用语言学概论》，俞士汶主编《计算语言学概论》，庄文中主编《中小学语言教学概论》，赵金铭主编《对外汉语教学概论》，陈章太主编《语言规划概论》，戴庆厦主编《社会语言学概论》，张颂主编《传播语言概论》，李如龙主编《文化语言学概论》，曹先擢主编《中国辞书学概论》，袁晖主编《汉语语体概论》。会议决定成立这套教材编委会，由总主编、分主编和有关人员组成。各分册编者请有实力的本学科学术带头人担任，组织编写人员时应注意老中青结合、教学人员与科研人员结合。每一分册的编写组拟出大纲，其框架和内容经过编委会详细讨论，最后由总主编和分主编审订。会议商定2002年陆续完成初稿，由分主编统稿，总主编审稿，最后由分主编定稿，2003年分期出版。期间又召开了几次编委会，主要讨论全书的内容、写法、体例，及有关的编务，交流各书大纲和编写过程中的问题。编写、出版工作大体按计划进行。这套教材的体例总的来说是统一的，第一章是"绪论"，最后一章是"回顾与展望"。一般每节后面配有思考和练习题，章后附有参考文献，书末附有术语表。各书有自己的内容，但有的内容是共有的，共有的内容在观点和写法上会有一些不一致的地方，可说是大同小异吧，这是很自然的事儿，可能有利于学术的发展。由于我们的水平和经验所限，这套教材的编写还有不尽如人意的地方，敬请读者朋友不吝赐教。两年后，我们将根据读者意见和学科发展及教学实际的需要，再进行认真的修订。

最后我们要衷心感谢参加这套教材编写的全体同仁，正是由于他们的辛勤劳动，编写工作才得以顺利完成。我们还应该真诚感谢商务印书馆与北京广播学院播音主持艺术学院的领导和有关同志，正是由于他们的最大支持和认真督促，这套教材才能够如期与读者见面。

陈章太　于根元

2003年4月

目　　录

第一章　绪论

第一节　语言应用研究的意义

语言是人类最重要的交际工具。语言的神秘、语言的力量以及语言的运用等一直为人所注意。因此，自从有了语言，人们就开始关心语言问题。语言涉及的方面很多。不同的时代，不同的人，出于不同的目的，对语言有不同的观察角度，这就形成了不同的语言学科。应用语言学是从语言应用角度研究语言的一门学科。

为什么要开展语言应用的研究？这是一个既简单又复杂的问题。多少年来，人们都希望知道语言是什么，进行过大量的研究和探索，逐步形成了一门独立的语言学。在这个过程中，一些非常有影响的理论认为只有为语言而研究语言才能认识语言，才能建立真正的语言学。因此，在相当长的一个时期里，人们把研究的重点集中在语言的本身。然而，随着语言研究的深入，人们认识到语言研究并不像原来想象的那样可以把语言封闭起来进行。语言是社会历史发展的产物，是在运用中存在和发展的。没有语言的运用，就没有语言。因此，要全面认识语言，真正认识语言，必须结合语言的应用来进行。例如，为什么一个人在不同的场合会使用不同的表达方式？为什么明明是两个不同的音有人却听成相同的音？为什么同样的词语会产生不同的交际效果？离开了语言的运用，单从语言本身是无法回答这些问题的。

另一方面，语言是交际工具，语言研究应该研究如何使这一工具更好地为使用者服务。随着社会的发展和科学技术的进步，语言的交际职能在运用语言的过程中不断改善和扩大，促使语言文字应用范围不断扩大。而语言文字应用范围的扩大，又反过来对社会发展和科技进步起一定的促进作用。就最初的语言来说，只有口头形式。后来随着文字的产生又产生了书面语言，这就扩大了语言的应用范围。从时间上看，它能够传给下一代；从空间看，它又能传达到遥远的地方；从表达方式看，它逐步形成了不同的语体，满足不同情况下的表达需求。新技术的发展，也会影响到语言。例如，随着印刷机的出现，语言的应用得到了进一步扩大：语言不仅能够以文字形式传给下一代和遥远的地方，而且传播的速度也发生了变化，因为印刷术可以使书面语言以很快的速度大量印刷，广为传播。录音机和电话的出现，对于语言的运用来说又是一次飞跃。从此，语言不但能够以书面形式得以保留，而且也能够以语音形式得到保留；不但能以书面形式传送到外地，而且能以语音形式迅速传递到远方。现在，由于电视、传真、复印、录像、激光照排、卫星通信、模式识别、电子计算机等先进技术和设备的出现，更把语言的应用提高到一个新水平。尤其是近年来计算机科学的快速发展，信息高速公路的出现，使得语言的发展进入了一个崭新的阶段。人们可以通过电子邮件迅速地传递各种信息，BBS 和聊天室更是使人在虚拟的世界里以前所未有的速度传递各种信息。在这里，网友们可以无拘无束地使用自己乐于使用的词语讨论自己感兴趣的问题。各种新的语言现象通过互联网广泛而迅速地传播，形成了颇具特色的网络语言，而这些网络语言有的又很快地通过使用者涌入社会，为语言使用注入了新的活力。由此可以看出，语言应用的范围随着时代的发展不断地发生变化，它的范围每扩大一步，都会使语言的交际职能得到明显的提高；而与此同时，语言使用的范围越广，我们要研究的问题也就越多。今天，语言文字已经深入社会生活的各个方面，起着越来越重要的作用。我们的研究任务也就更重了。

以语言教学为例。我国传统的语言教学是教学生读古书，写诗和文言文，教学采用的是“书读百遍，其义自见”的诵读法。五四以后由于采用白话作为书面语，白话文的教学占据了重要的地位，这时，母语标准语的阅读和写作的教学成了教学的主体。这就改变了传统的语言教学模式。人们今天研究语言的一个重要目的就是想探讨取得最佳学习效果的方法。在母语教学中，人们关心的是如何提高标准语的书面语言的阅读和写作能力（当然，近年来人们也开始越来越注意口头表达能力了）。但与此同时，由于中国历史悠久，古代文献非常丰富，在现代书面语的教学以外，帮助学生通过学习古代的作品而了解中国的古代文化和思想，也成了一项重要的任务，这就又有了古代汉语教学的任务。随着社会的发展，语言教学的内容越来越多，范围越来越广。现在，进一步扩展到其他方面。除了第一语言的阅读和写作教学以外，还有第一语言标准口语教学、第二语言教学、双语教学、科技外语教学、聋哑人的语言教学以及近年来兴起的聋哑儿童的语言康复教育等。在第二语言教学中，人们关心的是如何最快地使第二语言的学习者在较短的时间里学会目的语。语言教学是应用语言学中历史最悠久的一个分支。过去一些人认为，只要会某种语言，就可以教某种语言。现在人们认识到，语言教学也是一门科学，教学者应该掌握语言的规律，也应该掌握语言学习的规律，教学也有系统的理论和方法。这些正是应用语言学的重要内容。而我们又知道，语言教学所涉及的不止是语言本身的问题，它还涉及心理、文化、教育和社会许多方面，显然，单靠本体语言学是不够的，必须借助另外一门边缘性学科来进行。应用语言学的研究就要承担这一任务。聋哑人的语言康复教育对语言教学的研究也有很高的要求。我国的聋哑人人数已经以千万计了，如何认识他们的语言能力，如何能使他们之间以及他们与主流社会之间进行语言沟通，也是应用语言学研究所应该密切关注的。

现代科学技术的发展，更是对语言研究提出了新的需求。人们普遍认为，今天的社会是信息化社会。从语言学的观点看，所谓信息化社会，最主要的特征之一就是利用电子计算机等先进工具对语言文字进行各种处理（包括语言文字信息的储存、分类、统计、检索、转换、传输、控制和模拟等），目的在于建立现代语言信息系统，使语言文字得到最佳利用，使凝聚在语言文字中的知识最大限度地发挥其效能。这种科学技术的巨大变化，对于语言学来说也是极大的鼓舞。同时，电子计算机也对语言学提出了新的要求，例如机器翻译、语音识别、汉字输入等都需要语言学的研究成果。也就是说，一方面，电子计算机等可以充当语言学工作者的得力助手，另一方面，语言学的研究也要考虑到如何适应这一新的时代。

社会的一体化进程更是需要语言的应用研究。过去谈到社会一体化的时候就想到语言的规范，而谈到规范化的时候就想到制订各种各样的标准。但是，怎样制订标准，什么样的标准才具有可行性，比如，如何做到规范化既符合语言的发展规律，又有利于人们的沟通。这些都是需要认真研究的。如果只把注意力集中在语言本体上，把语言看成是静止的，制订的规范就会束缚语言的发展。

还有语言研究本身的研究。语言的交际职能的发展，语言传递形式的发展，社会对语言问题认识的需求等，要求人们从新的角度去观察和研究语言，甚至创造出不少新的工具和方法。而这些新工具和新方法本身也是值得进一步研究的。例如在方法方面就有怎样提高广告的语言效果，怎样利用仪器进行语音分析，怎样利用电子计算机处理语料，怎样评估语言教学质量，怎样解决机器翻译的问题等。

然而，真正把语言应用作为一门学科来研究，历史并不太长。应用语言学这门学科在西方已经取得独立的地位以后，人们在相当长的一段时间里对语言的应用研究并不重视。迄今为止，忽视应用研究的倾向依然存在。在“为语言而研究语言”(索绪尔)的口号的影响下，人们更多地集中在语言结构本身的研究，使得语言研究离语言应用的实际越来越远。不是说语言本体的研究不重要，尤其是在我国，本体的研究还很不够，但是，却不能由此而忽略应用的研究。在我们看来，中国忽略应用研究的一个主要原因是，一些人认为只有语言本体研究才是学问，而应用只不过是语言研究结果的应用罢了。他们把本体语言学和应用语言学的关系比之于数学和应用数学的关系。其实，这二者之间不具有可比性。语言基本上是社会现象而不是自然现象，语言的发展和使用受到多种因素的影响，语言的应用有自身的规律，无论是语言应用的哪个方面。另一方面，人们已经而且将会进一步看到，仅从语言自身看语言是不能完全认识语言的。语言的应用研究不仅有利于语言应用本身，而且也有利于加深对语言本身的认识。

当然，语言应用问题并不是现在才有的。学过语言学史的人都知道，语言学产生的动因之一就是要解决应用问题。中国语言研究的传统就与“读经”有直接的关系。传统的语文学研究应该说就是语言的应用研究。那么为什么很晚才有应用语言学这个名称和这个独立的学科？这与人们对语言的认识有很大的关系，也与语言自身的发展有很大的关系。早期的语言应用研究显然是不够发达的，还不大需要也没有条件建立起一门独立的学科。应用语言学的概念是在 19 世纪末才出现的。下一节我们将从历史方面作些说明。

第二节　应用语言学学科建立前的情况

一　应用语言学概念的提出

19 世纪末叶，波兰 J.N.博杜恩·德·库尔德内提出了应用语言学这个概念。独立的应用语言学学科形成的标志是 1964 年第一届国际应用语言学大会在法国召开和国际应用语言学会的成立。中国应用语言学学科形成的标志是：1984 年语言文字应用研究所成立，1992 年《语言文字应用》杂志创刊，1995 年首届全国语言文字应用学术研讨会举行和中国应用语言学会的筹建。应用语言学事实的存在同它从属的语言学事实的存在一样源远流长。

语言学成为独立学科之前，长期从属于哲学。离现在大概两百年的样子，欧洲的语言学摆脱了“哲学的婢女”的地位，摆脱了语文学的地位，成为一门独立的学科。一般认为寻找印欧语的共同来源，开始把语言作为独立的研究对象，有了自己的研究方法——

历史比较法，这是语言学的开始阶段。历史比较语言学，展现过辉煌，但是19世纪和20世纪之交的时候，在欧洲已经开始让位于结构主义语言学。一个原因是历史比较语言学家的唯我独尊和封闭的态度。“然而，历史比较语言学家们对于他们的成绩太乐观了，以至于保罗在1870年公然宣称：只有研究语言历史的语言学才是科学，其他的研究都不是科学。他傲慢地把其他方面的语言学研究一律排斥在科学的大门之外。这种唯我独尊的态度必然要阻碍语言学的进一步发展。”（冯志伟《现代语言学流派》10—11页，陕西人民出版社，1987）另外一个原因是研究的局限性。“……它在科学上立了大功，但也有明显的不足：它只注意古语言，并不研究现有的活语言。因此，经历了光辉的百年之后，它又逐渐被新的研究兴趣所代替。”（许国璋《语言学系列教材·总序》，见桂诗春《应用语言学》2页，湖南教育出版社，1988）这是两个很重要的教训。

瑞士语言学家索绪尔（1857—1913）针对历史比较语言学的不足，提出了一系列的语言学理论，奠定了现代语言学的基础。他的学生根据他的讲课笔记整理而成的《普通语言学教程》1916年出版，成为现代语言学的“圣经”。19世纪末，在欧洲受过训练的语言学家在美洲大陆记录、学习、整理、研究印第安人语言。他们不是按欧洲的语言模式去描写印第安人语言，而是从所得资料中整理出语音结构和句子结构。于是产生了结构分析的方法论和描写语言学。

二　西方语言学在中国的传播及中国语言学的发展

中国的语言学家在中国开始传播索绪尔学说，用来讨论汉语问题，大体上是在后来的20世纪30年代讨论中国文法革新的时候。学习描写语言学的方法来描写汉语方言音系，也是在20世纪30年代。19世纪和20世纪之交的时候，中国的语言学家还不很知道外国语言学的这些新发展。或者说，中国当时的情况还没有到社会迫切需要借鉴这些新的理论、方法的时候。这时候在语言学方面向外国所学的理论、方法，层次是比较低的；学习的方法，层次也是比较低的。

19世纪和20世纪之交学习外国，最重要的成果是1898年上海商务印书馆出版的马建忠的语法书《马氏文通》。这是中国形成独立的语言学学科的标志。

马建忠(1845—1900)，江苏丹徒人。幼年在上海读书，学会了拉丁文、希腊文、英文、法文。1875年，以郎中资格由李鸿章派往法国留学，后又兼任中国驻法公使郭嵩涛的翻译。回国后参加洋务派活动，后来从洋务派里分化出来，成为改良主义者。

马建忠认为必须缩短学习本国语文的过程，才能学习西方先进科学技术，才能使国家富强。他认为孩童学习汉文典籍的困难，是没有把隐寓在汉语中的规律揭示出来。他用西文中的规矩，同汉语典籍比较，写成《马氏文通》。

马建忠的用意是让孩童缩短语文学习的过程，争取时间及早去学习先进科学技术。这后来成了许多学者改进我们语文教学的目的。这从一个方面提高了改进语文教学意义的认识。语言工作，语言研究，语言教学，都有重要的实践意义，都是要使语言更好地成为人们交际、思维、认知的工具。积极的影响往往同消极的影响搅拌在一起。马建忠等的这种认识实际上把语文作为只是学习别的知识、技能的简单的工具，产生了简单地简化“工具”的倾向，还产生了赶快“一次性”把语文“工具”掌握了的倾向。事实上我们的语文教学有些关键问题长期没有很好解决，学生以及成人语文水平的提高长期以来是个问题。不少人不知道语言是发展变化的，是要长期学习的，而对新的语言现象有一种轻视和排斥的倾向。

《马氏文通》立足于发展中国的语言学而向外国学习，这是应该称赞的。第一部系统地研究汉语语法的书，能有这样的水平和规模，已经很不容易了。“但由于汉语和印欧语在某些方面有根本区别，这种不适当的比附也确实给当时以及以后的语法研究带来了消极的影响。”(朱德熙《〈汉语语法丛书〉序》，《马氏文通》1 页，商务印书馆，1983)积极和消极的影响都超出了语法研究的范围。

产生积极、消极影响的认识和做法，可以从我们中国的土壤找到原因。我国的小学或者语文学本来是为童学之业，能写个姓名、记个账、写个信就行了。简单的“工具”而已。另外一种是读经之用，目的是读圣贤书，仍然是“工具”。有时候读经成了进入仕途的敲门砖，读经本身都成了“工具”。应用是应用了，低层次而已。不过，经典的语言改不得，经典的历经千百年的书面语言是语言的标准，到了现代语言学阶段仍然具有强大的力量，这跟长期封建社会的超稳定和崇尚超稳定有关。容纳外来的东西，也是有传统的。无论是招安、绥靖、亲和，还是以夷制夷，容纳和歧视掺杂在一起。说套用也得有套用的土壤，《马氏文通》跟汉语实际有相当大程度的结合，中国语法研究在这之前自己已经有了若干类似的成果，《马氏文通》并不是出现在中国的生荒地上，中国的土壤为《马氏文通》做好了准备。

19 世纪和 20 世纪之交，我国的传统语文学进入语言学阶段，主要是我国传统语文学自身发展的结果。

早在1899年以前，河南安阳县小屯村北、洹河以南一带农田中不断发现甲骨。1899年，王懿荣多方收购。王襄、刘鹗、罗振玉等也陆续获得大量甲骨。对甲骨文研究有草创之功的是孙诒让，起奠基作用的是罗振玉、王国维。理论研究的突破当然是后来唐兰、于省吾的功劳。正是大量的材料动摇了传统汉语文字学受许慎《说文解字》笼罩的局面、以文字个体分析对象偏重考古的研究方法、作为经学附庸明经致用的研究目的，呼吁建立科学的理论体系，加上受西方学术文化的影响，我国传统语文学终于进入了语言学。（参见黄德宽、陈秉新《汉语文字学史》206—236页，安徽教育出版社，1990）

传统语文学真正摆脱经学附庸，发展出一门独立的语言文字学，始于章炳麟。章炳麟（1869—1936），号太炎，浙江余杭人。曾参加早期革命运动和辛亥革命运动。主编《民报》和《大共和日报》。语言文字方面的主要论著有《文始》《新方言》《小学答问》《国故论衡》。《文始》是中国语言学史上第一本有理论有系统的语源学著作。

1906年，章太炎在《国粹学报》上发表了《论语言文字学》。他说：

> 自许叔重创作《说文解字》，专以字形为主，而音韵训诂属焉。前乎此者，则有《尔雅》《小尔雅》《方言》；后乎此者，则有《释名》《广韵》，皆以雅诂为主，而与字形无涉。《释名》专以声音为训，其他则否。又自李登作《声类》，韦昭、孙炎作反切，至陆法言乃有《切韵》之作，凡分二百六韵。今之《广韵》就《切韵》增润者，此皆以音为主，而训诂属焉，其于字形略不一道。合此三种，乃成语言文字之学。此固非儿童占毕所能尽者，然

犹名为小学，则以袭用古称，便于指示，其实当名语言文字之学，方为确切。

定名为“语言文字之学”，确定它的研究范围，才能进一步确定它的特性、它与其他学科的关系，才能建立自己的理论体系。章太炎继承旧小学的成果，受到一些外国语言学的启发，建立了一套语言文字学的体系。他提出了语言文字发生发展的理论，汉语和汉字形、音、义结合的理论，语言文字进化、统一的理论。

章太炎语言文字学的进步主张是他社会进步主张的一部分。他提出“欲知国学，则不得不先知语言文字”，对中国语言文字的成就“自己必定应该晓得，何必听人的毁誉”，他同样主张用语言文字的进步来振兴民族文化，这些主张都是很对的，是我们今天特别要慎重对待的。可是他给后人留下了“语言文字学”的名称，而很多别的主张没有实行。最主要的原因是他主张文言文。他在《白话与文言之关系》里说：

今世作白话文者，以施耐庵、曹雪芹为宗师。施、曹在当日，不过随意作小说耳，非欲于文苑中居最高地位也，亦非欲取而代之也。

我们前面说过，历史比较语言学注重研究古语言，不注重研究活的语言，辉煌了百年之后让位于别的，是一个很重要的教训。语言是要发展变化的，语言是要用的。对新鲜活泼的语言的态度，实在太重要了。它反映了一个人的语言观，它反映了一个人对人民群众语言生活的态度，决定了一个人和他所主张的学术思想的前途。（参见王宁《章太炎与中国的语言文字学》，陆宗达、王宁《训诂与训诂学》327—336 页，山西教育出版社，1994）

有趣的是，章太炎在重古方面也很有局限性。“章太炎晚年多次指责疑古思潮，尤其是痛诋甲骨文字，不相信甲骨文。正是由于他的这点过错，王国维等学者才在学问上大大地超过了他。”（王建辉《名流的弱点与过错》，《光明日报》1995 年 5 月 18 日）做学问，宏观的认识和开放、联系的思想是很重要的。语言好比是棵大树，如果不要它树冠上的嫩枝新芽，又不要它地下的根须，那它成了一段圆木，不是活的有生命的语言。大雨过后，它上面可能长出不少蘑菇、木耳，一定不要因此以为它有蓬勃的生命力，那只是在消耗它残留的些许活力。只有着眼于整棵活的树，才能有效地研究它的部分。大而言之，还不能只见树木不见森林，不见阳光、空气、水，等等，否则，那棵整棵的活的树，在大的范围里，还是被锯断、砍去枝杈的圆木。

章太炎是主张重视语言应用的。他把语言文字学同经学分离出来是一个了不起的贡献，但是还没有很好区分同史学、文学的关系；他主张文言，又根本上脱离了实际的应用。到了白话文运动兴起，很多语言学者受到检验，有的倒退、复古，有的探索着前进。

20 世纪的中国应用语言学研究，在同本体语言学的结合方面几乎转了一圈。粗略说来，20 世纪之前，中国侧重语言应用研究，能够结合汉语实际，但层次比较低，忽视本体语言学，忽视向外国的借鉴。19 世纪和 20 世纪之交，开始形成了一个弯度。重视了本体语言学，重视了向外国借鉴，但在一定程度上忽视了语言应用，在结合汉语实际方面有些偏差。因为忽视了应用语言学研究，本体语言学的发展也受到限制。应用语言学受到冷落，但是几千年来重视应用语言学的传统还在发挥很大的作用，实际语言生活里有许多问题需要应用语言学解决。应用语言学又受到本体语言学以积极成分为主的影响，有了或者孕育着进步。20 世纪，可以说是这样的历史：应用语言学同本体语言学苦苦地探求高层次的结合，在探求的路上摇摇摆摆地前进。20 世纪和 21 世纪之交正在出现的高层次的结合，是中国应用语言学进入新世纪的重要使命和重要标志。

三　一百多年的中国语言文字应用研究

19 世纪末到世界上应用语言学学科形成的过程中，中国的语言文字应用研究大体上经历了三个时期。

第一个时期，19 世纪和 20 世纪之交（1894 甲午中日战争—1912 中华民国成立）。我国语言学进入了现代语言学，或者说从传统的语文学或者小学进入了语言学。

第二个时期，20 世纪初到新中国成立前（1912—1949）。主要是围绕白话文运动开展的。可以概括为三个运动。

第一个是五四时期的白话文运动，要使白话文取得书面语的正统地位。取得成绩的主要条件和经验是：(1)客观上符合语言发展本身的规律；(2)适应社会发展的需要；(3)有强有力的杂志《新青年》和强有力的主编陈独秀；(4)有创作实绩；(5)倡导者是一批有影响的学者。问题是：(1)简单化，主要是理论上的简单化，例如对白话文的说法都不够清楚，有些人有全盘否定古文历史价值的过激的观点。(2)不很重视理论建设。(3)行文半文半白，过于欧化。

第二个运动是 20 世纪 30 年代的大众语运动。因为白话文运动存在行文半文半白、过于欧化等问题，给了复古派反对白话文的可乘之机。此后，陈望道等提出大众语。积极方面是：(1)提出向人民群众学习语言，提出语言要浅显易懂，交际要看对象；(2)开展建设普通话的讨论，认识有了进步，关于口语和书面语的关系的提法也有进步；(3)有陈望道等一批语言学家唱主角。问题是：(1)批评白话文过了头；(2)瞿秋白提出语言有阶级性。这在中国是比较早地提出语言有阶级性的。后来"左"的东西很有影响的时候，这种言论就会冒头。最突出的是"文化大革命"时期四人帮提出这种言论，危害很大。一个是在语言教学里，把语文课上成政治课；一个是在词典编纂里，提出"要把无产阶级专政落实到每一个词条"。

第三个运动是五四时期和20世纪30年代的国语运动。1932年商务印书馆印行《国音常用字汇》，标志着北京语音的音系作为普通话语音标准事实上基本确立。还有，我们现在提出推广普通话的方法，例如调查方言、抓早抓小、办刊物，那时候都有了。

第三个时期，新中国成立初到实行改革开放(1949—1978《中国语文》复刊)。主要是围绕语文知识大普及开展的。语文知识大普及有这样一些社会背景：(1)20世纪40年代延安整风，解放区很重视语文学习，新中国成立是原来解放区的扩展，全国重视语文学习；(2)全国逐渐转入建设，语文是文化建设的重要部分；(3)因工作的需要和受苏联的影响，重视对干部的语文要求；(4)新中国成立，在世界上要树立自尊的形象，语文的健康发展关系到国家的形象；(5)工农大众文化上翻身，大量使用语文，迫切需要普及语文知识。《人民日报》1951年6月6日开始连载吕叔湘、朱德熙的《语法修辞讲话》，并且发表社论《正确地使用祖国的语言，为语言的纯洁和健康而斗争！》。《语法修辞讲话》和这篇社论有很大的功绩，教育了一两代人。问题是：(1)不正确地说毛泽东、鲁迅的语言"一字不易"。(2)形成了规范化主要是"匡谬正俗"的片面化倾向。(3)对不少语言现象判断过严过早。例如说"美帝"是不规范的，

“团员和青年”的提法也是不规范的。(4)不正确地提出“纯洁语言”的口号。正面和负面的影响都是深远的。1955 年 10 月在北京召开的全国文字改革会议和现代汉语规范问题学术会议标志着新中国成立后的语言文字应用研究进入了第一个黄金阶段。推广普通话确定了标准和工作方针,现代汉语规范化确定了规范的涵义、态度和主要任务。会议的文集和 10 月 26 日《人民日报》社论《为促进文字改革、推广普通话、实现汉语规范化而努力》是珍贵的研究成果。语文教学进行了重要的改革试验,汉语、文学分科教学 1955 年经过试教,1956 年在全国全面推开。进入 20 世纪 60 年代之后,这方面的调查研究和试验很难开展,1966 年开始进入了长达十年的停顿和遭受破坏的阶段。这个时期,世界上 1952 年提出了社会语言学,社会语言学学科的形成是 1966 年;20 世纪 60 年代形成了计算语言学;1964 年形成了应用语言学学科。

第三节　应用语言学学科形成到现在的情况

中国应用语言学学科形成的第一个标志是 1984 年 9 月语言文字应用研究所成立。语言文字应用研究所那时候由中国社会科学院和中国文字改革委员会共同领导,后来由国家语言文字工作委员会领导为主,20 世纪 80 年代后期国家语委单独领导,1998 年归属教育部。1978 年之后的语言文字应用研究的发展为应用语言学学科的形成作了准备。那时应用语言学发展的主要成果是关于语言美的讨论和研究,语言学界几乎是总动员,北京语言学会编的《礼貌和礼貌语言》(北京出版社,1982)和陈章太、于根元的《语言美和精神文明建设》(上海教育出版社,1985)是突出的成果。推广普通话和现代汉语规范化等都有了发展。

1984 年前后的背景，一是语言文字工作决策要进一步科学化；二是语言科学研究要进一步为国家建设服务；三是新兴的交叉学科要进一步发展。我国的应用语言学跟上面三个方面的需要和发展同命运，与我国的改革开放同命运，得到了迅速的发展。《语言文字应用》杂志本是语言文字应用研究所成立不久就要创刊的，但直到 1992 年才创刊。起初由语言文字应用研究所主办，1997 年归属国家语委，一度属于教育部语言文字报刊社，后来又回到语言文字应用研究所。《语言文字应用》创刊后，我国的应用语言学界有了发表学术成果、进行学术交流的阵地。

1986 年的全国语言文字工作会议，是中国制订语言规划的重要典范，它标志着中国语言文字工作进入了新时期。会议讨论了新时期语言文字工作的方针和当前的主要任务，解决了历史上一些争论不休的问题，例如，把现代汉语规范化和推广普通话列为第一项任务，不再重申汉语拼音化方向，不把简化汉字单独列为一项任务。提出了普通话水平测试分三级的要求。理论上强调了语言的科学性和社会性，提出语文工作要“顺乎自然，因势利导，做促进工作”。

1993 年国家教育委员会决定以必修课的形式在全国的师范院校开设“教师口语”课程，语文出版社等出版了多种有关教材。20 世纪 80 年代后期开始，陆续推出了普通话水平测试研究的成果。

在现代汉语规范研究方面，语言研究所词典编辑室编写的《现代汉语词典》1978 年由商务印书馆正式出版，1996 年出版了修订本。特别需要注意的是广大学者对现代汉语规范的一系列带根本性的问题进行了冷静的思考和多次深入的讨论，学者们陆续提出了许多重要的见解。

在语文教育研究方面，总的成果是加强素质教育和语言应用的教育基本上成为共识。语言能力的研究是目前的热点和重点。这一时期对外汉语教学和儿童语言研究等方面都有很多重要成果。

这个时期还出现了一些新的学科和研究领域。

计算语言学研究进一步引起重视，特别是中文信息处理的词汇问题开始了集中的研究。社会语言学研究赢得显著的地位。总论、口语、文化语言学、双语双方言、称谓、北京街巷名称、体态语研究等方面有显著的成果。新词新语的整理研究成为热点。从呼吁、写札记、编词典，到进行理论探索，有了迅速的发展，而且成为探讨规范观、语言观更新的排头兵。文学作品语言和语言风格研究方面也出现了大量重要成果。

1997 年 12 月又一次召开了全国语言文字工作会议。会议总结了 12 年来的工作和主要经验，部署了跨世纪的工作任务，提出语言文字不搞“纯而又纯”，语言生活要主体化和多样化相结合，语言文字工作重在建设，语言文字工作特别要重视政策，这些都是对应用语言学研究的重要贡献。

2000 年 10 月 30 日经第九届全国人民代表大会常务委员会第十八次会议通过并于 2001 年 1 月 1 日起施行的《中华人民共和国国家通用语言文字法》，是我国历史上第一部关于语言文字的法律。这部法律的颁行，标志着我国的国家通用语言文字的使用将走上法制的轨道。

这个时期，应用语言学理论方面有了重要的突破。过去比较长的时期有两个很有影响的说法，一个是应用语言学是语言学理论的应用，本身是没有理论的；与此相关的一个是中国本身是没有语言学理论的，都是从外国来的。这个时期提出应用语言学也总结规律，也有理论、原则、方法。这个认识调整了语言学内部的分类：语言学里分本体语言学、应用语言学，两者都有理论，总的是语言学理论，属于前者的基础部分是普通语言学，属于后者的是应用语言学理论，其中又分应用语言学基础理论和应用语言学技术理论等。过去的普通语言学里包含了一部分应用语言学理论需要分出来，但是两者还是需要有交叉的部分。还提出应用语言学的理论来源是多方面的，主要来自语言生活实际。中国的部分学者试图梳理中国在应用语言学理论方面的贡献，如编写了《应用语言学理论纲要》，中国部分学者开展了语言观的讨论等。

这个时期在建立研究机构、创办研究杂志、设置课题、培养队伍等方面，都有一些实践和研究。1995 年 12 月筹建了中国应用语言学会。

外国的应用语言学，在语言教学、社会语言学、计算语言学等方面比较先进，但好像很少研究包括各分支学科的总规律。我国的应用语言学比较注意研究各分支学科的实际问题和包括各分支学科的总规律。在分支学科方面，尤其是语言规划、语言与文化、语言信息处理等，我国的情况有许多特点，我国有许多实践和理论。我国在纵横交错等研究方法方面也有贡献。

第四节　应用语言学学科的任务和本课程的目的

我国应用语言学学科形成的三个背景决定了我国应用语言学

学科的任务，即：(1)解决语言应用各方面的实际问题；(2)解决决策问题；(3)促进学科本身的发展。因此，从总体来看，应用语言学的范围可以分为四大块：(1)语言教学；(2)语言和现代科技的结合；(3)广义的社会语言学；(4)语言规划。这中间会有交叉，例如社会语言学就有语言规划问题。这里把语言规划单列，是为了强调其在应用语言学研究中的重要地位。这四大块还不够，还可以再扩大一些，例如与学科建设有关的一些重要方面，包括队伍、研究机构、刊物、活动、学风和文风、课题和课程、成果推广等。这些方面都很重要。

应用语言学首要任务之一是确定应用语言学研究的对象和范围。关于应用语言学的对象，不同的人有不同的看法，在研究的范围方面也是这样。有的人希望一个学科在开始的时候就要确定对象和范围，但在实际操作上可能是非常困难的。事实上一个学科的研究对象和范围是在不断的研究中确定的。现代语言学的创始人索绪尔在讨论语言学的任务的时候，把确定语言的定义作为语言学的第三个任务恐怕也是同样的道理。

其次是语言以及语言应用的理论的研究。关于语言的理论问题，以往已经有不少成果。我国应用语言学界近年来提出了许多新的见解，例如人们常说的交际理论、动态理论、中介理论、人文性理论、潜与显理论、层次性理论等。仅仅提出这些理论还不够，还要从应用的角度对这些理论进行检讨，像把语言问题纳入动态的框架中来看就是一例。

应用语言学的分支学科也提出了不少有关应用的理论，但是这些理论还有许多问题需要进一步研究，例如语言决策(规划)理论、语言教学理论、语言翻译理论、词典编纂理论以至于像应用语言学队伍建设的理论等。

另一方面，说应用语言学有理论并不是说应用语言学理论和本体语言学理论可以截然分开。事实上，语言本体理论中就有语言应用问题，应用语言学理论中也有本体语言学理论问题。有时候做些区分实际上只是出于表明以谁为主或叙述方便的考虑。

第三，应用语言学要关注解决实际问题。应用语言学涉及许多方面，其任务自然也是多方面的。主要有：语言教学（其中包括语言学与本族语言教学、语言学与第二语言教学等），标准语的建立和规范化，文字的创制和改革，辞书编纂，翻译，实验语音学，机器翻译，情报检索，汉字信息处理，自然语言理解，语言统计以及少数民族语文的信息处理等。最近一些学者提出就不同的行业或领域进行语言研究。

上面谈到的任务中，有的已经引起应用语言学界的广泛注意，但是还有一些注意得不够。下面举两个例子。

先以辞书编纂为例。辞书编纂是应用语言学同实际关系密切的学科之一。这一方面研究的发展同时也可以反映出语言研究的水平。就汉语词类来说，由于词类问题没有很好解决，即使一些中小型语文工具书也不能很好地注明词性。在各种汉英词典中，因为无法标注汉语词的词性，对于那些以汉语为第二语言的人学习汉语非常不方便。语言随着社会的发展而发展，新词新义不断出现，如何编新词词典，如何确定和认识新词词典的条目，新词词典的性质应该是什么等都需要进行深入的研究。此外，正如我们所知道的那样，“词典”二字的含义已经决定了它应该是规范的，但是如何看待那些新的语言现象，既有词典本身的理论问题，也有对语言本身的认识的问题。这无疑是需要认真关注的。

还有翻译。翻译更是应用语言学的重要部门。翻译是文化的桥梁，如何对待翻译，翻译应该采用什么样的方式，例如是直译还是意译，中国传统的所谓“信、达、雅”更是争论的焦点。这些不仅是理论问题，同时也是非常重要的实际问题。可惜中国语言学界对这方面的重视不够。中国应用语言学理所当然地应该承担这些研究任务。

最后还有学科建设例如队伍的培养等问题。培养应用语言学的工作、教学和研究队伍，进行应用语言学的教材建设，同样是当前应用语言学的一个重要任务。作为一个新兴学科，无论是研究还是教学，都还没有形成一支专业队伍；在教学中更是缺乏必要的资料和教材。应用语言学必须研究许多技术问题。这就要和现代科学技术相结合。例如机器翻译、情报检索、语音识别、语音合成、文字信息处理、语言统计、语言分析自动化、自然语言理解等，这些应该建立一些专门的课程。因此，要开展系统的应用语言学理论和技术的教学，必须抓紧这方面的工作。

本课程的目的同它的性质有关。一是基础课。基础课就是打基础，为学习别的课程打基础，为文化底蕴打基础，为学生以后的发展打基础。特别不能急于求成，立竿见影。二是包含许多基本理论，不是技能课。不要把应用语言学当成实用语言学或者实用现代汉语。本课程说的许多是所以然的内容。因此具有调整学生的语言观和理论建设的目的。

思考和练习

1. 举例说明为什么有了本体语言学还要有应用语言学。

2. 历史比较语言学让位于结构主义语言学的两个历史教训

是什么？

3. 说说《普通语言学教程》的作者、出版时间和历史地位。

4. 说说《马氏文通》的作者、出版时间和历史地位。

5. 说说中国形成语言学的背景。

6. 中国20世纪的应用语言学变化的总线索是什么？

7. 中国应用语言学学科形成的标志和背景是什么？

主要参考文献

陈章太《全国语言文字工作会议的总结发言》，载《新时期的语言文字工作》，语文出版社，1987。

冯志伟《现代语言学流派》，陕西人民出版社，1987。

黄德宽、陈秉新《汉语文字学史》，安徽教育出版社，1990。

高天如《中国现代语言计划的理论和实践》，复旦大学出版社，1993。

桂诗春《应用语言学》，湖南教育出版社，1988。

陆宗达、王宁《训诂与训诂学》，山西教育出版社，1994。

许国璋《语言学系列教材·总序》，见桂诗春《应用语言学》，湖南教育出版社，1988。

于根元《二十世纪的中国语言应用研究》，书海出版社，1996。

中国语言学会编《把我国语言科学推向前进》，湖北人民出版社，1982。

朱德熙《〈汉语语法丛书〉序》，见《马氏文通》，商务印书馆，1983。

第二章 应用语言学的性质和范围

第一节 应用语言学的定义

应用语言学分狭义、广义两种。狭义的应用语言学特指第二语言教学，中国一般取广义的，我们也取广义的，包括语言应用的各个方面，范围是开放的。

简单地说，应用语言学是研究语言本体和本体语言学同有关方面发生关系的学科。

进一步说，应用语言学是研究语言本体和本体语言学同应用各部分结合部、接触面，包括结合、接触的动态变化的规律性的学科。

打个比方说，好像一个轴承，一面是语言本体和本体语言学，一面是发生关系的各个方面，两者之间的一个个滚珠是应用语言学的一个个分支学科，它们相互接触、推动，它们还嵌在一里一外的槽里，都跟槽相互接触、推动。应用语言学主要研究的是所有的滚珠以及跟槽的接触部的动态的规律，包括共性和个性。举例的时候可能举这个或者那个滚珠以及跟槽的结合部的情况。

应用语言学包含理论。一、没有谁准备好了完善的理论供应用语言学来应用。应用语言学要在解决语言应用的实际问题的过程中建立和完善自己的理论，也为语言学理论作出贡献。二、已有的一些语言学理论在应用的过程中需要检验、印证、补充、修正。三、应用是一种实践，任何一种起初的应用（或实践），我们不妨叫做第一层次的应用（或实践），都有一些理论指导，在这个层次的应用（或实践）基础上提炼的理论，我们不妨叫做第一层次的理论，应该比第一层次的应用高。应用并检验、印证、补充、修正了第一层次理论的第二层次的应用（或实践）应该比第一层次的理论高。这是符合实践论的。四、应用语言学跟本体语言学一样，也从其他学科吸取营养。五、事实上应用语言学具有自己的理论，并且为语言学理论作出了贡献。应用语言学的主要理论如：交际理论、动态理论、中介理论、层次理论、潜显理论、人文性理论。20 世纪新的语言学理论中，有一大部分是从语言文字应用研究中总结出来的。

第二节　应用语言学在语言学中的地位

应用语言学是语言学的组成部分。语言学大体分成三个部分。一是本体语言学，主要研究语言本身，如现代汉语、古代汉语、语法学、词汇学等。二是应用语言学。三是语言学理论，语言学理论是本体语言学理论和应用语言学理论的融合和提升。属于本体语言学的理论的基础部分是普通语言学。属于应用语言学的理论是应用语言学理论，其中又分应用语言学基础理论和应用语言学技术理论。

基础理论不是学科基础部分的理论，而是理论的基础部分。应用语言学不只是语言学理论的应用而本身没有理论。应用语言学不跟理论语言学相对。

基础研究指的是基础理论研究，同基础工作不完全相同。

应用语言学同本体语言学有分工又有联系。例如，语法谈结构属于本体语言学，谈一般语言运用就跨界了，谈规范就属于应用语言学了。修辞本来是语言运用，谈修辞格一般放在本体语言学里，谈语言风格和作家作品语言放在应用语言学里。词汇学基本上属于本体语言学，新词新语研究跨界了，是应用语言学的重要组成部分，人名、地名的文化属性的研究更属于应用语言学了。

应用语言学是交叉学科，研究的是语言本体和本体语言学同应用方面交叉的部分。例如语言教学，研究的主要不是语言本体，主要也不是教学本体，而是语言教学，但是一定要研究到语言本体和教学本体，而且应该为语言本体的研究和教学本体的研究作出贡献。又如播音学里停连、适听化、立体化等问题的探讨跟口语和书面语的关系、生活语言的改进等都有密切关系。

现在，文字本身的许多研究，放在了应用语言学里，是一种交叉现象。有的本体语言学为主的成果如教学语法，不宜放在应用语言学里。不要混淆了应用语言学的大的界限，不要把应用语言学当做什么都可以往里面装的筐。不属于应用语言学的往应用语言学里装，不是对应用语言学的重视，而是对应用语言学的误解，也是对语言学其他部分的误解。

还没有独立的应用语言学学科的时候，当然没有应用语言学里的理论这个部分。过去的普通语言学里包含了一部分应用语言学理论。应用语言学理论要从普通语言学里分出来，但是两者还是需要有交叉的部分。应用语言学理论同普通语言学有分工又有联系。应用语言学要为推动普通语言学的发展，要为语言学理论作出贡献。

第三节　应用语言学的范围

应用语言学的范围，主要指两个方面。第一个方面是学科门类方面，现在通行的是分四大块。一是广义的社会语言学，研究语言本体和本体语言学同社会的关系。二是语言规划。三是语言教学。四是语言本体和本体语言学同现代科技的关系，例如计算语言学。应用语言学既要研究各部分的主要内容，又不是几部分研究的拼合或者加合，而是注重各部分之间的联系，尤其是大块内部几部分之间的联系。第二方面是队伍建设等，包括研究机构的建设、刊物的建设、活动的开展、学风和文风的建设、课题和课程设置、成果推广等。这个方面很重要。

应用语言学总的是研究语言本体和本体语言学同有关方面的关系，大的范围是上面提到的这些，这些问题是本课程讨论的重点，以后的章节将会详细讨论。

另一方面，应用语言学的范围是开放的，尤其是各个部分还会出现许多新的领域。下面这些学科已经被看做是应用语言学的重要领域。

(1)心理语言学

心理语言学是语言学和心理学跨学科研究的一门边缘性学科。它研究人们学习语言和使用语言的心理过程，用实验和自然观察为主要研究方法来探讨语言行为的规律。一般认为，现代语言学一方面注意语言能力的形成，一方面注意在特定条件下研究语言。心理语言学则兼有这两个特点。近年来它研究儿童认知能力的发展，青少年时期语言、逻辑、数学各种能力的相互关系，说话能力和阅读能力的特点和彼此的关系等，这些方面都有了许多进步。作为一门新兴学科，心理语言学始于20世纪50年代。它的研究成果已经被运用到语言教学、医学、通信技术和人工智能等领域中。

(2)地理语言学

地理语言学又称语言地理学和区域语言学，是从地域分布的角度研究语言或方言的学科。其中专门研究方言差异的叫方言地理学。地理语言学把某语言社区的地理位置和该语言社区的发展联系起来研究，其内容常常和政治、社会、文化因素紧密联系在一起。例如语言的接触与传播就和天灾人祸、人口迁移、宗教的传播、经济贸易的发展等有关。此外，地理语言学还研究某一语言的发源地、传播路线等。

(3)病理语言学

以语言障碍为研究对象的语言学科叫病理语言学。病理语言学又称临床语言学。也有人从不同的角度命名为语言病理学、语言治疗学、语言矫治学或语言康复医学等等。它运用医学、语言学的专门技术来研究语言现象，并判断、治疗和研究语言缺陷和语言失调等疾病。病理语言学的研究主要包括两个方面：一是语言障碍本身的研究；一是透过语言障碍对语言的研究。语言障碍本身的研究主要有三个方面：描写语言障碍者的语言行为；探讨语言障碍形成的原因；寻找康复训练的最佳方法。对语言的研究主要是通过语言障碍的研究，发现一些在正常的语言活动中不易发现的语言现象或规律，认识大脑的功能和语言符号的关系，认识人类语言的普遍规律等。和一般语言学相比，病理语言学在研究方法上有自己的特点。例如，一般语言学一般不注意语言使用者之间的个体差异(即使是非常关注差异的社会语言学,更多关心的还是群体差异),病理语言学研究则非常注重个体差异。因为病理语言学所研究的大多是不同于一般人的“特殊人物”,当然也可以是一群“特殊人物”。例如聋人的语言,失语症患者等。再如,病理语言学除了关心语言障碍者本身的语言状况外,还注意像年龄、听力、智力水平、病史、语言发展、语言环境等语言的相关因素。此外,病理语言学采用观察和调查法等,这些是传统语言学中很少使用的。病理语言学是一门跨语言学、心理学、生理学、医学等多学科的新兴学科。它的兴起和发展具有多重意义。在理论上,它对上述各有关学科的发展都有积极的影响;在实践上,它可以解除或减少语言障碍者及其家人的痛苦,进而减轻社会压力,提高和改善生活质量等。

(4)神经语言学

神经语言学是研究大脑内与语言有关的神经机制如何起作用的学科,是神经科学、心理生理学和语言学跨学科的边缘学科。人脑由一百多亿个神经元和神经元之间的介质组成,是语言和思维的物质生理基础。关于语言与大脑的关系,目前主要通过失语症来观察。失语症是大脑机制受到损伤而造成人的语言能力的丧失或语言障碍的病症。神经语言学家正在寻找失语症和大脑某一个部分之间的联系。神经语言学家的研究表明,人的左脑是主管语言的,左脑受损,就丧失或部分丧失语言能力,而右脑受损,则丧失形象思维能力。神经语言学的重点领域是:语言及语言能力的生物基础,语言习得、理解和运用的脑神经活动机制,语言机制与思维机制的关系,语言机制与脑神经机制的关系等。智力障碍和脑损伤所造成的语言功能障碍和失语症的临床研究,是神经语言学的重要方面。神经语言学兴起于20世纪60年代,它对语言学和脑神经学科都产生了很大的影响。

(5)语言风格学

语言风格学又称语言修辞学,是以语言风格为研究目标的学科。主要内容有:语言风格的性质、原理、方法以及研究的内容,语言风格的要求,语言风格的形成及演变的规律,语言风格的分类,风格对比(包括民族风格对比、时代风格对比、个人风格对比等),风格统计,各种功能风格对语言表达手段的选择,各种功能风格在不同语体、不同文体、不同语境中的表现,作家作品风格等。

(6)实验语音学

实验语音学是一门研究语音产生、编码传递、接收的机理和过程的学科。早期又名仪器语音学。是用各种实验仪器来研究、分析语音的一门学科。传统的语言学家多凭口耳来模仿语音并依靠音标对语音进行描写。近代有了能研究语言生理状况的医学器械,以及能测量、分析语音的物理仪器,人们把它们应用到语音研究上,揭示出许多前所未知的语音现象。这些现象又反过来丰富、修正了传统语音学的若干解释和理论,这样就不只限于语音学的实验手段,而形成了一门"实验语音学"。实验语音学有三个重要分支,即生理语音学(或发音语音学)、声学语音学、感知语音学。生理语音学研究人的发音机制,包括指挥语言的神经系统、肌肉活动、声带和声腔的发音动作;声学语音学研究语音发出后在空气中传播的物理特性,包括语音的四要素:音色、音高、音强和音长;感知语音学(或听觉语音学)研究语音传入听话人的听官,造成听觉,又通过神经系统来理解等过程。这一系列的语音产生过程构成一整套"言语链环"。实验语音学发源于语言学的语音学,它的应用领域涉及人类语言有关的各个学科，例如语音教学、语音识别、语音合成、语言矫治等。

(7)儿童语言学

研究儿童学习和掌握语言的过程的学科叫儿童语言学，也称为儿童语言发展学或发展语言学。儿童语言学过去属于心理语言学，现在逐步成为一个独立的学科。儿童不断掌握语言的过程就是儿童语言的发展过程。这个过程涉及生理、心理、社会、教育等因素。儿童语言的发展大约可以粗分为三个大的阶段：一岁之前是语言准备阶段；一岁至学龄前是语言的发展阶段；此后是语言的完善阶段。研究儿童语言发展的一般规律和特殊情况，对于研究语言习得规律和儿童的思维和意识的发展，认识语言的本质等都有很重要的作用。中国的儿童语言发展研究起步较晚，目前已经取得了不少有影响的成果。

(8)人名学

顾名思义，人名学是研究人名的学科。它主要研究人名产生和发展的规律，人名的结构及其与社会、文化、民族心理等的联系。人名的产生和各民族的社会风俗习惯有着密切的联系，民族的差异对人名结构及其构成方法有直接的影响，因此，人名可以反映各个民族的文化、历史和社会习惯。作为一门科学，人名学与人类学、历史学、民俗学和语言学都有密切的关系。

(9)地名学

地名学是综合研究地名的由来、语词构成、含义、语言特征、演变、功能、分布规律以及地名与自然和社会环境之间关系的一门应用学科。地名由词或短语构成，是表示单独概念的专有名称。地名作为语词既有语音又有意义。不同民族间语言文字不同，地名构成的方式不尽相同，即使同一语言里，在不同时代和不同地域也会有一定的差别。地名的命名总是有一定原因的，或反映自然特征，或反映社会历史背景。通过历史文献关于地名演变情况的记载与新旧地名的对比，通过地名语言分析和与地理景观相互关系的研究，对探索历史上的自然面貌，社会政治、经济、文化状况，风俗习惯，宗教信仰，民族分布和迁徙以及方言、古语特征等可以提供有价值的资料。在对大量地名进行语词分析、沿革考证的基础上，进一步从整体上探索地名的产生、发展及其分布规律，对于实现地名标准化，克服一地多名、一名多地、写法分歧、用字生僻、位置不清、类型不明等现象有重要意义；清理外来地名和含义不妥的地名，有利于维护国家领土的主权、民族的尊严和国内各民族的团结。

(10)体态语言学

体态语言指表示思想感情的人体的姿态和动作。体态语言学是研究体态语言的交叉学科。体态语言主要涉及人类身体的整体的或部分的反应性动作与非反应性动作，而这些动作均能体现人的心态。体态语言有狭义和广义两类。狭义的体态语言仅仅涉及人体本身的形体外貌和态势动作，广义上讲的体态语言还包括环境(主要指人或物所处的特定时间、空间与处所等)、间距(主要指人与人、人与物、物与物之间的距离)等。研究发现，体态语言本身就是一种信息，它具有传递性和互感性，它有助于双向情感交流，使信息得以顺利传递；体态语言具有客观性和规定性，它能直接独立地传输信息等等。体态语言直到 20 世纪 60 年代才被人们普遍注意，到了 70 年代，体态语言学才作为一门独立的交叉学科出现。

(11)翻译学

翻译是把一种语言、方言等的内容变为另一种语言、方言等内容的过程或结果。专门研究翻译问题的学科被称为翻译学。翻译是以语言之间词汇语义的同一性（等值性）为前提的，在此基础上寻求对等的表现。在翻译问题上有一系列的问题值得研究。例如翻译的标准（例如所谓"信、达、雅"等），翻译的方式（例如口译和笔译，同声传译和接声翻译，直译和意译，人译和机器翻译）等。随着我国的改革开放，翻译问题显得更加重要，研究翻译理论，解决翻译中的实际问题，给翻译学带来了更多的机会。

（12）侦查语言学

侦查语言学是研究如何通过语言侦破案件的学科。它涉及刑事侦查学、心理学、精神病学、语言学等许多学科。语言学在刑事侦查中之所以具有重要意义，是因为语言作为身份的标志，会在作案人的语言（包括口语和书面语）中留下痕迹，成为侦破案件的线索。中国从 20 世纪 60 年代起开始把语言学的知识运用于公安和司法业务，取得了很大的成绩。目前已经有学者系统地对侦查语言学的对象、发展史、科学原理、识别体系、研究程序、方法与应遵循的原则等进行探讨。这方面的研究具有广阔的前景。

（13）对比语言学

对比语言学是比较研究语言和语言之间在语音、音系、语义、词汇、词法、句法、篇章和语用等方面的异与同的语言学科。其目的一般可以分为两种：一是探讨不同语言之间的对应关系，解决双语教学、翻译（包括机器翻译）中的难点和问题，这显然是实用方面的；二是通过比较分析，探索人类语言的共同特征、共同规律，从而确认语言普遍现象，构建普遍语法，这是理论方面的。对比语言学的名称始于 20 世纪 40 年代，现在在外语教学界已经是相当有影响的学科了。

(14)词典学

词典学是研究按什么范围收词，按什么原则释义和针对什么目标编纂词典的学科。词典是按一定的次序编列语词并分别加以解释的工具书。信息论兴起以后，词典的概念有所扩大。凡是学科就有信息，有信息就有必要编出词典以便检索，因此，词典已和知识的储存和编排同义。不同类型的词典有不同的特点。语文词典中的学习用词典多为各类学习者着想，参考用词典以多收现代新词新术语见长，研究用词典以历时地收列词语、详列书证为其主要目标。专科词典以不断更新不断填补空白作为科技信息的软件而愈益受到重视。近年来，新的语言观向传统的词典学提出了挑战。围绕着词条的收与不收引起了许多争论，词典学所涉及的已经不再只是词典本身。

(15)统计语言学

统计语言学是应用统计数学的方法来研究语言现象的语言学科。统计语言学的研究领域目前主要是：1)语言单位的出现频率，如对词汇和音位、语素出现的频率进行统计研究；2)作家的用词频率、词长分布和句长分布，以了解作家运用语言的风格；3)计算语言存在的绝对年代以及亲属语言从共同原始语分化出来的年代；4)采用信息论方法研究语言的熵和羡余度；5)探讨语言的一般统计规律；6)运用马尔科夫过程论来研究语言；7)研究文章中两个词之间、两个语法范畴之间、两个语义类之间或两个句法类型之间的间距，以揭示文章在句法或语义上的特征；8)研究语言的词汇与文章长度的关系，以揭示文章中词汇的丰富程度和差异程度；9)研究词典的数学结构。统计语言学已经取得了许多研究成果，对于通信技术、语言教学和自然语言的信息处理都很有价值。

除了上面所谈的这些方面之外，还有许多领域，例如科技文献语言等也是属于应用语言学的，这里不一一介绍了。有人认为像速记一类也应该属于应用语言学，也有一定的道理。只是随着科学的发展，速记已经显得不再那么重要，也就不去说它了。

第四节　广义的社会语言学

一　社会语言学的定义

社会语言学研究的是社会语言，或者说是语言的社会本质和差异。社会语言学这个术语学术界有不同的定义，有广义的，也有狭义的。广义的社会语言学研究语言与社会之间的关系。为了方便，我们在这里把主要以语言系统作为分析基础的称做社会语言学，归属于应用语言学；主要从社会学出发的是语言社会学，属于社会学。语言社会学里靠近应用语言学的部分也应该归入应用语言学，例如张清常的《胡同及其他》就有语言社会学的许多成分。

如果仅从研究社会的语言的角度考虑，社会语言学的研究可以说已经有了很长的历史，因为过去所作的所有关于语言与社会的关系的研究都可以看做社会语言学的研究。但是，它真正成为一门学科的历史并不长。社会语言学这个术语，最早出现于1952年，是美国语言学家丘里在论文《社会语言学的设计：语言与社会阶层的关系》里首次使用的。作为新兴学科出现在20世纪60年代，标志是在美国首次召开了社会语言学讨论会以及会后1966年出版会议论文集《社会语言学》。现代社会语言学自身具有明显的特点：它不是语言学和社会学相关领域的简单机械的结合，不只是在语言学的前面加上个“社会”的标签，而是在统一的理论、对研究对象和目的的统一认识、统一概念体系和共同研究程序基础上的结合。它是一门注重理论和方法的学科。当然，这一结合的过程还没有完成。这一完成过程就是社会语言学研究的过程。

一门学科的发展，要有两个条件。一个是社会发展的需要，是外部条件；一个是及时满足和引导社会发展的需要，是内部条件。社会语言学的出现就有其深刻的内部和外部原因。外部的原因比较复杂，不同的国家可能有不同的情况，这里暂且不论。就语言学的内部来说，社会语言学的出现是语言研究发展到一定阶段的必然产物。如前所述，作为独立的语言学自从诞生以来，一直非常重视语言的本体研究。虽然人们认识到语言和社会的关系密不可分，但是由于为语言而研究语言的影响，人们更多地去注意共时的系统的研究，忽略了语言的变化。人们现在开始认识到，语言的共时态是相对的，变化是绝对的，没有一个语言是没有差异的。而社会语言学研究的正是这种差异。语言的共性研究和语言的差异研究在语言研究中是同等重要的。毫无疑问，这种认识对传统语言学的冲击是巨大的。

二　社会语言学研究的意义

社会语言学研究既有理论意义也有实践意义。在理论方面主要表现在：

（一）拓宽了语言学的研究领域，对语言提出了一种更为细致的同时又更为有用的概念。除了方言学家外，传统语言学家研究的语言是拟想的单一纯净的语言。社会语言学家认为，语言不是单一的，是有变化的；变化又分地方性的（这是古人已经注意到的）和社会性的（这主要是社会语言学的贡献）。社会性的变化分为社会阶层的变化（上层、中层、下层等）；职业的变化（教师、律师、医生、军人等各自的语域）和语用性的变化（在家里、在办公室、在讲台上使用的不同的语码）。传统语言学的研究仅限于语言的内部关系，社会语言学的研究从语言外部关系着眼，后者的活动开拓了新的领域。过去我们认为语言的变化是自由的，社会语言学的研究告诉我们，他们不仅不自由，有时甚至是强制的。社会语言学所总结的规律可以帮助其他学科的研究，可以帮助解释我们过去认为所谓自由变化的例外的东西，如语法方面的所谓例外，常常是社会结构的差异所引起的。再如儿童的一些语言，成人不说。

（二）提出了语言研究的数量化的概念。在现代语言学的研究领域里唯理语言学提出了形式描写的概念；社会语言学提出了数量化的概念。后者以一个具体的社团或行业，或公共场所，或年龄段为调查对象，根据拟定的调查项目取得关于一定的语言现象的调查数据，从而对正在演进中的语言变化作出数量化的概括。拉波夫（Labov）和特鲁吉尔（Trugile）所作的调查，都各有上千个数据，作出了细密的分析和令人信服的结论。

（三）在历时和共时之间提出了一个中间概念，把稳态研究和动态研究结合起来。自从瑞士语言学家索绪尔提出历时和共时的理论后，人们一直沿用不疑。但是，时间是瞬息即逝的，语言是不断发展和变化的，纯净单一的共时只能是心理现实（一种拟想），不可能是客观存在。对此，社会语言学提出了一个解决方案。社会语言学可以在同一个时间里选择祖宗三代或三个不同年龄段的受试者，调查他们之间的语言变化，从而用共时的研究方法取得历时的研究数据，可以说是在共时和历时之间架起了一座桥梁。

社会语言学的实践价值有许多方面，目前最主要的可以从以下几个方面考虑：

（一）为制订语言政策提供理论依据。语言关系到社会的各个方面。尽管社会是形形色色的，但总要以始终连续的合作与交往为基础。由此带来的社会方面的任务，既有语言的大的方面的问题，如官方语言的选定，民族语文的使用，语言文字的立法，语言规范的确立等。也有小的方面的问题，如语言的培训、语言行为规范的指导、术语的规范等问题。应该采取哪种说话方式和语言变化，理由何在？是否可以不加区别地兼收并蓄？这类问题不能单纯依靠主观的想法或偏见而定，而事实上，传统上这种偏见起过不小的作用。正确的做法显然是应该有相当的理论基础、有科学根据的评价标准和相关的学术研究。语言政策的制订必须从语言国情出发。社会语言学的调查有助于语言国情的认识，从而为制订正确的语言政策提供理论依据，进而有助于解决一些因语言而引起的社会问题。

（二）为语言教学提供理论和资料。社会语言学对教学的作用很能说明社会语言学的实用价值。以第二语言教学为例。社会语言学根据对个人在社会中使用语言情况的研究，提出了变化和共核的理论。每种语言，按类型分，有标准语、地方方言、社会方言之分；按使用范围分，有技术性语言和非技术性语言；按使用风格分，有正式场合语言和非正式场合语言；按使用方式分，有口语和书面语之分。但是，尽管语体繁多，在各种语体中都包含着大量共同的语音、词汇、语法和拼写特征。这些共同特征的总和，叫做共核。共核是构成各种变化的主体，是为使用某种语言的人共同接受的。

另一方面，语言必须在特定的社会环境里使用，学习这一语言的人必须了解这一环境，以便恰当得体地选择语言形式。社会语言学强调交际是由语言和语言环境两者组成的。它的教学方法的优点是师生必须把注意力都集中到真实的交际场合，可以对学生所使用的语言是否恰当提供明确的指导，借以使学生得体地运用语言。因此，社会语言学对课程计划的制订具有很大的贡献。它可以使人认识到：语言材料和语言环境两个方面都必须受到重视；在学习积极运用阶段，两者必须保持平衡。如果某种语言的教师懂得该语言的各种变化以及对待这些变化持有正确的态度，他们就能很好地完成上述各项任务。

（三）有助于认识社会文化和历史。丹麦语言学家拉斯克(Rask)早在19世纪时就认为："在没有书面语文献以前，我们要找出任何民族的历史，语言就是一个最主要的工具。因为这个民族的宗教、风俗、法律和制度尽管起变化，而它的语言却常保存下来，虽然不是没有改变，可是甚至在几千年后还可以辨认出来。"(岑麒祥《语言学史概要》88页，北京大学出版社，1988)后来也有人指出，研究词汇的分布有很重要的意义，从中可以看到文化的分布，可以看到经济的进展。词汇变化基本上反映在旧词的潜藏和新词的显现方面。我们已经观察了新中国成立以后汉语词汇的发展，发现绝大多数新词都是名词。如果把一本新词词典中所有的词按照出现的年代排列起来，几乎可以看做一本编年史。由此可见，从研究语汇的出现、变化、派生、潜藏等语言现象着手，去探索社会生活的变动，是有可能的，有必要的。(陈原《社会语言学》266页，学林出版社，1983)

社会语言学是语言学走出象牙之塔、走出经院，深入到社会、深入到人民群众中的产物。它的兴起促使人们用一种新的眼光审视语言。在此之前人们只是从语言的系统、交际功能、表达功能等方面来认识语言，对社会生活提出的实际问题注意不够。例如，我们对我国语言文字工作当前最主要的任务——规范化和标准化，缺乏社会的通盘考虑，缺乏深入细致的调查研究。因此在政策的制订、方案的选择、措施的采取方面有时陷入一种盲目的状态。而社会语言学从社会的角度、从民族的角度、从人类的角度考虑语言，把语言作为一个国家、一个民族的文明程度的标志，把语言研究作为信息时代的要求，开展调查、统计、分析、研究，逐步地引起社会的重视。它不停留在研究本身，而是注意使语言在生活中起到应起的作用，进而也丰富语言学本身。

三　社会语言学的应用

社会语言学的应用问题已经引起了人们的注意。除了上面所说的对教学的影响以外，社会语言学对商业、法律、医学和行政文书学的影响的研究已经取得了一些成果。例如，在商业方面，广告的使用、商品命名中的语言塔布等，都表明了社会语言学的应用价值。或许正是社会语言学的应用价值的影响，一些学者已经明确确定社会语言学属于应用语言学学科。

不同的人可以从不同的角度研究社会语言学。这是社会发展的必然，也是语言学所必须经过的一条道路。当今社会语言学研究的一个重要的方面就是要同社会结合起来，要为社会服务。如果社会语言学不关心社会，还只是局限于微观的分析，就很难说是社会语言学。社会语言学对社会的关心是多方面的，也应该是多方面的。它会涉及社会的各个方面，近年来对语言的使用受社会制约这一现象感兴趣的不只是社会学家和语言学家，其他学科如人类学家、政治学家、哲学家，甚至精神病学家等，对此都很感兴趣。但是和社会语言学关系最密切的学科是语言学和社会学，社会语言学家所关心的仍应是社会和语言密切相关的一面。当然，如前所说，社会语言学并不是社会学和语言学的简单相加。

在研究的对象和内容方面，过去学术界有不少争议。近年来，随着研究的不断深入，它的对象越来越明确，各种理论不断出现，在研究方法上也逐渐成熟。归纳起来主要有三点：(1)研究语言的变化，人们常用统计的方法和概率的模式来描写这些变化；(2)研究社会中的语言问题，如双语双方言问题、语言接触问题；(3)研究人们怎样在交际环境中使用语言进行交际，以及不同社会、不同社团使用语言的差异等。社会语言学的研究可以分为宏观和微观两类。微观社会语言学也可以看做是普通语言学研究的一个部分。我们应该研究各种社会因素(语言集团的各个阶层)对语言结构及其历史演变的影响。宏观的社会语言学研究，要比较分析各种语言活动、它们的各个组成部分以及发生在各种特定语境里语言所完成的各种不同的功能。社会语言学应该回答语言学关心但是从语言本体研究无法回答的问题。具体说来，我们认为除了宏观的语言和社会的关系的研究之外，广义的社会语言学主要应该包括以下这些方面：语言文明、语言修养、语言风格、作家作品语言、文化语言学、语言交际、口语、新闻语言、语言传播、播音学、广告语言、法律语言、新词语、网络语言等。

在世界范围内，社会语言学虽说取得了很大的成绩，但是作为一门学科还很不成熟。在中国，社会语言学更是刚刚起步，还有许多工作要做。例如加强社会语言学理论和方法的研究，进一步开展各项专题研究，扩大学科间的交流合作等。

第五节　语言规划

一　语言规划的定义

所谓语言规划(language planning)，是指国家或社会为了管理社会语言生活而进行的各种工作。它是作用于语言的社会活动。语言规划这个术语是威因里希(Uriel Weinrich)1957 年提出来的。语言规划包括语言地位规划和语言本体规划两大部分，大体上分三个层面的内容：(1)贯彻执行国家语言文字工作的方针政策。(2)确定和制订语言文字应用的规范、标准、法规规章。(3)实现语言文字的规范化、标准化。语言规划涉及的内容很多，主要包括民族共同语的确立和推广，民族共同语的规范和完善，语言选择，语言协调，语言调查，科技术语的统一和标准化，文字的创制和改革等。要而言之，凡是人们主动对语言的现状及发展施加的有计划、有目的的影响，都可以称为语言规划。在我国，由政府支持进行的推广普通话、现代汉语规范化以及正在进行的语文标准化就是这类工作。

语言规划是一项十分重要的工作。许多现代化国家的发展都经历了这样的历程。例如工业化经济就要求并促进了共同语的发展，而语言的标准化和规范化则给工业化创造了有利的条件。语言文字的合理发展，对于一个国家或民族的发展具有不可估量的作用。

语言规划涉及的范围也很广。哪里有语言问题，哪里就要求对语言进行规划。也许正因为如此，几乎所有的政府对语言的规划问题都是敏感的。中国历史上没有语言规划这一明确的概念，但却有这方面的实践，像科举考试对汉语的书面语和语音无疑起到了规范作用。辛亥革命以后，中国才开始有真正意义上的语言规划，虽然中间颇遭周折，但其影响之深远，值得认真总结。

不同国家、不同历史时期的语言规划是有差异的。典型的例子是语言复兴。中国没有这个问题，但在不到30年的时间内，以色列作出了有史以来在语言工程领域里最引人注目的成就。这就是希伯来语的复兴。移居到这个国家的犹太人原来散居世界各地，他们中间没有一种共同的民族口语。有趣的是，虽然作为口语的希伯来语早在两千多年以前已经死去，却在犹太教的礼拜仪式中保全了下来，就如拉丁语在罗马天主教会中被保全下来一样。这种语言作为一股促进统一的力量，足以使它成为被采用的语言。学校把这个任务接过来，从欧洲各地和近东来的移民还有前几代的人都在学校里学习这种几乎和人造语言一样的语言。当然这里面也有一个语言上的有利条件，因为这些移民原来的语言几乎都是泛欧洲型的。这样做的一个后果是，重建的语言对客观世界所作的描述基本上是欧洲型，当然，语音和语法结构是希伯来语的。

二　语言规划和语言政策

语言规划通常是某种语言政策的体现。政府从社会或自身的需要等出发，确定自己的语言政策，在此基础上进一步对语言进行规划。如上所说，语言政策对语言规划有直接的影响，同时，语言政策的提出也要以语言规划的理论为原则，否则，语言政策将无法实行。语言政策反映国家和社会团体对语言问题的根本态度。例如在殖民主义时代，殖民地政府通常推行语言同化政策，把宗主国的语言强加给被压迫民族，在正式场合禁止用当地语言。日本占据我国台湾的50年间，就对台湾的语文教育进行了压迫。

在语言规划问题上，政策问题无处不在。比如，国家推广普通话不是废止或者消灭方言，推行简化汉字也不是废止繁体汉字。社会是千差万别的，语言政策也会因社会而异。适合于甲集团的语言政策，不一定也适合于乙集团；适合于一个时期的语言政策，不一定适合于另一个时期。中国当今的语言国情决定中国必须采用与中国社会实际相适应的语言文字政策。对于一个国家来说，能否制订或实行正确的语言政策，还直接关系到社会的安定和团结。制订正确的语言政策，对于处理好民族问题，维护和促进民族团结和各民族共同繁荣，维护民族地区的稳定，乃至全国的稳定都有重要的意义。中国是一个多民族、多语言的国家，实行民族平等，《中华人民共和国宪法》规定每个民族都有使用自己语言文字的权利。为了保证每个民族使用自己的语言，同时又兼顾到社会交际、社会经济的发展的需求，《中华人民共和国宪法》又规定"国家推广全国通用的普通话"。我国在少数民族地区实行双语政策。例如在中国的内蒙古自治区，汉语和蒙古语都是官方语言。少数民族的语言和文字将和汉语文长期并存，共同发展，在各自不同的使用范围内发挥其不可替代的作用。几十年来，我国的民族语言文字工作有成绩，也有失误，但成绩是主要的，失误主要表现在"文革"期间的一些极"左"做法。

语言文字立法是语言规划的一种体现。世界上给语言文字立法的国家并不多。我国于2000年10月31日正式通过并于2001年1月1日施行了《中华人民共和国国家通用语言文字法》，这是语言政策的法律体现，对于加强语言文字工作具有重要的意义。

语言规划可以由政府来进行，也可以由官方的或权威的学术机构来进行。《中华人民共和国国家通用语言文字法》规定国家通用语言文字工作由国务院语言文字工作部门，也就是国家语言文字工作委员会负责；而在法国，早在17世纪就成立了官方的法兰西学院，负责法语的规范化工作。有时候，权威学者在语言规划中也能发挥重要作用。英国学者琼森（S.Jonson）作为第一部英语规范词典的编者，美国学者韦伯斯特（Webster）作为第一部美国英语规范词典的编者，都对本国的语言规划工作作出了贡献。

政府对语言的管理和影响表现在许多方面。

首先是官方语言的选择。对一个民族来说，要选用本族语言的一种方言来形成共同语。对一个多民族的国家来说，要选用某一民族的语言来作为各民族的共同交际工具。有些国家选择一种语言作为族际共同语。这种语言一般是经济文化发展水平较高、人口较多的主体民族的语言。如俄罗斯的俄语、美国的英语、我国的汉语等。有些国家选择多种语言作为族际语或国语。瑞士的国语有德语、法语、意大利语和罗曼希语（Romansch）四种；加拿大有英语和法语两种。一个国家选用多种语言作为族际语时，这些语言往往有主有次，有时还各有分工。瑞士是以德语为主，加拿大是以英语为主。一般来说，国家采用官方语言作为教学语言，但实际上不能完全做到。在很多情况下，方言仍然被作为学校的教学语言。应该加大推行共同语作为教学语言的力度。在多民族国家的少数民族地区，应该制订民族平等的双语政策，按双语政策选择教学语言。

外语教育中也有语言选择问题。外语教育是现代各国教育的一个重要内容，选择哪一种外语作为第一外语等，也都是政府所要干预的。例如，20世纪50年代，由于国际关系问题，中国各级各类学校基本上都出现了学俄语的“一边倒”情况。这显然是由于语言政策的导向所造成的。

除了语言选择以外，还有标准化问题。

这里说的标准化包括科技术语标准化和语言规范化。这里主要谈术语问题。在科学技术迅猛发展、科技术语大量涌现的情况下，如何移植术语，用音译还是用意译，这是关系语言发展和文化交流的大问题。对于采用拼音文字的语言来说，这个问题比较容易解决，它们一般地都是采用转写的办法。对于采用方块汉字的汉语来说，事情比较麻烦。音译和意译经常发生冲突，音译比较容易跟国际接轨，但有时不被人们接受。“激光”“电话”原来音译分别为“莱塞”“德律风”，但音译形式后来还是让位于意译形式。术语的国际化对克服语言障碍和促进国际科技交流有很大作用。很多国家和国际性组织对此十分关切。

此外，政府对语言使用的影响还表现在政府对控制的领域的语言使用以及需要政府容忍的非政府管理范围内的语言的使用方面。西方大众传播中的语言和特殊的商业活动的语言的使用可以提供许多例子，例如，在大众传媒中电视台、电台频道的分配和用不同语言或方言播报的时间长度往往有具体的规定，而在商业活动中像商标、店名的语言也都是政府所要管理的。

现在的研究表明，除了政府以外，现代社会中的企业经济社团也会影响到语言规划。经济社团的影响主要是通过下面的几种途径施加影响：(1)对雇员提出一定的语言要求；(2)对工作环境中的语言使用加以规定；(3)对本企业机构的工作语言有所规定。例如，前一段媒体曾经披露国内一些饭店不使用汉语作为指示语的问题。

语言规划是一项长期的、复杂的、面向未来的系统工程。它的决策和实施过程,涉及社会政治、经济、科技、文化、教育、社会心理等种种因素。要取得语言规划的成功就要遵循一定的原则。一般认为,语言规划应该遵循下述原则:(1)科学性原则;(2)稳妥性原则;(3)适用性原则;(4)动态性原则。有人认为还应该加上民族性原则和国际性原则等。概言之,语言规划必须尊重并且符合语言发展的客观规律,符合社会发展的需要,符合广大群众的意愿。在语言规划问题上,应该避免两种倾向:一种是人在语言文字面前是无能为力的,无所作为的;一种是过于夸大人的作用。根据语言文字本身的演变规律等,人是可以起到一定的作用的。近年来在语言规范方面人们常常提到顺乎自然,所谓顺乎自然就是根据语言演变的规律,根据社会的需要,根据一定历史情况下动态的条件,尤其是根据群众认识的程度等进行语言规划,而不是被动地等待、观察。

我国语言规划在现阶段的目标是:(1)消除信息交流与人际、人机沟通中的语言障碍,充分发挥语言的社会功能,提高交际效率,使语言更好地为社会发展服务;(2)促进语言自身的健康发展;(3)增强民族的团结,巩固国家的统一。

第六节　语言教学

一　语言教学理论简介

语言教学是应用语言学中主要的内容。狭义应用语言学就是指语言教学。语言教学指本族语和外族语的教育和学习。其中本族语学习包括儿童语言习得和学习，外族语学习则是指本族语语言能力的扩大。此外，语言教学还包括双语教学和多语教学的内容。双语或多语是指在多民族聚居区里有些人从小就习得两种或两种以上的语言，同时用两种语言进行交际。双语或多语教学是指针对多民族地区的特殊语言状况而开展的双(或多)语种教学活动。从语言教学的内容来看，其特点是将语言知识和相关的理论通过教育者传授给学习者，以达到使学习者掌握一门具体语言并用于交际的目的。从教学的行为来看，教学活动本身对能否达到教学目的起到了至关重要的作用。因此，对教学活动的研究就构成了语言教学理论的基础。需要指出的是，语言教学内容本身，并没有特别能体现出教学理论的地方，教学内容包括一种具体语言的所有关于语音、词汇、语法、修辞、文字等方面的知识。

语言教学理论针对的是在语言知识传授中的各个环节。语言教学的第一步是教学大纲的制订和教材的编写，怎样对所教的语言知识进行组织安排，进行合理搭配，这是教学大纲和教材编写中应注意的问题，对这一领域的研究和探讨就形成了语言教学理论的一个主要方面。语言教学的第二步是探讨教学大纲怎样实施、教学内容怎样安排以及怎样实施教学法。语言教学的第三步是探讨教学方式，由于教师的个体行为方式对学习者的进展具有直接的影响，所以教学方式也是语言教学理论的一个重要组成部分。语言教学的第四步是研究学习者的个人因素或整体因素，学习者的种族、民族、社会背景、地域民俗文化等诸多因素带给学习者的影响，其中整体影响又可称为来自社会方面的学习影响，它包括学习者的母语对第二语言学习产生的干扰，这可看做是整体影响中的语言因素影响，还有心理因素的影响。例如当一种语言形态较为发达时，对初学者会造成一种心理障碍；当一种语言词汇量较多、形态较少、句法规则不突出时，会对已有一些基础但仍需提高的学习者造成心理障碍。学习者的个体因素主要指心理或个人言语行为的能力。以上所述所有对语言教学活动的研究都是语言教学理论的内容。

从20世纪中期起，应用语言学家开始逐步建立起语言教学的理论。语言教学理论的创建和发展在不同时期都会受到不同派别的语言理论的影响，也就是说，不同的语言理论总会促使与之相适应的语言教学理论模式的出现，语言理论实际上与语言教学理论有着密不可分的关系。

二　结构主义语言学对听说法的影响

（一）结构主义语言学与听说法

在语言观上，结构主义语言学采用的是行为主义心理学的观点，把语言看做是刺激—反应的结果。在语言教学理论上，强调语言学习的过程是一种刺激反应的过程，要学会一种语言，必须进行强化刺激、反复刺激，才能产生深刻反应，达到记住并运用的行为，这就是听说法的由来。听说法在教学中主张强化训练和句型重复训练的方法，使学习者在强化重复中形成语言习惯，达到学会第二语言的目的。

结构主义语言学提出语言是一种系统的观点，语言系统由不同层次中互相有关的结构或语法单位组成，可以对不同的层次分别进行描写和解释。在不同的层次中，不同的系统如语音、语素、句法可分别进行描述，其中最重要的是句法结构的描述，同时比较注重句型研究。这就对听说法中重视句型教学产生了影响。在听说法中形成了以句型为中心，通过句型练习来掌握第二语言的方法。

听说法的核心是听说领先，这也得益于结构主义语言学中重视口语的观点。美国结构主义语言学家从调查语言时期起就明确了以口语为主要描写对象这一目标，这从根本上摆脱了传统语言学只重视书面语，把书面语当做唯一对象的语言研究方式。结构主义语言学以口语为第一的观点，一是来源于口语是语言最主要的表达形式，二是源于人类语言中说先于写的事实，三是源于目前世界上还有一些民族或部族只有语言而没有书面文字这一证据。

（二）听说法的基本内容

听说法的雏形是第二次世界大战期间美国语言学家推出的一种新的教学模式，即军方教学法。在第二次世界大战中，美国政府委托高校为培养军用外语人才而编写外语教程，进行外语培训。于是，由几十所高校参加的“军队专门训练计划”开始实施。这种方法抛弃了以书面语为主的“阅读法”，发展出以口语为主的军方教学法。

听说法的基本内容包括以下几点：(1)语言教学遵循听说读写的顺序，以听说训练为主，听先于说；读写训练为辅，读先于写。(2)句型是教学的基础，所有语言活动围绕句型展开。(3)语言教学过程是通过刺激反应形成的新的语言习惯的过程，教学重点是反复模仿、练习、记忆和重复。(4)语言教学只教语言本身，不教语言文化知识。(5)教学要借助直观的语境来进行。

在语言教学上，听说法第一次将现代语言学和心理学的研究与语言教学结合起来，建立了语言教学理论，这是听说法最大的贡献，它推动了语言教学的发展。

三　生成语法与认知教学法

(一)生成语法对认知教学法的影响

自从生成语法创立以来,在语言学界产生了巨大的影响,这一影响也反映到语言教学理论上。生成语法提出了“语言能力”和“语言应用”两个概念,其中语言能力是指人脑中一种特殊的语言习得机制,即一种内在的规则。根据这种规则,可以生成无限多的句子。人类语言的习得是从儿童时期就开始的,是一种无意识的母语习得过程,不需要专门的训练和学习。母语习得过程在儿童时期就已完成。而第二语言的习得分为自然习得和后天学习两种,自然习得指双语人才,这些人从儿童时期就开始了两种语言同时习得的过程,可同时运用两种语言进行思维和交际。而语言学习是指到成人期才开始习得第二语言,也就是通过语言教学来完成掌握一种新的语言的目的。

“语言应用”指对某一具体语言的掌握。由于生成语法对语言的习得过程进行了大量的实验和研究,因此对语言认知教学法产生了直接影响。认知教学法把语言学习看做是一个发现规则和创造性地运用规则的过程,认为一种语言整个规则系统的学习重于简单的模仿和练习,掌握好规则就可以自由地生成句子并对各种新的句子进行理解。

生成语法中的习得理论注重掌握语言的过程和个体。这使得认知教学法将学习者当做最重要的因素,强调学习者的智力与学习的关系,认为学习者的内在因素对语言教学起决定作用,而教学过程以学习者为中心,以发挥和调动学习者的能力为主,让学习者通过对语言知识的形成和理解来达到掌握和运用语言的能力。这无疑有利于调动学习者的学习积极性。

(二)认知教学法的内容

认知教学法产生于20世纪60年代中期。从那时起,世界上国际交流日益频繁,需要有大量高级语言人才担当对外交流工作,而当时流行的听说教学法已远远不适应培养高水平人才的要求。高水平的语言人才不仅应具有一定的口语表达能力,而且应具备创造性运用语言的能力。从生成语法产生以后,在这一理论的影响下,语言学界对听说教学法进行了反思和批评。在这一背景下,便产生了认知教学法。

认知教学法的主要内容有:(1)强调发展学习者的语言能力,使学习者运用有限的规则创造出交际中所需要的句子。(2)重视规则的学习。认知教学法强调语言学习就是掌握语言规则,而不是去掌握每一种具体的句型。规则掌握后可以创造出具体的句子,因此语言学习不是语言习惯的形成。(3)强调听说读写并重。认知教学法主张学习者听说读写同时进行,注重语言规律在这四个方面的不可分割性,强调全面发展。(4)允许学习者犯语言错误,认为出现语言错误是学习中不可避免的过程。(5)广泛采用视听教具和其他媒介创造情景,以进行交际性的操练。

认知教学法从习得的角度探讨语言教学,促进了语言教学的深化。它主要的贡献在于重视学习者的作用,有利于培养学习者的运用能力。

四 社会语言学与交际教学法

(一)社会语言学对交际教学法的影响

社会语言学对交际教学法的影响有两个方面。其一是“交际能力”概念的影响，这一概念是由美国语言学家海姆斯（D. Hymes）于1970年在《论交际能力》一文中提出的。“交际能力”指在具体的语境中恰当运用语言进行交际的能力。这一概念是针对乔姆斯基的“语言能力”提出的。他认为一个学语言的人，其语言能力不仅包括能否生成合格句，还包括是否能恰当地运用语言。“交际能力”提出之后，交际教学法也随即诞生。交际教学法将交际能力作为教学目标，注重在教学内容和过程中对学习者交际能力的培养。教学内容中把语言意义放在首位，从功能到形式，从意念到表达，以意念（包括数量、时间、次数等）和交际能力（包括招呼、询问、邀请等）为纲。教学过程强调语境化、交际化，提供真实背景和创造学习环境。

交际法在教学中注重语言变化的运用，在教材编写和教案设计中都考虑到了语言变化的因素。

（二）交际教学法的主要内容

交际教学法也叫功能教学法或意念教学法。20世纪70年代初欧共体建立后，共同体中的成员国加强了各个方面的合作，在交流和合作时最大的障碍是语言问题，共同体之间不仅需要单纯的翻译型人才，而且需要直接交流型人才。这时需要一种费时少、效果好的教学法。为此欧共体下属文化委员会建议在成人语言教学中采用“单元—学分”制，并由英国剑桥大学提出了交际教学法。交际教学法的目的是学习者不仅能够运用正确的语音和语法表达思想，而且还应能在各种不同的环境中正确地使用语言。交际教学法的主要内容是：(1)语言是获取信息的手段，不是知识，也不是内容。教学过程是一个交际过程，语言只能在用中学，在用中掌握。(2)学习语言的目的是能够恰当地运用语言达到交际目的。

教学活动要尽量用生活中的实例来进行，要掌握真正的语言表达。(3)语言学习有一个从不完善到完善的过程，犯语言错误是正常的现象，应能宽容错误。(4)学习者是教学交际活动的主体，由学习者担任角色，教师的责任是选择、组织和促进交际活动的开展。

交际教学法把语言当做交际的工具，从语言的外部功能角度组织教学，这种方法开阔了语言运用的视野，把语言教学提高到一个新的高度。其主要贡献在于将学习动机和教学结合起来，结合具体语境教学，强调真实性材料，使学习者可以得体、有效地进行交际。

第七节　计算语言学

计算语言学是利用计算机研究和处理自然语言的新兴学科，是应用语言学的重要组成部分。计算语言学有狭义和广义两种理解。狭义的计算语言学，指的是通过建立形式化的计算模型，用计算机分析、处理、理解并生成自然语言的学科。它的目标正像德国计算语言学家豪舍(Roland Hausser)在《计算语言学基础》这部教材开头第一句话所说的："计算语言学的中心任务是开发研制出一种人类能用自己的语言与之自由交谈的智能计算机。"广义的计算语言学除了上面的内容外，还包括利用计算机对语言文字进行的各种定量化和精密化的研究。但无论狭义还是广义，计算语言学都是计算机科学与语言学的交叉，具有边缘学科的性质。

借助机械力量研究和处理自然语言的想法，在古代人类中就有了萌芽。古希腊人就曾提出过用机器翻译语言的设想。但在科学技术不发达的年代，那只能是人类的一个美好的梦。

1946年,美国宾夕法尼亚大学的埃克特(J.P.Eckert)和莫希来(J.W.Mauchly)设计并研制出世界上第一台电子计算机爱尼亚克(ENIAC)。计算机不仅能高速地进行数值运算,而且能进行非数值的逻辑运算。于是人们开始尝试用计算机处理种种语言问题,首先是机器翻译。现代社会科技发展一日千里,国际交往日益频繁,语言障碍时时困扰着人们。就在电子计算机问世的同一年,美国洛克菲勒基金会副总裁韦弗(W.Weaver)和英国工程师布斯(A.D.Booth)在讨论电子计算机的应用范围时,就谈到了利用计算机进行语言自动翻译的想法。1949年,韦弗发表了一份题为《翻译》的备忘录,正式提出机器翻译的问题。在学者的热心倡导、实业界的大力支持下,美国的机器翻译研究轰轰烈烈地开展起来。1954年,美国乔治敦大学在IBM公司的协同下,用IBM—701计算机进行了世界上第一次机器翻译试验,把几个简单的俄语句子翻译成英语。接着,英国、苏联、中国、日本也进行了机器翻译试验。机器翻译出现了热潮。从20世纪50年代到60年代中期,机器翻译一直是计算语言学研究的中心课题。受韦弗备忘录中"翻译类似于解读密码"的影响,也受到对语言处理认识及计算机技术的限制,当时机器翻译采用的主要是"词对词"的策略,翻译效果可想而知。所以,随着研究的深入,人们看到的不是机器翻译的成功,而是一个接着一个的不可克服的障碍。因为这种缺乏理解的简单技术根本不可能达到预期的翻译效果,于是机器翻译陷入低谷。然而人们从失败中得到启发,要搞好自动翻译,必须在两方面下功夫:既要搞好计算机科学的研究,又要搞好语言理论的研究,尤其是语言处理理论的研究。越来越多的人认识到,如果计算机无法理解自然语言,机器翻译、人机对话就只能是空中楼阁。因此，1966年后，人们开始转入对自然语言的语法、语义和语用等基本问题的研究，并尝试着让计算机来理解自然语言。随着计算机技术的迅速发展，人们越来越想利用计算机来代替人的脑力劳动，通过人工智能的研究，使计算机成为具有听、说、读、写诸种能力的智能机器。这虽然是一个理想，但经过三十多年的努力，现在已经开展了利用计算机对自然语言的字、词、句、章等各层次的操作和加工，在语音识别与合成、机器翻译、自然语言人机接口、情报检索、自动文摘、信息抽取以及语料库建设等领域发展了许多新概念、新技术和新理论，计算语言学的理论和方法也就在这些具体的语言工程的研究中不断地形成并完善起来。

就理论研究来看，计算语言学还可以分为计算语音学、计算词汇学、计算语法学、计算语义学、语料库语言学等不同的分支学科。

计算语音学研究如何使用计算机对语音信息进行处理，实现语音的自动识别与合成。语音识别（speech recognition）就是教会电脑"听话"，语音合成（speech synthesis）则是教会电脑"说话"，语音识别与语音合成技术相结合，就有可能实现人机语音通信，人们就无需叩击令人眼花缭乱的键盘，而可以直接用语音向电脑发号施令，也无需紧盯着屏幕，因为电脑会用清晰的语音及时向你报告各种信息。由于这方面技术研究的长足发展，尤其是语音合成技术的实现，这已不是梦想，在不久的将来就会成为我们身边的事实。

计算词汇学研究如何用计算机处理自然语言的词汇，建立语言词汇库、术语数据库等机器可读词典。1966—1968年奥尔尼（Olney）和齐夫（Ziff）在美国系统研制公司提出了"英语词汇的结构调查"计划，编制了两部英语机读词典。从此，世界各国都掀起了编制机读词典也叫电子词典的热潮。人们日益清楚地认识到，机读词典的规模及词条信息的详尽程度将成为衡量一个语言信息处理系统质量的决定性因素。

计算语法学研究如何用计算机来分析自然语言的语法。这种研究在计算语言学中叫做自动语法分析(parsing)。目前自动语法分析技术已比较成熟，有自顶向下分析法、自底向上分析法、深度优先分析法、广度优先分析法、确定性分析法、非确定性分析法等等。语言学理论中的词汇功能语法、广义短语结构语法、支配和约束理论等，对自动语法分析技术有着很大影响。自动语法分析的方法必然会给传统的语法分析以新的启示。

计算语义学则研究如何利用计算机来分析自然语言的语义，如威尔克斯(R. Wilks)的优选语义学、蒙塔古(R. Montague)的蒙塔古语法、商克(R.C.Schank)的概念依存理论、西蒙斯(R.F.Simmons)的语义网络理论等都是计算语义学的重要研究成果。

语料库语言学是近十几年来才崛起的一门计算语言学分支学科。它的出现反映了现代语言学研究中经验主义思潮的复苏。存入计算机作为计算机分析的语言素材集就称为机存语料库，简称语料库。任何一种语言的语料几乎都是无限的，要将其全部存入计算机实际上是不可能的。但是为了研究一种语言，可以根据统计学的原理把这种语言的语料按一定的原则抽样存入计算机，作为其全部语料的代表而进行统计分析。这样分析得出的结果虽不能说是绝对精确，但只要抽样的原则合理，存入的语料有足够的量，结果也是相当可靠的。西方从 20 世纪 60 年代开始，这种语料库的建设就逐步发展起来。其中比较有名的是美国的 Brown 语料库、英国和挪威共同建成的 LOB 语料库、英国的伦敦—隆德语料库 LLC、英国科林斯出版社和伯明翰大学联合建立的英语语料库 COBUILD、英国国家语料库 BNC、国家英语语料库 ICE，等等。现在我国也已建成一些初具规模的语料库。如北京语言大学研制的现代汉语研究语料库、清华大学研制的现代汉语共时语料库、国家语委主持研制的现代汉语历时语料库等等。现在已经形成一种以语料库为基础的语言研究方法。在计算机自然语言处理的研究中，语料库方法与以人工智能为基础的研究方法唱起了对台戏，一种是经验主义的，一种是理性主义的。这两种方法各有短长，可以互相补充。语料库语言学是一个很有前景的分支学科。有专家说：21 世纪初，在科技发达的国家里，大多数科技信息都将储存在计算机里。21 世纪初的人，如果不会使用储存在计算机里的信息，犹如 20 世纪初的人不会读写一样。这就是说，21 世纪初，研究语言所需要的语料，大部分是存储在计算机内的，其中有很大一部分永远不会在纸上出现，如果语言学家不能及时转变到在计算机上处理语料，他就将失去自己研究的主要对象，失去获取知识的来源。

就理论研究来说，这些分支学科各自独立，各有侧重，但计算语言学同时又是一门应用学科、实验学科，它面对的往往是一项项语言工程。在实际操作时，即使一个很小的语言问题，也往往要既牵涉到词汇学，也关涉到语法学、语义学，很难将它们截然分开。

就社会地位来讲，计算语言学日益受到人们的重视。在信息化社会巨大需求的推动下，语言学及语言信息处理的技术水平已成为当前衡量一个国家现代化水平的重要标志之一。由于计算语言学是一门新兴交叉学科，尽快培养兼通语言学和计算机科学的人才，已成为一个迫在眉睫的问题。据美国 *American Journal of*

Computational Linguistics(《美国计算语言学杂志》)1986 年的统计,全球设有计算语言学博士学位的大学已有 105 所,其中美国就有 63 所,加拿大、英国、日本、西德、瑞典和法国各有 4 所以上。在英国曼彻斯特大学已有计算语言学的学士和硕士专业。在学会组织方面,美国计算语言学会成立于 1962 年,每年举行一次年会,并出版学术季刊《美国计算语言学杂志》(后改名为 *International Journal of Computational Linguistics*《国际计算语言学杂志》)。1965 年在美国纽约成立了国际计算语言学委员会,每两年召开一次国际学术讨论会,现在已举行到第十九届。

我国的计算语言学研究工作,如果从机器翻译算起,开始于 20 世纪 50 年代后期,与其他国家相比,起步并不算晚,比现在机器翻译相当发达的日本还要早两年。但由于众所周知的原因,中间停滞了近二十年。计算语言学的研究全面铺开并形成一定规模,是在 80 年代中后期。我国的中文信息学会成立于 1981 年,出版学术季刊《中文信息学报》。隶属于中文信息学会的计算语言学专业委员会 1987 年 6 月成立,1988 年 6 月在北京举行了全国首届计算语言学学术会议,2003 年 8 月在哈尔滨举行全国第七届计算语言学联合学术会议。中国计算语言学虽起步比较晚,发展却比较快。但实事求是地说,无论在基础理论还是应用技术上,我国计算语言学的研究和先进国家比,还有相当的距离,这将直接影响到我国现代化的进程。

思考和练习

1. 说说应用语言学的简明的定义。
2. 为什么说应用语言学有理论?

3. 语言学分成哪三部分?

4. 说说应用语言学的范围。

5. 社会语言学研究哪些问题?

6. 语言规划研究哪些问题?

7. 语言教学研究哪些问题?

8. 计算语言学主要研究什么?

主要参考文献

冯志伟《应用语言学综论》,广东教育出版社,1999。

郭熙《中国社会语言学》,南京大学出版社,1999。

何自然《语用学概论》,湖南教育出版社,1988。

刘涌泉、乔毅《应用语言学》,上海外语教育出版社,1991。

全国语言文字工作会议秘书处编《新时期的语言文字工作》,语文出版社,1987。

〔英〕S.皮特·科德《应用语言学导论》,上海外语教育出版社,1983。

于根元等《语言哲学对话》,语文出版社,1999。

于根元主编《世纪之交的应用语言学》,北京广播学院出版社,2000。

赵贤洲、陆有仪《对外汉语教育通论》,上海外语教育出版社,1986。

Hausser, Roland *Foundations of Computational Linguistics: Man-Machine Communication in Natural Language*. (《计算语言学基础》) Berlin-New York: Springer-Verlag.

第三章 应用语言学的研究方法

第一节 概说

一 方法和方法论

方法和方法论是非常值得研究的一个问题。汉语中有许多关于方法的名言，例如“工欲善其事，必先利其器”“他山之石，可以攻玉”“磨刀不误砍柴工”，等等。在科学研究中，重视方法论、科学地运用相关方法，是取得成功的重要前提。人们常说“实事求是”。方法和方法论就是“实事求是”的“求”。不同的学科，可以有不同的研究方法，探索语言的研究方法是现代语言学学科的一个重要特征，应用语言学当然也不例外。

影响方法的因素很多。首先，它不同程度地跟认识论和思想方法论发生联系。世界观不能代替方法和方法论。世界观是一个复杂的问题，现在还缺乏全面的研究；但是，我们也看到，方法和方法论也是世界观不同程度的体现。现有的研究已经表明，思维方式的差异直接影响到科学研究方法论的差异。在方法论上，主观因素有重要的作用。跟世界观密切的方法和方法论，比较多地体现了世界观。或者说，这时候，方法和方法论是世界观深入的体现。关系不密切的，体现得少一些，有的跟世界观没有多少关系。

对象也是决定方法的一个重要因素。应用语言学以语言应用为研究对象，所采用的方法自然也就会有别于以语言自身为对象的本体研究。

研究的角度、目的对于方法的确定也有关系。语文学有自己的方法，现代语言学对象变了，角度变了，也就需要一套方法。角度、目的是客观性的，来自客观的需要。而角度、目的的确定是否正确，取决于是否符合客观。

语言学研究的目的大体上可以分为两类。一是对语言的历史和现状作细致的描写，从纷纭复杂的语言现象中寻找出带有规律性的东西；二是对挖掘出来的语言规律进行合理的解释，探索这些规律的前因后果。前者使人知其然，后者使人知其所以然。对科学事实提供详细的分类描写，即所谓描写性理论（descriptive theory），门捷列夫的元素周期表都属于第一类，结构主义语言学也属于此类。另一类旨在为科学的事实的成因提供理论解释，回答是什么原因使事实成为这个样子而不是那种样子。这种理论叫做解释性理论。牛顿的物理学说就属于解释性理论。描写性理论追求“描写上的充分性”，解释性理论追求“解释上的充分性”，在解释充分的基础上追求描写上的充分性。无论是描写性理论还是解释性理论都要以观察的充分为前提。观察充分、描写充分、解释充分就是通常所说的语言学研究中的“三个充分”。应用语言学研究当然也不例外。

讲究方法是为了方便有效地解决应用语言学的有关问题，不是为方法而方法。例如，在应用语言学研究中，统计数据很有用，但必须注意科学性和适用性。有的人搞很多数据、图表，为数据而数据，把一些简单的问题复杂化，这是本末倒置；还有人甚至制造假数据，这是违反科学研究道德的。

一个重要的方法和方法论往往会形成一个重要的语言学流派，或者说，重要的语言学流派都以它的方法和方法论作为重要的支柱。历史比较的方法跟历史比较语言学，结构主义的方法跟结构主义语言学，就是例证。

二　应用语言学研究方法的性质

应用语言学自身的性质决定了应用语言学研究方法的特殊性。下面择其要加以说明。

（一）实践性

目前人们并没有明确提出应用语言学到底有哪些方法。它的方法要论证、探索。例如，它不能是感想式的，不只是简单的经验总结。能够解决语言中的实际问题是判定方法好坏的标准。这就是它的实践性。

（二）多样性

解决同样的问题可以有多种方法。由此岸到达彼岸，有许多种路途和手段可供选择，可以过桥，可以坐船，也可以修路，看各人的方便等条件。不能抽象地说某个方法好而某个方法差，不要贬低一个或抬高一个。要在本着实事求是原则的前提下，在众多的方法中要选择适合自己研究方向和目的的方法，如果不结合个人实际和具体研究工作的需要，教条地搬用某种方法，很可能使研究走入歧途。在选择具体方法对具体问题进行研究的时候，要注意可操作性。

（三）综合性

语言应用的领域广泛，涉及范围广，因此应用语言学研究往往需要多种方法综合使用。当然根据需要,可以有主有次。例如,语言教学研究就涉及教育学、心理学、语言学、文化学等不同的学科的研究,但主要的方法应该还是语言学的。就具体方法本身来说,可以说是综合实验、动态调查、定性和定量分析于一体。

(四)创造性和灵活性

应用语言学是新兴的学科,自己并没有一套现成的方法。除了采用相关学科的一些方法外,应用语言学研究也需要有创造性。另一方面,语言是动态的,社会在不断地发展,社会中的各种语言问题也会变化,因此研究方法也要表现出灵活性。所谓灵活性,并不是随心所欲,还要在一定的限度内。应用语言学的研究本身毕竟有其一定的规律。要在灵活性的前提下,注意吸收内部、外部的各方面意见。

第二节　调查和比较

一　调查

调查是指为了了解情况,并且多指到现场进行的考察。在研究时往往从材料当中,也就是事实当中寻找问题,因此收集材料十分重要。在进行调查时必须注重第一手材料,虽然第二手材料也可以使用,但是一定要有第一手材料。很多时候原有的材料不能进一步解决问题了,还要不断充实新的材料,往往新的思想便在新材料中闪现出来了。

收集材料有三种方法。

(一)访谈法

访谈法是一种由调查人员与被调查者进行面对面谈话的方法。分为个别访谈法和集体访谈法两种方式。使用访谈法的关键在于如何诱导受访人说出调查人员所需了解的内容，提供有关语言变化的原始材料。通常有以下几种技巧：(1)念词表、句子或语段，这是调查方言语音体系用得最多的技巧；(2)提问，由调查人员提出问题，要求受访人回答，从中获取信息，采集材料；(3)测验，给受试人以某种刺激，使其立即作出语言反应，以观察受试人的语言能力，了解其语言体系的特定规则。

这里必须说明一点，测验、考试其实也是一种调查的方式，不能单纯地理解为对人的一种测试。在访谈调查里有些提问方式是经常采用的。比如直接的和间接的问题；特定的和非特定的问题；事实和意见；问题和陈述语；事先决定的问题还是按照主要问题的答案来回答的问题。在使用访谈的方法时，很多人容易陷入对表象的一种交流、谈话，而不重视访谈内容的学术性及理论性，因此这种访谈所取得的材料就会显得不够全面。所以从访谈法的发展来看，对学术性、理论性的正确把握和处理将会显得越来越重要。

座谈会也是访谈法的一种。在举行座谈会时首先要明确座谈会的主要目的，而且在组织会议时一定要注意到会人员的组成结构，涉及所要解决问题的各个方面的有关人士，要全面和权威。还有一点，举行座谈会不要都找意见一致的人，应该多找个案，也就是那些具有代表性的东西，多听听平时听不到的意见和建议；或许这些东西并不都是正确的，但他们却可以引起我们的思考，使我们的研究不断由浅入深。

（二）观察法

观察法是研究人员通过直接观察研究对象的语言行为以获取

材料的一种方法。又可以分为隐蔽观察法和参与观察法。隐蔽观察法,指调查人员在真实的社会环境中,不暴露自己的身份,从一旁观察人们的语言行为的方法。参与观察法,指调查人员深入到被研究的人中去,与他们一起参与语言活动,在其中进行观察和搜集材料的方法。

观察法是在一种自然的状态下进行的,所以材料比较真实。在美国最典型的调查是拉波夫的调查。为了调查纽约(r)音的社会分层情况,拉波夫向同一个调查对象重复询问同一个问题,诱使对方分别采用随便语体和正式语体给出(r)在辅音前和音节末尾时的发音情况。具体做法是先了解某种商品(比如说女鞋)在某个商店的四楼出售,然后故意装作不了解情况向该店的售货员询问哪里出售女鞋,对方只好回答:fourth floor(四楼)。这种对话是顾客和售货员之间经常出现的,所以对方的回答比较自然,使用的是随便语体。而他所回答的这个短语中正好包含了(r)的两个不同的语言环境。接着,调查人装作没有听清对方的回答,再重复一遍自己的问题,售货员只好比较认真地重复他的回答。这次,他对自己的话语可能给予极大的注意,从而使它成为正式语体中的语音形式。

在应用语言学研究中,有些题目用观察法非常合适,但是对有的题目来说,往往不容易找到所需要的材料,而这就会增加调查的难度和材料整理的难度。此外,由于有些研究项目不仅要搜集话语,还要掌握被调查人的社会背景,因此观察法有一定的困难。

(三)问卷法

问卷法是用书面形式进行社会调查的一种方法,适用于大规模的摸底调查。在进行调查时根据调查项目编写而成的一系列问题，还应包括有关填表人背景的项目，如姓名、年龄、家庭状况等，因为不同的背景其所做的选择也会有所不同。对所列问题按其回答的方式可分为两种：封闭式和开放式。封闭式是指把问题的若干种可能的答案用简明的语言陈述清楚，供人选择；开放式是指对回答不限范围，让填表人自由表达意见。在运用封闭式时需要注意选择可测标志，以便进行定量分析；在运用开放式时需要注意提法的中立性，语言的运用不能脱离具体的情景，提问时要注意提供背景。

问卷法是调查的重要方式，通过问卷可以把所得到的关于人或事物的信息转化为数据，用这种方法可以测量人们的知识或信息，喜爱和厌恶，对事物的态度等。

问卷调查的方法是直接向人询问，而不是靠观察来获得数据，但其中有几个小问题需要注意：被调查者在完成问卷时必须合作；他们必须如实报告自己的想法，而不是说一些他们认为应该如何的意见，或是说一些他们以为调查者喜欢听的意见；他们必须知道自己有些什么感觉和想法，才能报告出来。在准备问卷时，研究者必须十分谨慎小心，必须经常应用如下的准则：一个问题在什么程度上会影响回答人尽量表现自己？一个问题在什么程度上会影响回答人通过预测研究者想听什么、想发现什么而进行不必要的帮忙？一个问题在什么程度上会问一些回答人自己并不确切知道的信息，或是自己不大可能了解的信息？问卷的效果就取决于上述三种考虑。但是有些信息是除了直接向被调查人了解外不可能获得的，有时，即使是可以用别的方式获得，也不如直接了解那么有效，所以在使用时，其优点和问题必须事先考虑清楚，然后决定取舍。在问卷调查中可能还会遇到这样的问题，比如调查使用英语的程度，会几句的和根本不会的比，会几句的也可以叫会，所以就应该设计一定的题目来进行测试，可以说考试也是一种调查，它可以就被测者的素质、天赋、悟性等方面进行测试，以便拉开档次。

大规模的田野调查是一种个人的或是集体的亲身实践活动，由于其实践性和操作性很强，所以一定要避免盲目。

二 比较

在科学研究中，比较是根本性的研究方法。别的研究方法都是从比较方法延伸出来的，只是各自具备了特殊性而已。

比较的研究方法可以分为两大类：一是事实比较，也称为比附，是现象事实上的归纳概括的比较，具有明显的描写性；二是理论性的比较，是关于系统理论普遍原理在具体语言中的可行性的比较，包括宏观和微观两个方面。将不同的语言放在一起进行比较研究的方法主要有两种，一种是历史比较法，一种是对比分析法。历史比较法只能用于有亲缘关系的语言之间，其作用是揭示语言之间的谱系关系，它是一种历时的研究；对比分析法可以用于任何语言之间，其作用是揭示语言之间的异同关系，它是一种共时的研究。对比研究法是指语言使用者在判断句子与非句子时采用的方法，对比的形式不是任意的，要有相比的基础，两句要有共同之处，对比法一般在最小差异中进行，也就是指只有一点不同而其余全部相同。

哲学上说，任何事物都是既有联系又有区别的。联系不是孤立的，区别不是等同的、完全一样的。不同的时间、不同的空间是有联系的，时间、空间本身也是联系的，空间有不同点，时间也有不同点，这是世界构成的基本形式。也就是说，世界就是时空，它既有联系，又有区别，不是孤立的也不是完全一样的。我们比较的是它的联系、区别，比较的是它的共性以及个性。世界上的事物都是有个性的东西，一个事物要是没有个性，也就不成其本身了。我们知道，共性寓于个性之中，共性是最基本的东西，个性只是突出与不突出的问题，越往上走，个性越多，共性越少。事物本身就是这样，要认识它，就要研究这种事物的情况和其他事物的情况有什么不同，也就是区别的情况，即关系。只有认识到事物内部的关系以后，才能去发展。条件和现象的关系就是规律。我们只有在认识规律、符合规律的情况下，能动地起作用，让世界更美好。由于共性寓于个性之中，从方法论的角度说，很难在一个孤立的个体之中发现共性的东西，很难从一种具体语言中辨别出所有人类语言所共有的东西，也很难从人获得一种具体语言能力所遵循的东西中辨别出获得任何一种具体语言能力所遵循的东西，虽然个性是共性的体现。这样，普遍的东西就不可避免地在多种具体语言的现实中寻找。

比较的一切都要公平，只有这样才能站得住脚，这是一个前提。运用比较的研究方法，首先要确定比较的范围，明确进行比较的是哪一个或几个方面；在确定了比较的范围之后，要选择比较的基点，比较基点的选择与比较的目的有密切的联系。对语言进行比较分析，可以采用各种比较的方法，如数据比较、图表比较、调查比较等；最后还要对所探讨的问题做出分析解释。

还要注意避免无效比较和低效比较。所谓无效比较是指事物比较过后不能说明问题，不能得出所需要的结论，也就是把相同的说成是不同的，把不同的说成是相同的，不是它的联系说成是它的联系，是它的联系说成不是它的联系。有的时候，并不是事物之间不具备可比性，而是我们用来比较的那一部分不具备可比性。所谓低效比较是指事物具备可比性，有可以比较的地方，但是由于比较者的原因，并没有比较到那个地方，或者是比较者只进行了表层上的比较，浅尝辄止，也有一些作用，但不是高效的比较。比如在谈论少儿节目的特点时，有的人讲到少儿节目要有可视性、生动性，难道其他的节目就不需要可视性和生动性了吗？在其进行比较的时候并没有发现真正不同的地方。所以很多时候，论文的题目是很有价值的，但往往写出来以后就显得深度不够。还有一种情况，当我们把可能性、同一性、必然性混同的时候，也有可能出现低效比较。比如，有人谈到语速的问题，认为语速快了，某一句话断句不好。结论是断句出问题就一定是语速快的结果。实际上，语速快断句就不好，并不是必然性而是可能性。于是这种比较就可以说是低效比较。再比如，有人说主持人一说话就要加上“这、那、哼、哈、嘛”等碎词。并不是一做主持人就必然要这样，一说话就要松散，生活中有的人口语比主持人的口语好。所以可能性不是必然性，要是把可能性说成必然性，就会造成低效比较。

第三节　定量研究和定性研究

一　定量研究和定性研究的关系

定性研究是对所研究的对象进行“质”的分析，即对所研究的现象的本质、特征及其联系进行概括。定量研究通过量化，即利用数量、频率、比例的统计等来说明各种事实。定量的方法和定性的方法在几个主要的方面都是不同的，但是这两种方法得出的结果往往互相补充，有助于我们从不同的角度观察问题。定性方法是一种自然观察，而定量方法是一种操纵和控制；定性方法从观察学的观点出发，站在活动者本人的角度去了解人类行为，而定量方法是从逻辑实证主义观点出发，对社会现象事实和原因的了解无需考虑个人的主观状态；定性方法是一种综合，而定量方法是一种分析。认识一个事物在时空上的位置属于定性的范畴，但在涉及这个“点”时又有定量的问题，所以进行定量研究最终的目的还是为了定性，定量研究只是一种研究手段。

二　抽样统计

统计是定量分析的一种，不管采用什么样的统计方式，结果都是要得到很多有力的数据来支持论点。在统计中，抽样具有重要的地位。

（一）抽样

抽样（又叫取样）就是从一个总体中选取一部分作为样本进行观察。由来自同一总体的无数组样本数据而获得的该总体的某种特征，称为参数。抽样是为了使研究对象具有代表性，从而可使结论具有推断意义或普遍意义。例如，我们想知道全社会对一种语言现象的态度，但实际上我们几乎没有办法去向全社会的人进行调查，这就需要抽样。

在语言调查的抽样程序中，处理好下面几个问题有利于获取可靠的数据：

1. 对样本的总体作出定义。研究者打算在什么范围中研究问题，就要在哪个范围抽样。例如我们要调查某一民族语言的发展趋势，为语言政策提供依据，就应该在使用这个语言的整个范围内抽样。

2. 样本的代表性。从总体中选取的那部分研究对象，应基本具备总体对象的性质或特点，使样本对象能够在较大程度上代表总体对象。样本的代表性将影响研究结论的推断。

3. 选取合适的抽样方法。抽样方法有多种，应根据实际需要来选用。例如，要对社区内语言差异的各个方面进行估计，像民族群体、性别、社会阶层、语言环境在很大程度上影响语言的使用。

4. 样本应有足够的数量。样本的数量可影响研究结果的可靠程度。由于抽样误差与样本规模的平方根成反比，所以在人力、物力、时间等条件允许的情况下，样本数量越大越好。不过，样本数量也并非是抽样效果的唯一指标。比如，一个数量较小但代表性较高的样本，通常比数量较大但代表性较差的样本好。而且，有时抽样的数量过大，超出了现实的条件，会影响项目顺利进行，反倒会产生不好的效果。究竟应该选取多少样本与对结论严密程度的要求有关。一般认为，应要求每个样本尽可能超过 100 人，因为当技术或总次数小于 100 时，便不宜求取百分数。

适应现场观察的抽样方法大致有三种：

1.定额抽样。如果所观察的事物、人群、过程有明显的界限，可以采用这种方式，使不同类型的单位都包括到样本里。

2.滚雪球抽样。这种方式就是找几个典型了解，根据他们提出的线索，逐步扩大范围，由近及远，再归纳出某种型式。

3.特别个案。通过研究那些特别的个案来加深对态度和行为的型式的了解。

在运用这种抽样方式时，要注意以下两个问题：可供观察的全部情景在多大程度上代表了所要进行描述和解释的现象的一般的类型;全部情景中所进行的实际观察能否代表所有可能的观察。同时要避免采用定性的方法,从理论框架或观点出发,根据这些观点来收集符合自己需要的材料。

(二)非随机抽样

非随机抽样包括偶然抽样、雪球抽样、判断抽样。非随机抽样简单易行,节省人力和物力。但这种方法所得的材料或数据不一定可靠,它常带有很大的偶然性,也会带入调查人主观判断等因素。因此,在正式调查中一般不应提倡。例如偶然性抽样,根据调查人的方便,随便找一些人进行调查。这种方法的偶然性太大,材料不可靠。得出的结论一般不能作为正式依据。

(三)随机抽样

随机抽样是进行社会调查的重要方法之一,是正式调查所采用的一种方法。使用这种方法的目的是让在选定范围内的全体居民中每人都有被选定为取样对象的同等的机会。它是为了避免任何偏见而有组织地挑选资料提供者的一种调查方法。随机抽样一般有下面几种。

1.简单随机抽样

总体中的每个个体都有同等机会被抽取。例如,要从 1000 人中抽取 50 人,可把全部人员都编号排列,利用“随机数码表”抽取。为了决定在随机数码表的何处抽取,可用抽签等办法,分别确定抽取的起点为哪一行的哪一区,该区中的哪一行和第几个数字。然后根据总体的数目是多少位(例如这里的数字是四位,从开始点起就以四个数字为一个号,依次取样。凡属于 1000 以内的号码就作为抽取对象,凡不属于 1000 的就跳过;如果抽取的时候出现重码,就放弃该码,继续抽。直到抽够所需要的 50 人。如果总体数字不是很大，也可以把被调查对象的名字写在卡片上，或者把被调查对象一一编号，然后运用抓阄或抽签的方法抽取样本。但要注意：被抽出的签抽出后应登记后再放进去，以使每签都有百分之一的抽签机会。

简单随机抽样方便易行，但也有一定的局限性。例如，总体较大而样本少的时候，所获得的样本代表性比较差；而且在这种情况下样本的分布面仍然比较广，会给调查带来不少的困难；此外，样本的分布也可能不均匀，例如，如果我们要调查南京话向普通话靠拢的情况，在不同区里抽到的人数可能会不同，不同年龄段的人数也可能不同，这就有可能影响调查结果。

2.系统抽样（等距抽样）

这是获得可靠的随机抽样的传统方法之一。它的工作量比简单的随机抽样的工作量小，操作简单，实用性较大。抽样时采用列有随机数码的表格，给每个相关者一个号码。此后，调查人可以根据随机数码表，按数字顺序依次进行抽样。当每一个有指定号码者的号码同随机数码表中所选定的那个号码相符时，就被选定为取样对象，直到调查人获得他所需要的全部资料提供者为止。除使用随机数码表外，调查人还可以在他选定的范围内，指定某个任意数作为他的取样对象，例如，指定每隔五个、十个、二十个、一百个或其他数目作为对象。取数多少决定于作为取样的人在总体中所占的比例数。严格的随机取样的方法固然可以避免一定的偏见，但是也有其局限性：它常常选进一些其语言是不能采用的人来，比如这些人是从其他地区迁来的，或他们是非正常人。他们的资料是不能作为语言资料来进行分析的。为此，作为严格选样的一种补救办法，应是预先确定选样对象的社会范畴，然后再选定各种类型的资料提供者。

为了保证抽样具有尽量大的随机性，应注意所需的样本数(S)与规定抽取样本的间隔数(D)的乘积接近或稍大于可调查对象的总数(T)，即：

$$S \cdot D = T$$

否则会有一批号码根本没有机会被抽到，或抽不够所需的样本数。

3.分层抽样

把总体按一定标准划分为不同的层次，然后再分层抽样。比如要调查某一地区的语言变化时，可以把该地区所适宜充当调查对象的人先依不同的年龄分成不同的层次(例如老中青少幼)，然后再从这些层次中抽样。这种抽样的方法虽然抽取的样本少，但其代表性并不差。

4.多级抽样

在调查中先按一定的标准把对象分组，在各组中抽取样本形成样本组，最后再在样本组中抽样。例如要调查南京市中学生学习普通话时受南京话干扰的情况，可以在若干区各选几所中学，然后把这些中学分为坚持用普通话教学的、不坚持用普通话教学的和不用普通话教学的三个类，再从这三个类中抽取不同的学校作为样本，最后在这些学校的样本中抽取学生样本。

多级抽样和分层抽样的不同在于：分层抽样是在各分层中直接抽样，而多级抽样是在分层抽样的基础上进行再抽样。多级抽样适合范围较大的调查。

(四)统计

大量的资料到手以后，就可以进行分析处理了。分析资料有原则和步骤两个方面。资料分析的原则要求是:以正确的理论为依据,从现象的整体联系上进行分析。否则就会出现以偏概全的问题。

调查结束以后,就需要对调查材料进行整理。整理材料最常用的是统计的方法。在统计方法中,百分比统计法是大家比较熟悉的。这里介绍另一种方法:标准记分法。假定某语言有 x 和 y 两个变量,我们把它们记作(x/y)。当 x 出现在话语中时,记作(x/y):[x];当 y 出现在话语中时,记作(x/y):[y]。每当话语中出现(x/y):[x]时记一分;每当话语中出现(x/y):[y]时记 2 分(反过来也一样)。假定在某段正式语体中,(x/y):[x]出现 10 次,(x/y):[y]20 次;而在某段非正式语体中(x/y):[x]出现 20 次,(x/y):[y]出现了 30 次。那么,这两段话语中(x/y)的平均得分应分别为:

$$\text{正式语体中}\frac{(10\times1+20\times2)}{(10+20)}=\frac{50}{30}\approx1.667$$

$$\text{非正式语体中}\frac{(20\times1+30\times2)}{(20+30)}=\frac{80}{50}\approx1.600$$

所以两种语体中(x/y)变量出现的比例为 1.667:1.600。

最后要说明的是,所有的定量统计,都是具有局限性的。在统计中,我们应该尽量做到减少局限性,增加其参考性。另一方面,在实践中很多人对数据会表现出一种盲目的迷信。一般说来,当读到一段话或是一段理论的时候,人们会进行考虑,看其究竟说得有没有道理;但如果看到的是一组数据,可能很多人就不会注意,不加考虑。学术界常听到这样的话:如果你提出一个理论,除了你之外别人都不相信;如果你提出一个实践的数据,除了你之外别人都相信。事实上,对数据、量化也应当科学地辩证地看待。

第四节　实验方法

一　实验方法的特点

实验是科学研究经常使用的方法，是科学方法的基本要素。在科学研究中，为了检验某种科学理论或假设的正确性，人们可以创造出一个人为的环境，引入可控制的变量，进行一些操作，观察记录它的变化和结果并加以解释或推断，这就是实验的方法。

应用语言学不同于本体语言学，它所做的不是本体语言与本体语言学同应用各部门结合规律的研究。它的目的在于解释语言在各种应用中的现象和规律，要努力解决实际问题。那么，为了调查语言事实，为了证明某个假设是否成立，为了验证某个理论是否有效，能在多大程度上有效，都不能不用到实验的方法。从这个角度上说，应用语言学也是一种实验科学。

实验方法涉及的范围比较广泛，有人把上面说的定量研究也看做是实验方法。和传统的方法相比，实验方法表现出了自己的一系列特点。

（一）系统性

实验方法是严密的组织系统，有一套必须遵守的程序和规则。这些规则包括怎样找出变量，怎样设计实验以观察变量和决定变量的作用等。这使得实验比较容易地观察不同因素所起的作用以及特定因素所产生的效果和影响。

（二）逻辑性

实验方法所执行的规则和程序表现为直接明了的具有很强逻

辑性的模式，以便使研究逐次展开，其中任何环节不可或缺。研究者可根据效度的需求对每一环节进行核查。可以在较有利的情况下进行观察，使观察精细，同时便于测量计算，比较容易取得可靠的研究成果。

（三）经验性

实验方法也是一种经验性研究。它便于观察在常态下不易观察到的情况，使研究范围扩大。实验方法从现实世界搜集数据，与传统的数据描写的不同在于实验方法是通过控制和操作的方法来搜集数据，而传统的方法是通过自然观察的方法来搜集数据。

（四）简约性

实验方法不仅要描写事物，还要解释事物。它把个别事件或对象简约为可以理解的概念和范畴，去除一些特殊性和独特性，得到的是更为概括的事物间的相互关系，这是一个抽象化的过程。

（五）可重复性

一般来说，实验是可以重复的，因为实验的设计、数据的搜集、统计和分析都是有规则的和透明的，别人可以重复这些过程来检验实验结论是否正确，也可以使用这些结果进行别的相关研究。

二　实验方法的要求

作为科学的研究方法，实验方法有自己的要求：

（一）要排除无关因素的干扰，使实验条件基本相同或完全相同。这在应用语言学的一些研究中很难做到，因此需要施加一些控制因素或采取控制措施，使实验顺利进行。

（二）要事先确定实验对象，同时要尊重实验对象。必要时，要将实验的意义与要求向受试者说清楚，以便在实验过程中更好地配合。

（三）要对参加实验的人进行培训。根据实验的任务和实验内容的需要，对诸如实验仪器的使用方法、测量的方法、实验的步骤、实验的记录、实验的手段与措施等都要做到统一，甚至测试的时间也要一致，这样，所得数据才更准确。

（四）要事先设计好实验方案。设计实验方案是一项非常重要的工作，它关系到实验的成败。实验方案设计得越细致、越周密，实验过程就越顺利，越好操作，越能保证研究计划如期实施。因此，必须认真对待，不可马虎从事。

这里尤其重要的是整个实验任务的理论背景。实验是理论渗透性很强的认识活动。理论不仅告诉你做什么实验，而且还告诉你怎样进行实验。实验的实际进行包括对实验系统施加刺激以及操作、观察和测量。在实验过程中，研究者必须有足够的耐心，要坚持始终如一地控制好对实验结果可能产生干扰的各种因素，以保证实验的顺利进行并最终取得成功。

应用语言学在作为一种实验科学这个方面，与自然科学有重要的差别。应用语言学各部门的研究都离不开人的语言活动，而语言活动又是一种异常复杂的社会现象，其中种种不同的因素纠缠在一起共同起作用。因此，在使用实验方法时特别要注意对各种变量的控制。研究者必须要有明确、单一的实验目的。只有实验任务明确，才能在错综复杂的语言事实中通过简化的方法进行选择，把与实验结果有关的因素集中起来，使其处于可控制状态；排除那些与研究目的无关的因素的干扰。为此，还可以人为地改变实验对象所处的自然状态，创造出一个合理的实验环境。如李宇明等用实验方法进行儿童语言研究。他们的实验目的是了解不同年龄组儿童对疑问句的理解能力。但儿童对一个疑问句是否能作出合适的反应，不仅有语言能力在起作用，至少还有认知能力即背景知识在起作用。就是说，当儿童对“是牛跑得快还是马跑得快”的提问不能作出适当反应时，可能有两种情况：(1)对“是……还是”这种选择问句格式不理解；(2)对牛或马不熟悉，或虽熟悉但不知道它们的奔跑速度。显然，其中(1)的情况属于语言学的问题，而(2)的情况是属于认知领域的问题。为了有效控制语言因素这一变量，排除(2)种情况的干扰，他们采用了“背景知识剪贴法”。他们根据儿童比较熟悉的童话故事内容设计测试问句，为保证儿童熟悉故事内容，测试前将该故事的录音在被试所在的班级反复播放，并让幼儿教师和家长把故事内容跟儿童反复解说，直到确认儿童对故事内容完全理解。这样，施测时如果被试对问句不能作出合适的反应，就基本上可以确定是语言理解上的问题了。“知识背景剪贴法”的运用，排除了与实验任务无关因素的干扰，保证了实验结果的科学性。(《语言的理解与发生》，华中师范大学出版社，1998)

三　实验的环节和实验方案

实验一般来说可以分为三个步骤：(1)设计；(2)实施；(3)解释。(周昌忠《科学研究的方法》，福建人民出版社，1983)

(一)实验的设计

实验包括很多环节：(1)通过观察或汲取他人理论形成假设，提出实验任务；(2)分析实验中一切需要加以控制的变化因素，可以运用的技术手段和工具，需要获得的实验资料的种类以及要求达到的准确度；(3)确定实验的步骤；(4)预测实验可能得到的结果。

(二)实验的实施

实验的实施必须有切实可行的实验方案,一般来说,实验方案应该包括以下内容。

1.实验的目的与意义

在实验之前,首先要弄清楚本实验要达到什么目的,要取得哪些材料,查明那些实验因素各起什么作用,它们对完成课题都有什么影响等。

2.实验的时间与地点

实验可能在多个单位进行,有的实验项目有时间要求,那么就应该全面考虑:如果各实验点不能在同一天开始,就要限制在一定的时间以内,不能无限制地延期或延长。因为时间的推移或变化会影响实验的效果。

3.实验的对象

在选择和确定实验对象时,要考虑到年龄、性别、民族、语言背景等基本情况。然后根据实验的要求,或按年龄、年级、性别、语言背景等分组(班),实验对象应有代表性、随机性,样本含量应符合统计学的要求。

4.实验的内容与指标

实验的内容如果是比较简单的单一实验,很容易表达清楚;如果进行复杂的多内容实验,要将不同实验的名称和内容都表达出来。实验的指标要统一并标准化,要做到精确、客观、规范。

5.实验队伍的确定与培训

要按照统一要求进行实验。必要时可进行培训。

6.实验报告或总结

实验过程中，由于实验条件不完全相同，或者无关因素的干扰，使实验遇到这样或那样的问题，要及时进行小结。最后的实验报告或总结是根据实验的结果得出的结论，要将实验的问题、目的、过程、结果、经验等用文字的形式写成全面、详实的报告，完成实验的研究。

(三)实验的解释

对实验结果的意义做出科学的解释或推断是实验的最后一步，也是极为重要的一步，它关系到实验的价值，即实验对促进我们认识所做的贡献的大小。

四　实验方法在应用语言学研究中的运用

实验方法在应用语言学各个部门研究中都普遍使用，尤其在神经语言学、心理语言学、语言教学、计算语言学以及社会语言学的研究中，更是不可缺少的。下面举例作些说明。

(一)神经语言学

在神经语言学中，曾有“优势脑半球”之说，即认为主管语言功能的左脑是处于主导地位的“优势脑半球”，没有语言功能因而也不可能有高级意识能力的右脑是次要脑半球。这种学说形成后占统治地位近百年。直到20世纪中叶美国加利福尼亚理工学院教授斯佩里(R.Sperry)及其研究组进行的“裂脑实验”才动摇了这种学说。他们的实验主要利用“裂脑患者”进行(所谓裂脑患者，即为了将癫痫发作控制在一侧脑而做过脑胼胝体切断手术的患者。术后病情可以减轻或消失，一般都能像常人一样生活。严格控制的实验条件下则会暴露出“隔离综合征”。即左右脑均不能得知对方控制下做的事而出现某些矛盾现象)。

实验要求被试凝视前方半透明屏幕中心点，并用速示器以1/10秒或更短的时间（使来不及产生眼动）向中心点左侧（使信息只能进入右脑）闪现单词 pencil（铅笔）。这时若要求被试读出该词（作语言反应），被试全然不作答；若要求从面前桌子上（视线被挡板隔断）散放的物品中挑出一件相应的东西（作非语言反应），被试则会正确无误地用左手把铅笔挑出来。反之，若把该词投射在屏幕中心的右侧进行同样的实验，被试则能读出该词，并能用右手挑出铅笔。实验结果表明，尽管右脑不能像左脑一样用语言方式表达其认知和感受，但也并非仅仅依靠左脑而毫无独立能力，在完全失去与左脑神经联系的情况下，它甚至能理解一个单词的意义，并能用非语言方式将其理解表达出来。大量类似的实验也都显示出这种右脑意识的存在，有的实验甚至表明在一些非语言意识能力方面，右脑远胜于左脑。如右半脑可以指挥左手按图形堆砌积木或画一个三维的立方体，但被分隔后的左半脑却不能指挥右手做同样的事情。因此，左右脑的差异并非一个绝对优势，一个绝对劣势，而只是机能分工的不同。斯佩里的实验结果后来又为其他许多实验验证。1981 年，斯佩里因这一成就而荣获诺贝尔医学/生理学奖。（傅世侠《脑科学与创造性思维》，《自然科学专题选讲》，北京大学出版社，1997）

（二）语言教学

在语言教学中，实验方法也常被使用。如学习外语年龄的问题一度是个热门话题。长期以来，人们凭零星的观察，得出外语学习年龄越小越好的印象。于是在我国曾一哄而起，提早在小学教外语，走入了一个教学误区。影响外语教学效果的因素很多，教材、教法、教具、教员、学员以及环境都是变量。如果想了解学员的年龄对学习外语的影响，就要把教材、教法、教具、教员等因素控制起来，使它们稳定不变，对年龄这个因素加以操纵：把学员按年龄分为若干个组，每组教材、教法、教具、教员等方面的情况大致相同，这样学习成绩、教学效果的变化就与学员的年龄直接相关了。就这个问题，美国学者库克(Cook)通过22项有关的实验得出的结论是：应区别学习环境，即学习者是在自己的国家还是在使用目标语的国家。如果在自己的国家，年龄大的儿童比年龄小的儿童学得好些，成年人比儿童学得好些；如果是在使用目标语的国家，那么年龄越小的移民母语的口音越轻，成年人的自卑心理会影响他们的学习。(桂诗春《语言学方法论》，外语教学与研究出版社，1998)

(三)计算语言学

计算语言学往往面对的是一项项语言工程，每一项语言工程的提出和实施，都离不开实验，都有一个进入实验室、再走出实验室的过程。比如要研制一个机器翻译系统。首先要提出一个设想，一个总体设计思路：是采用转换方法，还是中间语言的方法？是基于规则的，还是基于语料库的？这个设想即理论背景十分重要，它将决定整个实验系统的具体设计和安排。第二步是根据这个设计编制出一个小型或受限的形式化的语言模型，并写出执行程序，然后上机实验，观察它的结果，有不尽如人意的地方还可以反复修改，不断实验。最后根据观察到的结果推断出这一实验系统有多大的信度，即用这种方法是否能做出一个实用化的翻译系统。如果有可能，实验继续进行，不断扩大语言知识库规模，反复实验，反复调试，反复修改，直至达到实用化的标准为止。如果不可能，实验终止，另辟蹊径。可以说，每一项实用化的语言工程成果都是这样从实验室中走出来的。

最后强调一下，语言研究中的实验方法极其复杂，必须考虑到各种各样的情况。语言离不开人，而人不同于其他物体，语言环境总会变化，重复实验很难。因此，在应用语言学研究中不应该单纯强调实验方法。

第五节　预测法

一　预测法及其意义

实验方法的目的是要解释。解释的目的是为了说明过去或现状，预测是为了了解未来，并采取相应的对策。应用语言学里常说的前瞻跟踪实际上就是预测。

预测法在应用语言学研究中极为重要，而且越来越重要，因为现代社会发展的速度正在加快，对语言问题的科学管理需要科学的预测作为基础。前面谈到语言规划，在进行语言规划时就必须有预测。预测可以是多方面的。例如，词典编写中，要对新词的生命力作出预测；推广普通话定出的目标也要作出预测。1997 年的全国语言文字工作会议提出 2010 年和 21 世纪中叶之前全国推广普通话的两个阶段的目标，同时它也是在预测。因为这个目标的确定是建立在预测的基础上的，否则就是空想。

二　预测的原则和方法

预测是非常重要的，但是预测不是空想，它是有条件的。在社会预测问题上，美国社会学家丹尼尔·贝尔认为，社会预测的客观依据有两个：一个是规律性与重复性，另一个是连贯性与持续性。他的原话是："只要存在规律性发展和重复出现的现象（那都是罕见的），预测就有可能；或者存在持续发展的趋势——这种趋势的方向（不一定是确切的轨道）可以用统计的时间系列加以测定，或者可以排列成历史发展趋向——那么，预测也是可能的。"（贝尔《后工业社会的来临——对社会预测的一项探索》8页，商务印书馆，1984）这种社会的预测对于语言一些方面的预测同样是适用的。按照这样的理念，预测有两个基本原则：(1)连贯原则，按照这一原则，未来的语言系统和现在的语言系统虽有差异，但在很多方面是相似的，由此可以设想今天语言变化的数量和程度也将继续下去；(2)类推原则。

社会学家在社会学的预测方面提出了许多方法，值得借鉴。大体可以分为三类。

（一）外推法

这是当代西方社会学者预测研究中最常用的方法。这种方法之所以具有科学性的客观依据，是过去、现在和将来社会发展趋势具有相对稳定性与连贯性。具体的方法是：

1. 简单外推法，即调查清楚基础期的稳定趋势，然后把这一趋势推广至未来的时间区间。

2. 形态外推法，即确定未来需要解决的问题，以及解决该问题的薄弱环节与缺少的信息，然后移向现实与过去的时间区间，寻找薄弱环节与信息。

3. 情景外推法，即根据现有或某种规定的情势确定时间的逻辑程序，以便跟踪研究该情势在未来时间区间内的状况。

4. 类比外推法，即根据先发展的社会过程的状况，然后确定后发展的社会过程的相似现象。

5. 时间序列外推法，即把过去社会过程的社会指标表达为动态序列，然后在相关指标分析的基础上把这种动态序列外推至未来。

（二）专家意见征询法

这种方法在社会学预测研究中一般适用于超长期和不确定的长期预测。使用这一方法，首先要确定具有预测方面有关知识的专家，评价这些专家的擅长度与可比性，在此基础上选择一部分专家作为征询意见的对象，然后通过调查，收集专家的意见（最乐观的或是最悲观的）。

（三）模拟法

即收集某种社会过程中大量可靠的初始信息，简化为指标组成的数学模式，然后再通过电子计算机编制预测，得出被模拟过程的趋势。

三　预测法在语言应用研究中的实践

在语言应用研究中，当调查或研究进行到一定程度时，可以根据调查得到的一些结论进行预测。虽说目前应用语言学家尚未像社会学家那样，确定出预测的系统方法，但一些学者已经在某些方面进行了探讨，例如在新词语的预测方面就提出了若干种途径：（1）类推仿造的途径（周洪波《新词语的预测》，《语言文字应用》1996 年第 2 期）；（2）占位的途径（于根元《说“友”》，《语文建设》1996 年第 3 期）；（3）对外来词语的改造的途径（见于根元等《语言哲学对话》44—45 页，语文出版社，1999），包括借出去又借回来的情况，例如韩语借了汉语的“玲珑”又有发展，可以说“玲珑的声音、玲珑的月色”;(4)类似元素周期表的途径(于根元《活大该》,《语文月刊》1990年第3期);(5)合乎条件的互补的途径,例如“现代化、专业化、革命化、规范化、标准化”都可以拿掉“化”前面加“很”(于根元等《语言哲学对话》27页)。

显然这不应该是途径的全部,还会有别的途径。另一方面,语言预测的问题是一个非常复杂的问题,或许不是所有的东西都可以预测,但可以肯定的是,语言发展变化和使用是有规律的,有规律就是可以预测的。这个方面的探索还要继续进行下去。

思考和练习

1. 说说语言学方法、方法论的地位。
2. 举例说明语言学方法、方法论的综合性。
3. 举例说明语言学方法、方法论的创造性。
4. 举例说明语言学方法、方法论的灵活性。
5. 为什么说比较是语言学方法的最基本的方法?
6. 举例说明语言学方法、方法论同思想方法的关系。
7. 运用比较的方法要注意什么?
8. 运用调查统计的方法要注意什么?
9. 运用实验的方法要注意什么?

主要参考文献

方经民《现代语言学方法论》,河南人民出版社,1993。

桂诗春、宁春岩《语言学方法论》,外语教学与研究出版社,1997。

李宇明《语言的理解与发生》,华中师范大学出版社,1998。

于根元《说“友”》,《语文建设》1996年第3期。

于根元等《关于语言学研究方法和方法论》,见于根元、夏中华、赵俐等

《语言能力及其分化——第二轮语言哲学对话》,北京广播学院出版社,2002。

周洪波《新词语的预测》,《语言文字应用》1996年第2期。

第四章　应用语言学的基本理论[①]

第一节　交际理论

一　交际理论的基本思想、目标和地位

古往今来，人们从不同的角度给语言下了许多定义。其中最有影响的定义之一就是：语言是人类最重要的交际工具。这是从语言的本质的功能方面给语言下的定义。这个定义揭示了语言的一个重要的属性——工具性。早在18世纪中期，语言的工具性就提出来了。斯大林1904年9月1日在《社会民主党怎样理解民族问题？》中说："语言是发展和斗争的工具。"列宁1914年在《论民族自决权》一文里说："语言是人类最重要的交际工具。"列宁的这句话，长期以来成了我们常用的语言的定义。这不是唯一的定义，不过，毕竟是一个重要的很有影响的定义。一般认为，五四以来，

---

① 本章讨论的这些基本理论实际上是中国应用语言学界近年来在语言应用研究中形成的一些语言观念的概括，不少还没有形成完整的定义。这里称为理论有两个目的：一是为了称说的方便，二是让人们认识到应用语言学是有理论的。近年来，这些理论或观点也或多或少地逐步被本体语言学所接受，成为本体研究的理论基础。此外，这些理论中，交际理论是纲领性的，其他的也都是相通的，或许只是从不同方面认识语言而已。这一问题可详参于根元《应用语言学的基本理论》(《语言文字应用》2002年第1期)。

我国学者关于语言/语文是工具的认识大致经历了四个阶段(庄文中,见于根元等《语言哲学对话》20—21页,语文出版社,1999)。

第一阶段,五四运动到新中国成立前。

在这个阶段个别学者顺便提出“语言是工具”,没有进行论证。20世纪20年代,我国现代第一代语言学家黎锦熙侧重从文字角度考察有关问题,涉及了语言,说:“夫文字,工具也,利器也。”“要使文字和语言一致。文字以语言为背景,才是真正确切的符号,才能作普通实用的工具。”(《新著国语教学法》,商务印书馆,1924)叶圣陶则从口头语和书面语角度考察,认为语文“在生活上是必要工具中的一种”(1942),语言“是表达内容的唯一工具”(1948,见《叶圣陶语文教育文集》)。

第二阶段,20世纪五六十年代。

这一阶段学习苏联,学习斯大林的语言观,确立了“语言是人类最重要的交际工具”。语言学界作了大量论述。由于“语文”的复杂性,中小学语文教学界稍晚一些才认识到语文教学的核心任务是语言教学,语文也是工具。叶圣陶1955年在《关于语言文学分科的问题》(《人民教育》1955年8月号)里说得很明确:“按照马克思列宁主义关于语言的学说,语言是‘交际工具’,是‘社会斗争和发展的工具’。”直到20世纪60年代初,经过语文教学实践的检验,中小学语文教学界才确认了“语文是工具”,并且写出了1963年中学语文教学大纲。叶圣陶、吕叔湘、张志公等纷纷撰文阐述语言/语文是工具的观点,推动了语文教学。

第三阶段,20世纪80年代前期。

经过拨乱反正,语言/语文是工具的观点在这一阶段得到了进一步确定,人们还进一步阐述了语言和思维的关系。吕叔湘说:

“语言文字本来只是一种工具，日常生活中少不了它，学习以及交流各科知识也少不了它。”(《吕叔湘语文论集》，商务印书馆，1983)叶圣陶说：“语文是人与人交流和交际的必不可缺的工具。”(《在中学语文教材编辑座谈会上讲话记录》，1980)

第四阶段，20 世纪 80 年代后期至今。

在这一阶段里，人们由阐述语言/语文是人类的交际工具、思维工具，进而阐述语言/语文的文化内涵。1996 年，经国家教委审定的《全日制高级中学语文教学大纲》(供试验用)确认：“语文是最重要的交际工具，也是最重要的文化载体。”

很多学者很早就认识到语言不是一般的工具，具有人文性。近些年来许多的学者重视这方面的研究，跟对外汉语教学的发展有关，也跟我国社会语言学的发展有关。社会语言学重视社会因素，重视群体的特性。要注意的是：第一，这里说的人文性，不包括属于上层建筑的有阶级性的部分。第二，语言的人文性不仅仅表现在是文化的载体，还表现在运送——传播方面。

工具性和人文性不是二元论。交际是包含文化的交际。我们往往还是简略地说语言是人类最重要的交际工具。不能因为没有说是文化的载体就一定片面，而是要看所说的交际里面是不是包含了文化。其实，说是文化的载体也不全。更全面地说，语言是人类最重要的认知、思维、交际的工具。也可以认为认知、思维是交际的一种方式，而只说语言是人类最重要的交际工具。

在相当长的一个时期里，中国的语言理论受索绪尔和斯大林的影响比较大。这些影响既有积极的，也有消极的。索绪尔提出语言是静态的平面的共时的系统，为语言和就语言而研究语言。认为历时的研究都是要素的研究，纵横交错的研究既做不到，也没有必要。背景是对历史比较语言学缺陷的矫枉过正。斯大林提出语言的本质特点是基本词汇和语法。因为基本词汇稳定，语法更稳定。总之是稳定。说语法是组词造句的法则，含有词汇语言有静态的仓库和语法单纯研究结构的思想。胡裕树先生曾指出，语法学可以说是一门研究句子构造规律和运用规律的科学。认为语法是句子结构和使用的规律。（范晓《汉语的句子类型·序》，书海出版社，1998）吕叔湘先生在《语言作为一种社会现象——陈原〈语言与生活〉读后》（《读书》1980年第4期）说："语言是什么？说是'工具'。什么'工具'？说是'人们交流思想的工具'。可是打开任何一本讲语言的书来看，都只看见'工具'。'人们'没有了。语音啊，语法啊，词汇啊，条分缕析，讲得挺多，可都讲的是这种工具的部件和结构，没有讲人们怎么使唤这种工具。"吕先生指的不是个别现象，而是这以前的"任何一本讲语言的书"。即使是对工具的认识也是不够的，没有很好地认识到是动态的新陈代谢的巨系统。

交际理论认为，世界万物要交换能量而存在、变化、发展。宇宙万物在相互吸引、排斥、中和中实现动态的平衡。社会中的人需要协调，需要交际。语言也因此而产生和发展。语言存在于交际中，没有交际就没有语言。交际是语言发展变化的动力和目的，是决定语言现象的根本条件。语言生活的健康、丰富、活泼，是语言工作、语言研究、语言教学的目的和检验的标准。在交际面前，任何语言学流派、任何语言学家，顺者昌，逆者衰，概莫能外。

总而言之，交际是语言的本质，这是交际理论的基本思想；应该为语言交际而研究语言，这是交际理论的研究目标。交际理论是应用语言学理论的总纲。在交际理论的基础上，中国应用语言学界还提出了层次理论、动态理论、中介理论、人文性理论以及潜显理论等。

二　交际理论的基本内容

(一)交际能力是最基本的语言能力

关于语言能力,人们有不同的看法。影响比较大的是乔姆斯基1957年《句法结构》里提出来的语法装置说。乔姆斯基认为,人天生具有语言创造能力。不过,他没有明确说语言的词汇语法方面也是与生俱来的。近年来人们讨论语言交际能力和语言知识能力的时候经常提出这样的问题:一位是北京郊县农村、连自己的名字都不会写的乡下妇女;另一位是借助字典可以看懂中国古书,但张嘴就出错的洋教授。你认为这两个人中谁的汉语能力强?这样,就把语言能力分化为交际能力、知识—研究能力了。前者可以说是有"语感",后者则是有"论感"。

无论如何,上面所说的语言能力中,交际能力是最基本的。从语言使用的角度看,最好的情况是,知其然还要知其所以然。知其所以然的目的是进一步知其然,而不是跟知其然无关甚至妨碍知其然。换句话说,语文教师的"语感"和"论感"都要强。需要强调的是,一些语言学家自己的语言不够生动活泼,还常常反对生动活泼,动不动就指责别人不规范。以深奥为能事,这种语言观是跟交际观格格不入的。这可能跟以前主要受了语言知识能力的教育而没有受到应有的语言交际能力的教育有关。

(二)在多样的语言交际中实践语言交际能力

过去的语言教育中也提倡语言实践,但是这种实践常常是在"温室"里进行的。1951年提出纯洁语言,1997年12月全国语言文字工作会议提出语言文字不搞纯而又纯。这是语言应用观念的一个重大改变。人是分层次的，语言是为各个层次的人服务的，人不纯怎么谈语言的纯？退一步说，即使人纯了，纯的人学习语言也有个过程，在学习过程中的过渡语是不到位的、不规范的，也还是不纯。而且，不规范的语言现象也会新生的。语言教学，有的要用模拟的方法，但是要注意让学生知道生活实际中的情况。有些方言区的人学习说普通话还不错，可是到了北京，上街听不懂话。他们一般只听中央人民广播电台播新闻的普通话，稍有变化或者不是很标准就听不懂，恐怕也是一种欠缺。教外国人学汉语也有类似的问题，有些外国人因此到街上去学习老百姓实际交际的语言。

（三）应该以交际值作为衡量语言规范的标准

语言的基本功能是交际。规范是为了更好地交际。交际到位的程度——交际值或者交际度应该是衡量规范的基本标准。应该把规范同规则或者某些本本上的规定区别开来。规范是在语言不纯的情况下搞的，搞规范不是求语言的纯。不应该有妨碍交际的规范。规范同稳定没有必定的关系。规范或者不规范也不看过去有或者没有这种说法，而是看现在是否需要这样说和语言的系统是否允许这样的说法出现。我们说它可以用，要说出道理；说它不可以用，也要说出道理。现在比较流行的“如果这个说法可以成立，那么什么什么也都可以说了”的论证方法本身就有许多不妥。因为语言现象的类推是有条件的。近几年来不少学者进行语言现象延伸段的研究，是很有意义的。此外，“那么什么什么也都可以说了”的反证的论据往往也还是需要论证的。

（四）语言交际能力的实践不是一次性完成的

语言素质也是有层次的。小学生的语言素质同大学生的语言素质不同。大学生也要进行语言交际能力的实践。素质可以提高，也可以滑坡。素质不是单一的，是综合体。语言是发展的，不顺应、引导语言的发展，轻则素质滑坡，或者说起初的基本的素质实践就有根本性的缺陷，重则会对语言的发展反感。实际上语病也处在不断地潜显过程中。语言素质可以说是不进则退。人们经常说："当教师的给学生一杯水，自己要有一缸水。"说的是教师要有充足的积累，教师更要不断地充实新知。教师应该生活在活水里面，成为活水的一部分，并且努力给水增加活力。学生头脑里要有自动升级的程序。其实，自动升级的能力是人本来就有的，语文教学就是唤醒学生这种与生俱来的语言能力并且帮助它发展。

交际能力并非一次性完成还表现在语言的时代性上。应该让学生学习鲜活的语言。已经有学者提出中学生要多读些时文。古代的语文教学一是为了启蒙，一是为了解经。启蒙没有什么不好，不够的是启蒙之后怎么办，在学习的层次性方面不够。解经，如果经是值得读的，这也不错，不够的是经也是要发展的，经的语言表达也要发展，在鲜活方面不够。学习还要有一定的量和质。一定的量，可以内化，可以生巧。一定的质，可以提高层次。

（五）要重视创新

除了上面说的语言知识能力、语言交际能力、语言研究能力之外，还有一个更重要的更高层次的语言能力——语言创新能力。人们常说的语言灵气，主要在语言创新方面。

中国有鼓励创新的传统，也有不要人创新的传统，这方面的俗语、哲言就不少。例如：不为天下先，人怕出名猪怕壮，出头的椽子先烂，枪打出头鸟，木秀于林风必摧之。不要人创新的这个传统，实际上也是世界性的。

我们的教育在鼓励创新方面很不够。下面一则报道或许说明一些问题：

> 81岁的中国科学院院士柯俊是北京科技大学教授，著名的材料物理学家，他的话幽默风趣，切中肯綮。他说："我们过去的教学，首先是赶鸭子，把学生都赶到课堂、实验室；第二，是给他们很多东西，填鸭子；填完之后，到期终就是'考'鸭子，最后都变成板鸭子。所以学生呢，一个，知识不会运用，基本概念都忘掉了；二，他很难有创造性。中国的教育向来是守成的，传统上就是守成的。自从秦汉，特别是汉朝以后，就变成守成的了。科举是守成的。它不需要创新，所以出不了百家争鸣。所以现在学生普遍反映，应用知识的能力差，分析问题、解决问题的能力差。"（中央电视台《新闻调查》栏目《大学面对挑战》，《中国电视报》1998年第26期（7月6日至12日节目）13版）

《马氏文通》后序说："世界上一切人种，不论肤色，天皆赋于心之能意，意之能达之理。"这和乔姆斯基的语言"与生俱来"说颇为相像。这一观点，"今天的学者耳熟能详。然则马氏在一百年前得现代语言理论风气之先，是中国语言学的骄傲。"（许国璋《〈马氏文通〉及其语言哲学》，《中国语文》1991年第3期）劳动创造语言说，是指人类初期。犹如说人是猴子变来的，是指人的初期。我们说的是现代人。我们后天的任务是唤醒。唤醒，主动权在睡着的人的手里，看他愿不愿意觉悟。唤醒者就不能己之昏昏，要高层次，要有耐心，有技巧。唤醒也不是一次性完成的。唤醒之后还会睡着。人基本上具有他以前的全息，唤醒得不得法，会唤醒低层次的信息，而阻碍他高层次的信息被唤醒。各个部分的唤醒不是同步的，有人在进行语音训练时发现，第一步是对自己的发声器官的发现和认识，也就是要运用自己的意识去唤醒处于睡眠状态的发声器官，去开发和利用那些潜在的能力。生理机制正常的人，几乎都有这种潜力，只不过有的人得到了机会进行开发，而有的人一生也没有被唤醒。

现有的稳定部分当初都是创新部分，创新部分是稳定部分的唯一来源。特别要鼓励创新。教材要帮助学生创新。教师要在创新方面进行身教。一切语言示范者要在语言规范和语言创新两个方面起到表率作用。对学生语言学习的测试，也要注意语言创新方面的测试。学生的学习是为了社会的发展。在学习的过程中就要发展，特别是大学生。法乎其上也还是模仿，还要脱颖而出。创新不等于降低层次，不等于奇谈怪论，不等于一般形式上的变化。教师要留心好的语言现象，要提高创造语言的能力，及时调整语言观。这样，学生就不仅仅得到知识和打开知识宝库的钥匙，而且能够自己找到知识的宝库并锻造打开知识宝库的钥匙，能吸取提炼前人的宝藏而且为世界增添宝藏。

第二节　动态理论

一　动态理论的基本思想

科学理论告诉我们，运动是绝对的。世界上的物种分成生物和非生物，生物里分成动物和非动物。动物当然是可以自己运动的。其实很多非动物、非生物的运动速度也很快。人是最高级的动物，语言又是最高级的动物人用的，其运动性质并不难理解。交际是一种活动，语言存在于语言交际活动之中。因此，语言也是活动的，不断发展变化的。事实上，为了沟通的方便，人类的交际形式必然发生变化，这是语言发展变化的动力。另一方面，物体运动的速度是不同的。物体运动速度相对比较慢的叫稳态，运动速度相对比较快的叫动态。或者说稳态是动态里的一种状态。

语言的运动是一种新陈代谢。从古代汉语到现代汉语，1949年以前的汉语和现在的汉语，新词不断地产生，过时的词语不断地隐退，新的用法不断地出现……可以说，语言的运动从来就没有停止过，也没有人和力量能够阻止语言的运动。在这个意义上，可以说动态是语言的本质。

语言的动态性人们早就看到了。汉朝的王充把语言现象的变化归结为“古今言殊，四方谈异”一句话。扬雄的《方言》在实践上证实了因地域和古今的不同而称说有别，解释出方言纷繁变化的现象；扬雄死后300年，东晋郭璞给《方言》作注，他注意到通语在300年的发展过程中，又不断从各地方言吸收有益的成分；到了明代，陈第提出了“时有古今，地有南北，字有更革，音有转移”的观点，进一步阐明了语言文字变化的情况和原因。

近年来，中国应用语言学界逐步把语言动态性的认识提升到理论的高度来认识，并把它运用到语言应用研究中，提出一系列相关的看法。

二　动态理论的基本内容

动态理论主张用动态的眼光看待语言、语言应用和语言研究。大体上可以包括三个方面。

（一）对语言动态性的认识

所谓语言动态性的认识，是说自觉地看到语言是以动态的方式存在于人们的交际中。如上所说,人们早就看到了语言是动态的,问题是如何看待语言的动态和静态的关系和地位。由于结构主义语言学的影响,很长一个时期里人们习惯于把静态看做是语言的本质特征,认为动态只不过是对静态的使用,是静态在使用中的表现。语言的动态观则认为,语言的动态是语言的主导方面。静态只是运动速度相对平衡时的一种存在形式,是一种为了研究、说明、解释的需要而假想出来的状态。

语言是个巨系统,各部分运动的速度并不同。局部的发展变化会引起语言内部有关部分的发展变化,使得有关部分协调,这可以称为语言的自我调节。调节也是运动。语言的运动是有规律的,语言在其运动过程中,表现出不同的类型。主要有三种:(1)吸收;(2)隐退或消亡;(3)中和。

在吸收方面,主要是新词。对新词的吸收有许多方面,许多是新创词,旧词新义,也有的是从方言中吸收,从外语中吸收,方言词的吸收已经成了普通话新词构成的一个重要途径。普通话也在吸收新的语法格式,"有没有 VP"已经堂而皇之地进入现代汉语普通话。

在隐退方面,语言运动也表现得非常充分。以新词语的隐退为例。有学者研究了新中国成立后 50 年间某些汉语新词语的隐退情况,发现某新词词典中所收录的 1949—1991 年期间出现的八千多条新词中,已经有 843 条极少使用,占该书所收词条的 10.5%。(王铁昆《新词语的隐退——一种值得关注的语言变异现象》,见《世纪之交的应用语言学》,北京广播学院出版社,2000)词语的隐退,历史上的例子也是举不胜举。

所谓中和,这里的意思是在吸收的过程中再加以改造以及开始时人们不认可后来又认可的成分。“胡同、戈壁、克隆、迪斯科”等都是按照汉语的语音系统加以改造而进入汉语，属于前者，而上面说过的“有没有 VP”则属于后者。

（二）对语言认识的动态性

应用语言学要研究解决应用中的问题。从实践到理论是动态，从理论到实践也是动态，实践和理论的互动当然更是动态。对语言的认识既是实践性活动，也是理论性活动。

就理论认识而言，由于语言是一种特殊的、复杂的社会现象，人们一下子很难完全认识清楚。经过一代又一代人的努力，人们对语言的认识不断加深，但是，对语言的认识并不会结束，语言的动态性使得这一论断更加明确了。语言的运动有急流和缓流。语言文字工作实践也有进进退退。这是个规律。因为事物的变化、发展不会是笔直的，而是曲折的、螺旋式的。语言工作的发展，即“进”，是主流；“退”是暂时的，是支流。认识这些规律，有助于能动地促进语文工作。

语言文字工作的进进退退往往受到整个社会的大的政治气候、语言政策、语言决策乃至语言观念等多种因素的影响。近百年来，中国的语言文字工作有三次大的“进”，两次大的“退”。

从五四时期到 20 世纪 30 年代为第一次大的“进”。主要表现在大力开展白话文运动、国语运动、大众语讨论、注音字母运动以及国语罗马字运动和拉丁化运动，取得了较大的成绩。第二次大的“进”是 50 年代初期到 60 年代上半期。主要表现在完成并巩固白话文运动、大力推广普通话、进行文字改革，积极开展现代汉语规范化工作，也取得了很大的成绩。70 年代末以来，我国的语言文字工作出现了第三次大的“进”。主要表现在积极普及普通话，继续推动文字改革，加强语言信息处理，进行语言文字立法工作，促进现代汉语规范化、标准化等。中国语言文字工作的第一次“大退”发生在20世纪30年代末到40年代末。这个时期国家处于战争状态，除了部分学校和部分地区（如延安等地）还在教学“国语”和推行拉丁化新文字外，全社会性的语言文字工作几乎完全停顿。第二次大的“退”发生在“文革”期间。原因不言自明。今后语言文字工作或许还会出现一些“退”的现象，这几年出现的语言热或许还会降温，但可以肯定的是，语言文字工作会在曲折中继续前进。

认识语言文字工作进进退退的规律具有重要的理论意义。它提醒人们注意，语言是社会的，动态的；语言文字工作也是社会的，动态的。语言文字工作不能脱离社会时代背景进行，必须遵循语言文字的发展规律。不按科学规律办事，不深入作调查研究，搞长官意志盲目冒进，就会影响语言文字工作的正常开展，甚至会使工作发生倒退。推动语言文字工作的动力、基础是应用。无论是从社会方面还是自然方面去研究语言，落脚点都是应用。如果社会不需要，语言文字工作就不能发展；如果社会需要，语言文字工作不能及时满足这个需要，甚至添了麻烦，社会不满，也会影响语言文字工作的发展。

（三）语言研究要动稳结合

强调语言的动态性并不意味着反对稳态研究。纯粹的动态或者稳态研究是不存在的。语言的自我调节是为了适应人们交际、思维和认知等方面的发展。它表现在两个方面：一是不断产生新的语言要素；一是保持相对的平衡状态，使得整个语言体系不被毁坏。因此，语言研究必须考虑到语言的这一事实。

另一方面，无论是动态的研究还是稳态的研究，都要为动态的交际服务。有时候稳态的分析有利于看清某些语言现象，揭示某些规律。这是一个重要的也可以说是不可替代的视角。结构主义语言学对语言学的巨大贡献和生成语言学对当代语言学的推进，都得益于语言的"静态"观。以现代汉语为例，到底有多少个元音，多少个辅音？不考虑相对的稳态，不考虑音位，麻烦就多了。另一方面，以运动的眼光来研究相对稳态取下来的语言单位、语言要素，是有意义的，有价值的。犹如实验室的研究、解剖、静物写生。有时候要在动的情况下才能研究本来是动的事物的静，两个物体基本同步运动才能形成彼此相对的静。从索绪尔以后严格区分了共时研究和历时研究，但把二者割裂开来是不对的。历时研究可能局限于语言要素的研究，但不是必然导致不能进行语言系统的研究。语言系统存在于语言的历时和共时之中，可以突破历时和共时的严格限制。动稳结合研究中要重视所谓语言的"例外"。语言的所谓"例外"，往往是通往语言的上层或者下层进一步考察的通道。语言不是封闭的、"圆的"，不要强调语言研究论证的"自圆其说"。

上面所说的三个方面是密切相关的。认识到语言的动态性，把动态看做语言的本质特征，自然会使自己对语言的认识随着语言的变化不断调整，而这也就形成了动稳的结合。

三　动态理论提出的意义

事实上，动态理论渗透在许多方面。归纳起来：(1)语言是变化的，使用者不进则退，学习语言不能一次性完成；(2)语言是变化的，语言不发展是最大的不规范；(3)语言交际能力是语言运用的能力，语言交际能力的测试应该在语言实际交际中进行；(4)语言使用不使用，评价语言使用是否规范，不是看过去有或者没有这样用的；(5)语言的中介现象是运动的；(6)语言的新颖色彩造成了语言的色彩是个动态的系统；(7)语言是个巨系统，语言的运动具有惯性，语言工作、语言研究、语言教学都要适度超前，不能追求立竿见影，要重视后效应；(8)语言运动的方式和层次是语言的个性；(9)语言发展的外部动力是社会的发展，语言的发展还是社会发展的组成部分。语言的发展一定程度上反映了社会的发展。对一个较长阶段语言生活情况的总的估价，跟对一个较长阶段社会的发展以及语言工作、语言教学、语言研究的总的估价，是密切联系的。

第三节　中介理论

自然界和人类社会中都存在着大量的中间状态，这是人所共知的。人类的语言也是如此。语言单位之间，语体之间，人们学习语言的过程中，以及语言接触融合的过程中，都有所谓的中间状态。现代应用语言学理论把语言中的这些中间状态称为中介现象。

语言的中介现象是一种非常复杂有趣的现象。它涉及语言使用和语言研究的许多方面。正确认识语言的中介现象，并在此基础上对有关语言问题进行研究的理论可以称为中介理论。

一　中介理论与语言研究

中介理论认为，语言和其他现象一样，存在着中间状态，语言研究对此不应该回避，更不应该忽视。自从结构主义语言学产生以来，人们已经习惯于二元分类研究，对语言的每一个方面都希望通过二元分析来解决。无论是单位的确定、层次的切分，都如此处理。例如，在语音上，认定不是元音，就是辅音；在词汇上，认定不是词就是语素或短语；在语法上，认定不是有定，就是无定；在方言的区分中，认定不是 A 方言，就是 B 方言。这种思想甚至影响到文字性质的认识。不少现代汉语教材说，世界上的文字，可以分成两类，一类是表音文字，一类是表意文字。类似的例子很多。现在人们逐步认识到，这是与语言事实不相符的。

先看一个语音的例子。汉语的音节应该说是非常明显的。一般情况下，一个字就是一个音节，所以不少人以为在自然语言理解方面汉语有优越性，好处理，不像一些外语那样不好切分。然而，实践证明，汉语的音节之间并不是那么回事。从发音的或者声学的记录来看，不要说音节内部一个音素与另一个音素难以切分开，就是听起来清清楚楚的一个音节与另一音节之间也很难断然划界。原因在于，同样一个音节在不同的上下文语境里具体发音是不同的，要想一下子掌握一个语言里每个音节所有环境里的具体发音的变化不是一件容易事。从发音的过程来看，也是这样。例如，人们说话时，发音器官是怎样从一个音节到另一个音节的？通过仪器实验，人们发现，人在说话时，并不是发完一个音，发音器官先恢复到原始静止的位置，然后再转到发第二个音；而是在发前一个音时，后一个音的发音准备动作就开始了，这种动作就叠加在前一个音的发音动作上；同时，由于惯性的作用，前一个音的发音态势要在后一个音正式开始以后一段时间才能逐渐撤离。（曹剑芬，见于根元等《语言哲学对话》192—193 页，语文出版社，1999）

语义的中间状态更是早就被人所注意。例如许多时间词所表达的时间概念是难以划界的，例如“早上”和“上午”、“晚上”和“夜间”等。另如表示年纪的“青年”和“中年”、“中年”和“老年”等也是如此。

语法上的中间状态人们最初似乎没有充分意识到，因此常常就一些语言现象发生争论。但是到后来，人们才发现其间的许多争论是因为中间状态造成的。词类划分可以说是典型的例子。人们过去已经认识到词的兼类，但是所谓兼类的概念并没有反映出中间状态。人们在动词和名词之间、动词和形容词之间、形容词和名词之间都找出了所谓的兼类，例如说“代表”这个词就是兼有动词和名词两类特征的词。人们并以是否有意义联系来区分词的兼类和同音词。比如把上面提到两个“代表”看成是兼类词，而把“锁门”的“锁”和“一把锁”的“锁”看成是两个不同的词。这说明汉语词类中的情况是比较复杂的。事实上，上面这几个词的情况可能还不是问题的全部。更复杂的是另外一些词。例如一些语法著作提出现代汉语中一些动词要求跟动词性宾语，比如“进行”(进行斗争)、“加以”(加以解决)等。其实情况可能并不是那么简单。如我们可以说“进行坚决的斗争”“加以认真的解决”等。在这里，按照一般的说法，“坚决的斗争”和“认真的解决”应该是名词性短语。除此以外，结构层次上和各级语言单位间也有中间状态。例如，汉语语素和词、词和短语的区分之所以非常困难，除了传统上所说的各级语法单位构造上的一致性以外，还有一个重要的原因就是汉语各级语法单位间本身就有中间状态。还有像“有定”和“无定”，有人指出，如果从交际的角度看，按照汉族的虚实观念，所谓的有定无定可能是非常复杂的。例如，可以分成四种类型：(1)说者实指，听者也实指；(2)说者实指，听者虚指；(3)说者虚指，听者实指；

(4)说者虚指,听者也虚指。类型(1)是明显的有定,类型(4)明显的是无定;类型(2)和(3)处于中间状态,其中类型(2)靠近类型(1),是准有定;类型(3)靠近类型(4),是准无定。(于根元《应用语言学理论纲要》68页,华语教学出版社,1999)

语用上的中间状态也表现在许多方面。最明显的是语体有中间状态。传统上把语体分为口语体和书面语体,实际上口语体中有书面语体,书面语体中也有口语体,典型的例子是节目主持人所使用的口语。这种口语既不是初始口语也不是书面语,只能是中间状态。此外,就连我们传统上所说的疑问句中的设问和反问,称谓中的面称和背称中间也有中间状态。就以设问和反问来说,过去人们认为设问本身不表肯定或否定,自问自答;反问本身表示肯定或否定,问而不答。于根元在他的一系列研究中证明了二者中间存在着中间状态。

既然人们对语言的观察和描写不符合语言事实,那么所概括出来的理论就必然缺乏解释力,其操作方法也必然会遇到许多麻烦。为了避免这些麻烦,就不得不绕弯走,而越绕问题也就越多。例如像“这本书的出版”之类,为了能够自圆其说,有人把“出版”看成是动词的“名物化”,有人则说它仍然是动词。似乎也都有自己的理由。表面上看来这些只是处理方法问题,实际上这涉及对汉语自身的认识。为什么这些词可以“名物化”?是不是所有的动词在所有的情况下都可以“名物化”?恐怕不尽然。这些词可以“名物化”,可能就是因为它们本身处于中间状态,当需要动词的时候就表现出动词的特征,当需要名词的时候就表现出名词的特征。现代汉语中的介词和动词的区分也很能说明这个问题。我们知道,汉语的介词基本上是从动词来的,因此不少介词至今仍有动词的某些特征。这就使得人们区分动词和介词时有许多麻烦。其实,这里所反映的正是汉语词类的一种过渡状态,它证明汉语的词类是动态的,汉语也是发展变化的。这也进一步说明在共时和历时之间没有截然的界限,不能把共时和历时完全对立起来。由此可见,中介理论的提出无论对于认识语言的本质还是进行语言分析都具有重要的意义。

二　中介理论与语言规划

前面说过,语言规划是社会对语言的有意识的干预。在制订语言规划的过程中,必须考虑语言政策的制订。因为语言政策的正确与否直接影响到规划是否能够实现。而实践证明,中介理论的提出对语言政策的制订是有影响的。

应当承认,新中国成立以来我国的许多语言政策都是正确的。但是在一些问题上一直有争论。例如语言规范化问题也是多年来争论不断。在大多数情况下,规范和不规范是非常明显的,这就是所谓的两端。而有争议的往往是中间状态。一个语言现象出来后,有些人说这是不规范的,甚至给予强烈的批评,但是这种批评有时候似乎是无效的,根本无法阻止这种现象的产生甚至是蔓延。最终的结果是追认合法。中介理论对这一问题可以作出令人信服的解释。例如,一些学者在中介理论的基础上提出了规范度的问题。于根元在《二十世纪的中国语言应用研究》一书中指出:“中介物不只是一个或几个点,两端也不是两个点。”(214 页,书海出版社,1996)“交际即使是比较规范了,还有个规范度……规范要放到人们活的交际活动里去看……交际效果好就是交际度高,规范度也就高。”(215 页)

规范度的提出对语言规范化具有重要的意义。任何一种语言的使用者，无论是学习母语标准语还是学习第二语言，都不可能一次完成。学习是有过程的，在学习的过程里逐步向规范靠拢，合乎规律的规范度不够的情况不应该笼统地指责为语病。根据中介理论，语言规范是有层次的，不规范也是有层次的。规范的层次不同，要求也就不同。对于语言学习来说，可以分阶段提出规范的要求。例如，对于"恢复疲劳"这一用法，按照中介理论，就不能算是不规范的，当然也不能算是好的。可以说，绝对的规范是没有的。实践证明，用中介理论来观察语言应用，符合语言应用的规律，因此也就有助于提高语言学习者的积极性。

下面以我国推广普通话为例说明中介理论的重要作用。

新中国成立以来，我们在全国范围内推广普通话，但是方言还是大量地存在。方言和普通话总是"同中有异，异中有同"的。方言区的人学习普通话不像学习第二语言那样一字一句地学，而是自觉不自觉地比照方言类推地学，因此，他们受到方言母语的干扰要比第二语言学习中的大。过去我们更多地注意的是方言和标准普通话的研究，而语言事实告诉我们，普通话的标准虽然只有一个，但是在标准的普通话和方言之间却有很大的过渡地带存在。我们可以把这一过渡地带中的普通话称为方言普通话或地方普通话，这就有了方言、地方普通话和普通话三个层次。所谓地方普通话主要是由普通话和方言集合而成的，但是这种集合并不是简单的混合，而是有着特定的规律。它又可以分为好的、较好的和较差的等不同层次。这些不同层次的地方普通话都可以称为过渡语。随着普通话水平的提高，它们都在向普通话靠拢：好的向标准普通话靠拢，较差的和较好的向较好的和好的靠拢。正确认识这个"过渡地带"直接影响到"推普"工作，也影响到我国的语言规范化工作。我们知道，方言向民族共同语集中是现代社会中语言发展的基本规律。但是，"集中"的过程和途径是什么？在什么条件下进行得快，民族共同语的规范程度高？什么情况下进行得慢，民族共同语的规范程度低？通过过渡语研究，这些问题或许会有新的答案。而这些答案对于推广普通话又具有重要的指导作用。目前我国把普通话水平测试分为三级六等，既注意到了语言学习规律，也注意到了对语言使用者的不同层次的要求。因此，这几年"推普"取得很大的成绩就不难理解了。事实上，这种中介现象的初步观察和研究已经给我国的"推普"工作带来了良好的效益。当然，这种过渡语的研究意义并不仅限于推广普通话方面。实际上，我们还可以通过这些研究，探讨语言的发展和社会经济、政治、文化教育的关系，语言的习得和人们的文化修养、社会职业和思想习惯的关系等。这些无疑也是社会语言学的重要内容。

规范度的问题不只是推广普通话中才有。前面已经指出，语言规划和语言政策涉及的范围很广，同样，中介理论对语言规划的影响也可以从其他许多方面看出来。我们可以以聋哑儿童语言康复为例。聋哑儿童语言学习过程中，也有一个逐步向主流社会靠拢的问题。他们在不同的阶段出现的问题是不同的。这就要求在制订语言评估标准时充分地考虑到聋哑儿童的实际情况，制订出切实可行的评估体系等。

三　中介理论与第二语言教学

中介理论近年来在我国对外汉语教学领域受到了广泛的重视。不同的是，该领域的学者把这一理论称为中介语理论。在我们看来，中介语理论应该是中介理论的一部分。

中介语（Interlanguage）这一术语最早由美国学者塞林格（Selinker）于1972年提出，其定义、性质和特点等目前学术界并没有形成完全统一的看法。一些学者指出，一个母语，一个目标语，两个相隔一些距离的圆圈之间跨两个圆的圆圈是中介语。有的学者则认为，上面两个圆圈的外面还套了一个圆圈一起运动，因为母语本身还在变化，母语的学习也是无止境的。这些虽然是比喻，但却不乏卓见。

另一方面，我国语言学界在使用“中介语”这个概念时所指的对象也不相同。狭义的中介语指第二语言学习者学习过程中所形成的一种特定的语言系统，而广义的中介语则还包括像我们前面提到的地方普通话那样的过渡语。我们认为，普通话的过渡语和第二语言教学中的过渡语在性质上是有不同的，应该把二者区别开。

我国对外汉语教学界一般使用狭义的中介语的定义，我们这里也采用这个定义。就狭义的中介语来说，又有两层含义，一是指学习者语言发展过程中某一特定阶段的稳态系统，一是指从甲阶段发展到乙阶段的动态轨迹。中介语研究的重点在于描写和分析动态轨迹，而对动态轨迹的描写必须以稳态系统的描写为基础。但不管怎样，我们可以肯定的是，中介语这种语言系统在语音、词汇、语法、语用方面既不同于学习者的第一语言，也不同于目标语，而是一种随着学习的发展向目标语的正确形式逐渐靠拢的动态语言系统。

我国对外汉语教学界在20世纪80年代引入中介语理论，主要目的是要解决汉语作为第二语言教学中的学生的偏误问题。然而，我国语言学界在20世纪80年代提出中介理论和对外汉语教学界引入中介语理论不是简单的巧合。这是我国语言学和应用语言学发展中必然的产物。一方面，近年来，我国的语言学和应用语言学的理论得到了很大的发展，人们对语言和语言应用问题的认识不断加深；另一方面，随着我国对外开放和经济发展，把汉语作为第二语言来学习的人越来越多，对汉语教学提出的问题也就越来越多，促使语言教学和研究工作者开始更多地关注一些理论问题。同时，由于开放，有条件从国外介绍一些新的理论和方法。

四　中介语的主要特点

（一）系统性

中介语的系统性指的是学生在使用目标语时虽然会出现错误，会与目标语系统有差距，但仍然依照一定的规则，而不是任意的。学生的语言行为受到中介语系统的支配，这与使用母语时的情况完全相同。另一方面，人们通常会看到学习者在学习使用目标语进行交际的过程中犯错误，其实这些所谓错误实际上是以目标语言的语法体系作为衡量的标准来判断的，如果依学生的中介语系统作标准，这些所谓的错误就需要打上问号了。事实上，我们已经看到，中介语是自始至终的。也就是说，所谓中介语，只是一种假设，它的两头也都是中介状态。既然是中介语，就会有偏误，就是不到位，就是不标准，就是不纯。

（二）动态性

所谓动态性指的是中介语系统不管在什么时候都是不固定的，都可进行改变和完善，它们总是随着时间的推移而不断地演变和发展。这就是说，中介语系统总是处在不断修改与扩展的过程中。学生在目标语获得过程中不断地接受新的规则，作出新的假设，并逐步地修改假设，使中介语系统向目标语言系统逐渐靠拢，所以中介语系统总是处在不断变化的过程中。

（三）顽固性

中介语在向目标语靠拢的过程中不是直线形的，有的错误虽然得到了纠正但是仍然会重新出现。研究表明，中介语不仅仅在初学者中出现，即使那些第二语言掌握得非常好的学习者，仍然会表现出中介语的痕迹。这就是中介语的顽固性。所谓的"孔拉德现象"和"基辛格现象"[①]，指的就是这一情况。中介语的顽固性有许多原因。通常认为有以下几个方面：(1)大脑灵活性的减退；(2)不适当的抽象概括；(3)不能产生移情作用。认识到中介语的顽固性的主要意义在于：(1)有助于正确认识语言学习的规律；(2)有利于正确地确定语言学习的评估指标。

（四）能动性

所谓能动性主要是指第二语言的学习者在学习第二语言过程中所表现出来的创造性。研究表明，第二语言的学习并不是简单地模仿。学生在第二语言学习中往往会主动采取一些措施，这些都可以在中介语中体现出来。例如，在结构方面学生常会采取转用的方法，即如果第一语言和目标语中有相似的结构，中介语中就会出现第一语言中的结构形式。学生的能动性还会表现在规则泛用。这些结构在中介语中出现的频率和场合要比第二语言系统中高得多。另一种能动的方法是结构回避，第一语言系统中如果没

---

① 孔拉德是英籍波兰作家，他的英语被公认达到了很高的水平，跟以英语为母语的人的水平一样了，但是还有波兰口音；而基辛格的英语一直有德国腔。

有第二语言系统中的某些结构，那么这些结构对学生来说相应就要难学一些，第二语言的学习者在表述某一概念或意思的时候，如果使用目标语表述比较困难，就会采用自己所熟悉的中介语中的概念或形式来表述。按照目标语的标准来看，这种表述可能是错误的，这就是传统的语言对比分析中的所谓偏误。这时，其具体反映不体现在错误上，而是体现在中介语中的结构缺省上。而结构缺省则是由于学生采取的回避策略所致。可以认为，能动性是导致中介语的重要基础。

中介语的研究是在第一语言研究的基础上发展起来的。20世纪60年代，受乔姆斯基语言习得机制观点的影响，人们对第一语言习得进行了大量的实验性研究。结果表明儿童的早期语言有其独特性，它不同于成年人所使用的语言，而且处在不断发展的过程中。60年代末期，应用语言学家和心理语言学家利用第一语言获得的研究成果来重新审视学生的第二语言行为，并试图从不同的角度对中介语进行研究。一般认为，中介语的发展不同于第一语言的发展。中介语发展到一定阶段后便容易僵化，这就导致了绝大多数第二语言获得者都很难有完善的目标语能力。产生僵化的主要原因是语言转用。然而正常儿童在第一语言获得的过程中却不会出现僵化现象，他们最终都能获得与成年人相同的语言能力。

也有学者把中介语系统作为一种受规则支配的语言行为来进行研究。按照这种观点，中介语语法同样要受到语言共性语法的限制，因此对中介语系统的分析应从其有规律的东西入手来探讨中介语的特点。中介语从本质上说是不完善的，总是处于一种波动状态之中。学生在用第二语言表意时可能会借用第一语言的规则或是歪曲和过分概括目标语的语法规则。

中介语的概念对于第二语言教学具有重要意义。其中最重要的是，它改变了以往以“教”为中心的传统模式，把语言教学的着眼点转向学生的学习，促使我们对于教和学两个方面的有关因素进行对比研究。通过对中介语的研究，我们可以了解学习者的学习和习得的过程，有利于针对学生的学习规律安排教学，以更好地提高教学效果。

总之，中介语理论从动态的角度，把语言学习尤其是第二语言学习看做是一个不断接近目标语的过程，这就为我们弄清母语对第二语言学习的影响，揭示从语言输入到语言输出这个中间过程的奥秘提供了一个很好的突破口，因而在语言学习理论中具有重要的价值。

五 中介语的研究方法

尽管我们从各自的性质的不同区分了过渡语和中介语，但从研究的方法上来看，过渡语和中介语又的确有许多共性。或许这正是一些学者更乐意采用广义中介语定义的原因。跟单一的语言或方言研究相比，中介语研究既有相同的一面，也有不同的一面。出于不同的目的，人们在研究中介语的过程中会有不同的方法。常用的方法有，对比分析（contrastive analysis）、错误分析（error analysis）、话语分析（discourse analysis）和语言行为分析（performance analysis）等。下面主要从语言教学的角度讨论对比分析和错误分析。

（一）对比分析

所谓对比分析就是把两种或两种以上的语言或方言进行共时

对比，描述它们之间的异同。目的是由此找出目标语学习者的学习难点，以便用最有效的方法来组织教学。对比分析的方法最早出现于第二语言教学，而且曾经受到过高度的重视。今天仍有不少人利用对比分析来指导第二语言教学。事实上，这种方法同样适用于普通话的教学。

对比分析的基础是描写。它与语言学的理论框架有非常密切的关系。相关的框架主要有三：(1)结构主义理论；(2)转换生成理论；(3)功能（或语用）理论。就理论上说，对比分析可以利用各种不同的语言学理论模式来进行，但在实际操作中，人们更多的是采用第一种理论框架。其具体步骤是先对两种语言（或方言）体系进行客观的描述，然后确定需要对比的结构成分或项目，如整个系统或某个子系统；其后仔细地进行对比和分析，找出两种语言中的异同；最后据此预测第二语言学习中可能出现的困难和错误。

在进行对比分析的过程中，不同的人从不同的角度出发可能会使用不同的方法。但是，有一点可以肯定的是，中介语的资料是多方位、多来源、多序列的，需要对这种庞杂的材料进行定量分析才能得出定性的结论。不论是稳态研究还是动态研究，定量分析都是不可缺少的。就稳态描写来说，不同的调查对象所提供的材料或同一个调查对象在不同场合提供的材料都会有差异，必须认真仔细地对这些差异进行统计分析，求出合理的参数，才能确定界限，明确中介语的系统。例如，汉语中许多方言有新老派的差异，新派的方言特点往往和普通话过渡语中的普通话成分或方言变化成分相一致。这样在对比材料的处理上就必须注意了。

从语言教学的角度来说，语言学家们对于对比分析的作用有不同的看法。一种认为，对比分析可以预示所有的问题，来自第一语言的干扰是第二语言学习中出现困难或错误的唯一原因，找出第一语言和目标语之间的差异就能够预测第二语言学习中的所有错误。另一种则认为，对比分析是诊断性的，它只能解释一些已出现的错误，几乎不可能预测学生的错误，因此没有什么用处。第三种则认为，学生在第二语言学习中的大多数困难是可以预示的，而且可以从两种语言的关系中得到解释，因此对比分析是必要的。

对比分析理论后来有了新的发展。例如，人们认为，对比分析预测的困难不是单纯由错误来体现，它也可能由结构回避来体现；两种语言中相似的结构更有可能干扰第二语言获得；语言错误是由多种因素引起的，而第一语言干扰只是其中的一个因素等。

（二）错误分析

在第二语言获得的研究中，错误分析具有举足轻重的作用。在中介语的研究中，人们更是经常借助于这一方法。

错误的来源和类型各种各样。在来源方面主要有第一语言的干扰（例如，以英语为第一语言的人学习汉语时说“ * 我见面你”），第二语言规则的过度泛化（例如把英语作为第二语言的人会说出 * Does you can play piano?）以及交际策略、文化迁移等。在错误类型方面人们用不同的分类方法。例如有的把错误分为全局性错误和局部性错误，有的把错误分为明显错误和隐蔽性错误，也有的把错误分成三个阶段，像系统前阶段、系统阶段和系统后阶段，还有用标准的数学范畴进行分类，如把错误分成添加、遗漏、替代、词序等。

错误分析早期没有任何理论框架，也不解释错误在第二语言获得中究竟有什么作用。人们的主要做法是将常见错误搜集起来，从语言结构的角度进行归纳分类，以方便教学安排或为课程的补习提供依据。后来，人们在第一语言获得研究的基础上开始对中介语进行研究，错误分析也就有了进一步的发展，例如人们开始注意从心理的角度来探讨其产生的原因等。人们认为，错误分析有助于对第二语言获得过程的了解，有助于了解学习者如何利用各种策略来简化学习任务和完成交际活动等。

应该说，错误分析最重要的贡献在于它转变了人们对错误的看法。以前人们认为第二语言学习中的错误是十分有害的东西，应尽量避免，而中介语和错误分析方面的研究使人们认识到错误是学习者第二语言获得取得进展的具体表现。

第四节　层次理论

一　人类语言是开放的梯形结构

层次理论指的是语言是分层次的。层次是语言运动的时空和方式。这个层次跟事物分层次、人的认知过程分层次、人的很多方面分层次是密切相关的。这个结构的底层比较稳定，越往上越活跃。例如底层的“展”和“销”这两个语素是稳定的。它们一结合，就成了新词，比较活跃，到了这个结构的上部。新颖色彩经过一定的磨损，稳定色彩逐渐显现，逐渐趋于底层。又有新的色彩的语言往上。语言出现了喷泉现象。底层的能产性大，上部的比较能反映全息。底层跟动物语言交叉。上部跟高于语言的表达手段如音乐等交叉。体态语分层次地上下连贯。

二　人的层次和语言层次的关系

（一）不同层次的语言对不同的人有不同的要求。例如小学生一开始学词、短语，复句在后面学。推广普通话对不同的人也有不同的要求，对在语言方面起示范作用的人则要求要高。

（二）不同层次的人使用语言的情况不同。语言分比较稳定的内核和比较活跃的外层以及中介物。内核如基本词汇、基本语法、语音系统等，外层如新词新语、广告语言等。内核部分比较好做标准，外层部分往往适宜提出指导性意见。内核部分，语文水平比较低的人要尽快掌握。语文水平高的人使用了外层里的许多手段。比较稳定的部分都是从比较活跃的部分来的。比较活跃的外层同比较稳定的内核都是语言的有机组成，共同为人们的语言交际服务，它们之间是互补的关系。

（三）如果说一个人使用的语言是他的主体语言，总的语言是客体语言，那么，不同层次的人的主体语言在客体语言里处于不同的层次。所以，一个人的语言又是这个人的第二形象。此外，语言能反映一个人的性格、修养、职业等。语言比外表等第一形象更内在，更真实。在语言方面起示范作用的人，他的语言往往代表一个地区、一个民族、一个国家的第二形象。

层次理论渗透在有关的各个方面。概括起来：(1)理论和应用的层次，理论层次低的应用层次也低。(2)20 世纪应用语言学同本体语言学一直在寻求高层次的结合。(3)1997 年到 21 世纪中叶之前推广普通话分两个阶段的目标，这也是层次的不同和关联。(4)推广普通话对不同层次的人有不同层次的要求，普通话水平测试提出了分层次的要求。(5)语言规范也是分层次性的，交际值、交际度都是分层次的意思。(6)修辞也有层次性。(7)语言文明分层次,当前提出的“语言美”是基本的要求。(8)应用语言学的基本理论中,交际理论是纲要性的,其他是从属的。(9)语言交际是多层次交叉的,需要在多层次交叉的语言交际中培养语言交际能力。(10)创造能力是最高层次的语言能力。

第五节　潜显理论

一　什么是潜显理论

潜显理论是我国一些语言学者在 20 世纪 80 年代到 90 年代逐步形成的一种关于语言发展的基本形式的语言观念。20 世纪 80 年代初,王希杰开始涉及这个问题,但明确提出语言潜显概念是在 80 年代后期。而比较系统的理论的形成,大致在 20 世纪 90 年代中期。

显,指的是显现在表层的、现实的状态;潜,指的是潜藏在深层的状态。该理论认为,可以把语言的世界分为显性的世界和潜在的世界两个大部分。所谓显性语言就是到目前为止人们在使用的部分。所谓潜在的语言世界指的是,按照语言的规则所形成的一切可能的语言形式的总和,但是它们还没有被这个语言社团所利用和开发。(王希杰《汉语的规范化问题和语言的自我调节功能》,《语言文字应用》1995 年第 3 期)

潜显理论强调语言的动态本质。其核心内容是:显性语言潜性化和潜性语言显性化是语言发展的最基本形式,潜性语言的大量存在,使语言具备自我调节功能。语言潜显理论对语言动态与稳态关系的揭示非常值得重视。这一理论认为,运动和时空是连续的,事物不是同时空同样显现的,显和不显又是有条件的。语言当然也是如此。加上色彩的显现,可以说语言始终处在潜和显的过程中。语言研究的就是语言的潜和显及其相关条件。语言的各种属性和语音、词汇、语法及修辞等各个方面,其存在形态都是既有显又有潜。语言之所以不是同时空同样显现,也是为了交际。

语言不仅有潜和显两个方面,还有"初显""显现""隐退"和"占位"等具体情况。语言在发展过程中,不仅显的部分有变化,潜的部分也有变化,一旦具备潜词显化的条件,潜词就会出来占位。语言始终处在潜和显的运动之中。(于根元《说"友"》,《语文建设》1996 年第 3 期)

二　潜显理论的学术意义

语言潜显理论在中国应用语言学理论体系的建构和完善方面可能会起积极的作用。在这方面,突出的表现在,它有助于我们重新科学地认识语言的本质,建立新的语言观。

语言潜显理论注重语言的社会性质和交际功能。对语言本质认识的深化和语言观的转变,可能带来语言研究视野的扩大和语言学理论系统的进一步充实,这是语言潜显理论的又一个价值。

现代语言学产生以来,一直把研究重点放在显性语言上,人们更多关注的是语言结构的描写和研究,很少研究潜的东西。而语言潜显理论的提出,把潜语言纳入语言学的研究对象,可能扩大了语言学的研究视野,语言学研究语言不仅研究显现的、表层的,也要研究潜在的、深层的,还要研究由显到潜、由潜到显的过程。从而有助于语言研究更自觉全面地开发语言资源,更有效地服务于人类社会。

最后，语言潜显理论对于更新语言研究方法，增强语言学的解释能力，提高语言学的科学品位可能具有一定的启发。在以往的研究中，由于侧重稳态的语言结构探讨，侧重语言表象的描写，人们主要运用归纳法，注重对语言显性材料的搜集整理和分析，通过量的积累，作出质的判定。这种研究方法是有积极作用的。可以说，任何科学研究都离不开归纳，只是在于研究者是否自觉。但用这种方法得到的结论通常有一个可信度问题，它前提的偶然性和随机性，有时很难得出一个可覆盖全体的结论。所以，在很多学科中，人们更多的是结合演绎法来使用归纳法。通常是根据已知为真的前提，借助逻辑规则，推出必然的结论。不过，由于显性语言这一研究对象的特点，使人们很难借助于演绎法研究语言。研究对象的特点和语言观的确立制约着研究方法的选择，语言潜显规律的揭示，相应地要求人们选择演绎的研究方法。语言学既是经验的科学，又是演绎的科学，在研究方法上需要结合归纳法和演绎法，从显性语言中的“无”找出潜性语言的“有”。特别是语言的潜性状态是没有出现的东西，很难感受到，归纳法是无能为力的，这就需要采用演绎法，依据一定的假设以语言显性状态为前提进行推理判断。当然，归纳法在语言研究中也是不可缺少的，而且演绎法又必须以归纳法为基础，如果一点显性语料也没有，是无法进行演绎的。多种研究方法互为补充，综合运用，对语言现象进行多维观照，统筹探讨语言潜显的对立和转化，可以使我们正确、全面、辩证地看待语言现象，使语言研究更具科学性。

三　潜显理论的实践意义

近年来，潜显理论在实践上的意义也开始受到人们的注意。一些学者提出语言学中的预测问题，其理论基础就是潜和显的观念。

预测能力在科学中占有重要的地位。随着对显性语言潜性化和潜性语言显性化这一语言发展基本形式的揭示，人们意识到有可能对语言的走向和趋势作出预测。运动是事物的共性，事物的个性在于运动方式的不同。语言不仅有我们能够感受到的现实的显性状态，还有我们尚未感受到的、将来会出现的潜性状态，它是形成语言显性状态的基础，语言发展就是潜显对立转化、递相演变的运动过程。据此，可以借助科学的假设，依据现实的显性语言，对语言发展的趋势作出科学的超前的预测，使语言研究不再亦步亦趋地跟在语言现实后面进行描写和归纳，而可以有一定的前瞻性和预见性。

长期以来，我们把显性语言作为语言学的研究对象，在语文工作中，以"静态"的语言事实为语言规范的参照物，根据描写制订出的已有规则作为语言规范的标准，以"匡谬正俗"为语言规范的主要方式，对于新出现的语言现象批评多，引导少。语言规范工作在整体上是维护旧有的规则，对新出现的形式带有一定的排斥心理。而多数情况下是看不准言不中的，被批评指责的语言现象不仅没有消失，而是照样流行，并为大众普遍接受使用。这时，又不得不否定以前的说法，追认这是规范形式，使语言规范工作常常陷入难堪的境地，处于被动局面。

语言潜显理论使人们的语言规范观念也发生了变化。这不仅表现为前瞻跟踪观取代了滞后的追认观，免除了语言规范工作中曾几经出现的尴尬局面，而且人们在注意语言的显性状态的同时也开始注意语言的潜性状态，注意开发潜语言在语言规范中的作用。按照潜显理论，由于潜性状态的作用，当一种语言现象显现后，可能会出现一类现象的变化，特别是对语言这样一个开放的大系统来说，更不是一切已有的东西都是稳定不变的，一些新的语言现象的出现，我们不能轻易的以违反规范来提出批评，也不必担心会导致语言规范的消失。因为语言具备自我调节功能。语言规范工作应当顺乎语言的发展规律，使语言更加有效地服务于人类社会。

当然，作为一种新出现的语言观念，潜显理论可能还有一些需要完善的地方。但无论如何，这一理论给中国语言学带来的影响肯定是积极的。

第六节　人文性理论

一　语言人文性的涵义

语言的人文性是指语言在发展变化及应用过程中所表现出的文化特性。语言是文化的重要组成部分。它是文化的重要载体，记录和反映着文化的发展状态；同时，语言也促进文化的发展。另一方面，文化也影响语言的发展，这种影响不仅是对语言本体的，更是对语言应用的。文化影响和制约着人们对语言的使用。因此，语言的人文性大体包括三个方面：第一，语言在文化中的反映，主要指可以通过文化背景或文化现象来考察语言的一些特点或变化规律。它又可分为两方面，一是作为文化的直接产物，二是作为文化内部的有机组成部分，与其他因素一起，共同促成历史上的文化分化、整合及变化。第二，文化在语言中的反映，指语言作为文化的载体，文化总是不断给语言施加影响并不时地留下痕迹，使我们能够通过语言的发展历程看到文化的变化轨迹。第三，在语言与文化相互作用的关系中的反映，即语言的一些文化特性同时也是文化的一些语言特性，二者在现象或表现形式上有差异，但实质上反映的是相同或相近的本质或规律。所以，语言的人文性有狭义与广义之分，前者指语言与文化两个因素共同的作用和结果，而后者则指语言、文化、社会、宗教等多种因素共同的作用和结果。这里主要研究狭义的语言人文性问题。

二　理论的发展

人们对语言人文性的关注由来已久。但是，较长时期内，人们很少集中从语言角度、文化角度，特别是语言与文化的关系角度去系统、科学地研究语言的人文性问题。因为那时人们对语言人文性的认识，主要还是在探索哲学本体问题、注释前代典籍、研究人类历史地理的发展变化等方面产生的。如在哲学上，世界的本原问题，也就是哲学家所关注的本体，特别是“形而上学”问题，始终是哲学家们争论的最大焦点之一。伴随着对这一问题的思考与争论，学者们也表现出了对语言人文性，特别是语言与文化关系的兴趣。在西方，大约从公元前 5 世纪开始，古希腊学者们便试图从哲学角度认识并解释诸如思维与词、事物与名称等的关系问题，为此爆发了长期的有关的“按本质”与“按协商”(即词反映的是事物的本质还是反映的是人们的约定俗成)以及“类比论”与“不规则论”

(即词形变化的规律性、词的形式和意义相联系的规律性在语言中是否起决定作用)的论争。与此相类似,在中国的春秋战国时期,也发生了一场旷日持久的、具有浓厚哲学意味的“名实”之争。在争论中,墨子谈到了语言的符号性、指称性,如《墨子·经说上》指出:“言也者,诸口能之出名者也。名若画虎也。言,谓也,言由名致也。”另外,荀子对语言的特性也有独到的认识,在《正名》里,他指出了语言所具有的“约定俗成”特性(当然,这与后来我们熟知的索绪尔的“任意性”说有所不同)。又说:“散名之加于万物者,则从诸夏之成俗曲期,远方异俗之乡则因之而为道”,这实际指出了语言所具有的民族性。特别是在《儒效》里,荀子认为:“居楚而楚,居越而越,居夏而夏。是非无性也,积靡使然也”,进一步阐述了历史文化传统对人的语言的影响。在墨子、荀子前后,老子、孔子、孟子、尹文子、公孙龙等一大批各家学说的代表也都曾精辟地论述过“名实”问题,并对语言的社会文化属性都有所揭示。值得注意的是,古代的思想家们尽管是从哲学角度研究语言的,但他们却都是把语言问题放到了更为广泛的背景,即社会、文化等领域去考虑,尽管因认识不同而观点迥异,但对后来人们深入研究语言提供了一个重要启示,即:语言与世界紧密联系,要想全面准确地认识语言,必须首先全面准确地认识这个世界及其内部的各种要素和关系。

古人对语言人文性的研究,也表现在对前代典籍的整理、注释方面。公元前4世纪时,古印度学者为了解释婆罗门教的经典《吠陀》,广泛传播教义,认识到语言在文化传播中的重要作用。如为强调经文的语调重音,他们选用了一字一音加重语气的特别语言形式,这样便可更完美地表现经文中赞美诗的韵律、美感,充分发挥经文的宗教职能。又如，在中世纪教会势力强大的欧洲，一些教会学者在提倡“思辨语法”，以此解释《圣经》等基督教文献的同时，也认识到语言是人类共有的文化特征以及不同语言代表不同文化的事实。在同一时期，阿拉伯地区的学者们根据《古兰经》和圣训、古代诗歌等，建立起较缜密的语法体系，出现了两个重要学派，即库法派和马士拉派。库法派的学者们十分重视阿拉伯语的特异现象，而马士拉派则特别注重维护阿拉伯语的纯洁性，以此维护本地本民族的文化传统。中国古代的学者们在编纂整理史书、训释经文过程中对语言人文性的研究也取得了很大的成就。如西汉经学大师编纂的《礼记》收录了大量的社会方言语词以及当时的禁忌语、祭祀用语等。被称为中国古代训诂学四大名著的《尔雅》《方言》《释名》和《说文解字》，在从音、形、义三方面对前代语言文字训诂的同时，都充分注意到了各朝代典章制度、风俗习惯、文化特色等对语言发生的影响。至于兴盛于明清时期的“考据学”，学者们对语言与文化关系的研究更加深入，出现了一大批著名的学者。另外，古人在其他方面，如历史、地理、民族等研究中也都不同程度地留意过语言的人文性问题。

当然，由于受各方面的限制，古代学者们对语言人文性的认识还是远远不够的。人们对语言人文性充分重视并开展深入的研究，主要还是在现代语言学发展起来以后。索绪尔在《普通语言学教程》中即提倡联系文化来研究语言。他把语言研究划分为共时和历时两部分的同时，受社会学家涂尔干（又译作迪尔凯姆）影响，认为应把语言看成社会现象，并且认为语言史与文化史总是彼此交织、相互联系的。索绪尔还认为可以从语言推知人的文化行为的产生过程，但也反对将某一民族的文化水平同他们语言的语法特点混为一谈。鲍阿斯通过考察美洲印第安人的社会和语言，创立了人类语言学，他的《种族、语言与文化》主要就是研究语言与文化关系的。在鲍阿斯之后，另一位美国语言学家萨丕尔在《语言论·言语研究导论》专门讨论了语言与文化的关系。布龙菲尔德在《语言论》中也注意到语言与文化的关系问题。如他认为，语音的改变“必然发生在某个文化中心”，“语义上特殊的词源和文化变迁的痕迹可以互相参证”。另外，在现代语言学的发展初期，法国、苏联的一些语言学家对语言的人文性问题也做过多方面的研究。但总的来说，在 20 世纪的前半叶，由于结构主义语言学一统天下，语言人文性的研究还是较零碎的，难成系统。直到 20 世纪 60 年代末，拉波夫等人倡导的社会语言学兴起，世界各国的语言学家对语言与文化关系的研究才得到充分重视，人类语言学、语用学、语义学、符号学都在语言与文化的相互关系中寻找新的研究视角。这种研究到 20 世纪 80 年代达到高峰。可见，从语言人文性的研究历史看，人们历来就没有仅仅就语言的成分、要素构成的系统去认识和考察语言。语言学在从古代到现代，从前科学到科学的发展中，尽管出于对语言现象的归纳和语言规律概括的需要，人们对语言自身的系统性认识和形式化描写不断加强，但人们同时也逐渐认识到仅是从语言系统内部研究语言是远远不够的，语言的许多本质或规律往往是从语言系统之外加以认识的。正因为这样，在现代语言学研究中，很多人都立足于语言人文性这一独特视角，旨在透过文化中的语言现象去研究语言和文化的关系，或用文化现象来印证某些语言现象，以寻求语言的特点和共性，这就使语言研究的视野更加开阔，也能更多、更全面地认识语言的特征与本质。

我国现代语言学家中最早探讨语言人文性的是罗常培。他20世纪40年代起开始探讨语言与文化的关系。50年代初编辑出版了《语言与文化》一书，提出了一系列关于语言研究的观点。该书的写作受到萨丕尔、帕尔墨、泰勒乃至马尔的影响，是"想从语词的涵义讨论语言与文化的关系"。遗憾的是，尽管作者"自信对于建设中国新语言学的新路已经把路基初步地铺起来了"(95页，语文出版社，1989。北京大学出版部1950年初版)，但其后的40年间却很少有人沿着这条路走下去。

20世纪80年代开始，语言人文性的研究在中国语言学研究中掀起高潮，应用语言学也开始把它作为交际理论中的一个较为重要的理论引入。

文化是一个使用范围很广的术语，"文化"一词，德语为kultur，英语为culture，源出于拉丁语词cultura，原意为耕作、培养、教育发展、尊重的意思。而拉丁语cultura又是由拉丁语cultus演化而来的。Cultus含有为敬神而耕作与为生计而耕作两个意思，故具有物质活动与精神修养两方面含义。(参见李述一、李小兵《文化的冲突与抉择》4—5页，人民出版社，1987)文化的定义不下几百个，这反映了这一词语的多义性以及人们在理解上的差异。但总的来说，可以从广义和狭义两个角度去理解"文化"概念。一般地说，就广义而言，文化是指人类社会发展过程中创造的物质财富和精神财富的总和。一般包括物质文化、行为文化和精神文化三个部分。就狭义而言，文化则仅指精神文明的成果，主要指知识、信仰、艺术、文学、法律、道德、风俗习惯等。语言人文性中的"文化"概念不同于一般所说的文化，其内涵比广义的文化概念要小，比狭义的文化概念要大。因为人文性理论是站在人的角度，而不仅仅是从语言与文化二者的关系角度去给文化定义的。所以，这里的文化主要指对语言起约束或促进作用的那些制度、规则以及保持并反映人的精神世界和物质世界差异性的特质或特征。

三　语言人文性的研究视角和内容

或许可以对语言作这样一个比喻：

语言像一座蓊蓊郁郁的大森林。站在森林的远处眺望，眼前除了一碧无垠的绿色，耳边间或传来几声风吼鸟鸣泉唱，未必有什么不同的感受。然而，我们一旦深入这座大森林，各看各的景，各寻各的路，那可就有大不同了。从人们进入森林的目的看，游人为的是探奇揽胜；林场工人为的可能是伐木取材；山下的村姑为的可能是采到蘑菇和野菜；而偷猎者为的则又可能是找到珍禽异兽。因为目的不同，人们拿的工具也不一样，游人或许背着相机，伐木工人扛着电锯，村姑臂弯里挎着篮子，偷猎者则端着猎枪。从人们的行动看，旅游者醉心于奇峰怪石，伐木者留意于参天大树，村姑则低头寻着潮湿的泥地，偷猎者则到处追踪野兽的足迹。到最后，从人们的收获看，有的可能两手空空，有的可能扛着几截木头，有的可能提了一篮子滚着珠露的野菜……

上面的比喻旨在说明：语言绝不是一个面、一条线甚至一个点，而是一个具有生态学意义的宝库，这个宝库因为伴随着人类社会的发展而发展，所以永远有取之不尽的宝藏，永远有等待揭示的谜底。而对研究它的人来说，就如进入森林的人们一样，因为目的不同，方法和手段也必然不同，所选择的视角也当然各有差异，最后的结论也很难用同一个标准去衡量高下。研究语言的人文性，只是选择了另一个视角去研究语言、文化及它们的关系，而绝不意味着这样研究就能囊括全部的语言和全部的文化。

这里所说的语言人文性研究的视角，核心就是站在人的角度，通过语言的交际功能去研究语言与文化的关系。这实际不是站在语言或文化的哪一边，而是站在人的高度，从语言与文化二者的关系上去兼顾文化对语言的影响和语言对文化的反映，因为语言毕竟是人用的。

由于文化现象与所有科学领域都密切相关，尤其与社会科学或人文科学的关系更为密切，而语言又往往是这些文化现象的载体，因此，在研究语言人文性过程中，出现了众多相关的学科。如人类语言学、社会语言学、民族语言学、心理语言学以及近些年来的交际语言学、广告语言学等。这其中，当然是文化语言学对语言人文性的研究更集中，更全面，从而也有资格作为语言人文性研究的代表。所以，语言人文性的研究视角，主要还是站在文化语言学现有的成果基础上，注意汲取相关学科在这一领域研究的成果和方法，注意站在文化角度看语言和站在语言角度审视二者的发展变化。但最终还是要通过研究语言文化来研究人，研究人在社会历史中形形色色的关系；通过研究文化来研究人的语言，研究语言所反映的人的不同观念、思想，直到其共性、差异的规律。

当然，由于语言是一座巨大的宝库，就每个人或几个人来说，都不可能作穷尽式的研究。这就意味着人们在研究过程中至多只能选取一个或几个合适的角度。同时，尽管“条条道路通罗马”，人们却不能从每一条大路都走一遍。而所谓选定了研究的视角，也只不过确定了研究的重点，并不等于科学研究的全部。

语言作为语言学研究的中心，它实际是人、文化及其他因素共同作用的结果，语言与所有要素在空间上形成了一个拓扑型结构，在这种结构中，站在语言这个角度向外看，那么，语言不但与人、文化等因素相关联，同时，语言之外的各因素也相互关联。无论语言研究还是文化研究，截取的往往是一个侧重点或一个侧面，并非全部，这就是上面提到的人类语言学、社会语言学、民族语言学、文化语言学既有差别又很难截然区分的根本原因。“语言首先是人的语言，文化也是人的文化”(邢福义主编《文化语言学》，湖北教育出版社，1990)，因此，在选取语言人文性的研究视角的时候，不管站在语言角度还是文化角度，都旨在从人的角度去解释语言现象、语言规律。这就要避免两个不足：一是语言的泛文化倾向，即以为文化是万能的，可以解释语言的一切；二是文化的泛语言倾向，即以为语言是无所不在的，可以反映所有的文化现象。从理论上说，对于语言和文化，我们不但要互为参照地加以研究，更要把它们和它们的关系放到更为广阔的社会与人等多种因素组成的巨系统中去研究。这是研究语言的人文性时应该注意的。

语言的人文性问题大致可以从两个方面去考察。

(一)文化环境中的语言现象

文化环境中的语言现象主要指受文化影响甚至制约而表现出的语言发展、变化情况，主要有：

1.文化对语言系统的影响

第一，文化对语法的影响。考察文化对语法的影响，大体可以从两个方面，一是人类文化对语法的总体性影响。有的学者在考察华人与西方人因思辨方式不同而导致的语言表述差异时发现，说英语的华人遵循的是“论题往哪里去”的思辨模式，即先说事实、理由，然后得出结论。而说英语的西方人遵循的是“论题从哪里来”，即先表明立场观点，然后加以论证。在考察香港商界华人开会讨论管理问题时，他们常用“because”一类的词开头，摆出事实后，用“so”带出自己的结论，很少像外国人在陈述事实时那样，常用“in view of the fact，to begin with，in conclusion”这样一些总括性的开头语。华人和西方人在英语语法运用上的差异，反映的是不同文化背景的影响，即中国人的伦理现象中以谦虚含蓄为原则，因此不愿突出强调自己，而西方人特别是美国人一般则相反。二是通过人类文化的差异，考察不同语言社团使用语言时的语法差异。

第二，文化对语音的影响。语音是语言发展变化的最活跃的内部要素。语音的变化又常常是文化接触、文化发展的结果，这主要表现在语音上新的音节、音位的增加。例如，海南黎语各方言中，大多数原来没有带 i、u 介音的韵母。后来，由于吸收汉语词，分别增加了数目不等的 i、u 介音的韵母。云南的佤族、哈尼族、傈僳族等方言土语中的 f，也是向汉语借词的结果。其他民族的语言也有类似的情况。除此而外，文化的发展、接触也在客观上为民族共同语的形成创造了条件，如采用标准的语音作为民族共同语的语音形式等。

第三，文化对语用的影响。语言的运用实际包括语言表达(编码)与语言理解(解码)两个过程，前者主要是由说写者完成的，后者则主要是由听读者完成的。但这两个过程都要求人在具体的交际场合中，尽量使语言和语境相适应。而所谓的语境，又总是包含了诸多的文化因素。因此，语言对语境的适应，实际反映的往往是文化对语言的制约。如美国的孩子在与父母、长辈谈话时，可以直呼其名，而中国的孩子这样做一般被视为没有礼貌。这种表面上的话题差异，反映的往往是深层上的文化原因，即中国人一向注重家庭观念，讲求长幼尊卑，直呼长辈名号被视为不敬，这就是为什么中国孩子一般不能直呼长辈姓名的主要原因。

2.文化对语言发展的影响

第一，原始文化对语言发生的影响。在人类初期，人们为了生产生活的需要，逐渐按血缘或地域关系结成群体。群体之内，人与人之间要沟通、交流，共同劳动，抵御灾害，这就为语言产生提供了充要条件。特别是早期人类所形成的物质、精神文化，在语言的产生和发展上留下了深刻烙印。例如，在语法上，由于早期人类生产力不发达，人们的思维还没达到如今的水平，因此，各民族的原始语言的语法都较简单。又如，在古埃及、中国的早期象形文字中，反映的大部分是当时人们生产、生活接触到的事物等。

第二，文化对语言地域变化的影响。每一种语言的地域变化都有其自身的特点和内部发展规律，同时也都与一定的文化背景、文化现象相联系。就后一方面，即文化对方言产生和发展的影响来说，可以体现在词汇、语音和语法等各个方面。如在词汇方面，在中国的一些农村人们习惯把女孩叫做“守灶门的”“掌锅铲把的”“跳锅边舞的”“赔钱货”等，实际反映的正是农村和山区普遍存在的重男轻女、男尊女卑的旧观念。

第三，文化对语言的社会变化的影响。受文化的影响，人们在交际中所使用的语言因社会职业、个人身份、地位以及性别、居住地等的不同而反映出差异，即语言的社会变化，如行业用语、专业术语、黑话、禁忌语等。

3.文化对语言接触和融合的影响

第一，文化背景决定的双语双方言现象。双语、双方言现象产生的原因是多方面的，包括经济、政治、历史、地理、民族意识等。

这些原因，构成了一个大的文化氛围，对双语双方言现象具有重要影响，其实质都是社会文化发展，不同语言、不同方言的人们增加沟通交流的结果。如19世纪中叶后，朝鲜居民大批迁入吉林延边地区，形成朝、汉两族杂居的特点，当地的朝鲜族居民因而一般都会用母语和汉语两种语言。再如双方言现象，由于中国沿海地区特别是广东在改革开放后经济发展迅速，吸收大批外地人到当地工作。为了工作方便，原来说赣方言的人可能又学会了广州话，所以与当地人谈话用广州话，而与自己的老乡可能运用家乡方言。

第二，文化对跨文化语言教学、习得的影响。人类的语言尽管存在着大量同构、同质的要素，但由于文化的影响也使各民族、各地区的语言存在着重要的差别。这些差别包括语言系统内像语音、词汇、句法等，也包括语言系统外的许多因素。这种差异为跨文化的语言教学和习得带来了阻碍。但另一方面这种阻碍又是可以克服的，即在母语外的语言教学或习得过程中，除了要注意语言自身规律的教与学，同时也要注意语言符号所显示的不同的文化底蕴、文化差异。如在对外汉语教学中，除了让学习者了解汉语的一般特点和规律，还要帮助学习者了解古老的中国文化，让他们尽量站在中国文化的立场去学习汉语、运用汉语。我们学习外语也是如此。

4.文化对文字的影响

文化对文字的产生、发展和演变都有巨大的影响。首先，文字的产生与人类文化的发展密不可分。世界上几种较古老的文字，如古埃及的象形文字、苏美尔人的楔形文字、中国古代的甲骨文以及古印第安人玛雅文字等，尽管后来走上不同的发展道路，但在出现之初，都是以图画文字为主的，而图画的内容反映的往往是当时人们生产、生活中遇到的事物等：随着人类劳动对象的扩大，生产工具的改进，人们征服自然、改造自然的能力增强，在交际中需要反映的事物和情感也逐渐复杂，仅仅用表意图画去记录语言，已经不能满足社会和个人的需要了。于是逐渐由图画文字变为表词文字，最后有的发展为以音节符号为主的文字（如苏美尔文字），有的则发展为形意音结合的文字（如汉字）。其次，从文字的演变看，文化也起着重要的作用。如从汉字的形态上看，秦始皇统一六国之后，实行了一系列大一统的政策，如统一度量衡、统一货币等。在文字上，则统一用小篆代替原来各国的文字，促成了汉字形态的一次较大的变化。再如，从文字的借用情况看，随着各个国家、民族、社会不断加强沟通交流，原有的文字体系中也不断吸收外来字，以此增强文化传播和交际的功能，如日语中借用了大量的汉字就是文化接触导致文字借用的实例。

（二）语言环境中的文化现象

语言是文化的符号，是文化的载体，也是文化的传播工具。透过语言，我们总能看到隐在背后的不同的文化特征、文化价值和文化含义，这主要包括：

1.语言对文化结构层次的反映。语言所反映的文化结构层次，大体可以分为：(1)表层的物理世界，即人改造自然界的活动方式及其全部社会产物，如通过考察世界上许多语言有关“茶”字的发音，我们便能看出古代中国与其他国家茶文化交流的轨迹。“茶”这个词在满语读作 tsai、蒙语读 ʧɛi、哈萨克语称为 xay、吉尔吉斯语称为 tsay、早期维吾尔语叫做 ʧai。显然，这些民族语言中指称茶的语音形式都是借自古代汉语，都是饮茶习惯传播开来的重要证据。后来，茶叶传到国外，在东西方许多国家流行起来，这从茶这个词在外语中的两类不同读音可以找到线索。凡是从陆路去的，如俄罗斯、阿拉伯、波斯、罗马尼亚、土耳其，都读成塞擦音声母，即来源于中国北方话的 tsh-或相应变化；凡是从海路去的，如荷兰、英国、法国、德国，都读作清塞音声母 t-，即来源于闽南话 t-。读音的不同，反映了借入的时间和途径不同。(2)中层的文化世界，即人改造社会的活动方式及其全部产物。同样是通过对语言的考察，我们会发现蕴藏于其中的社会制度、风俗习惯等。原因就在于，这一层更多反映的是人与人在社会生活中的关系，特别是运用语言进行的各种交际活动。如，对中国古代称谓的考察发现，不同的称谓往往反映了不同的婚姻关系。(3)里层的心理世界。如现代汉语里有"师母"一词，却没有表示女教师丈夫的称谓。这或许就反映了以男人为中心的传统和观念。

2.语言对文化发展的反映。这表现在以下几个方面：第一，文字对社会文化发展的反映，包括对古代的生产方式、风俗制度、审美意识等。如对甲骨文的考证就会发现许多有关古代畜牧业发展的讯息，如"狩"字从犬，说明在当时犬已是家畜，字形或从宀从牛，或从宀从羊，或从宀从马，象牛、羊、马在圈中畜养之形，说明当时牛、羊、马等正作为家畜饲养。第二，语言的分化融合对文化发展的反映。如早先汉语中只有"水"这一词，如汉水，渭水等，但后来又出现了"河"与"江"。一般认为，"河"是北方阿尔泰语系的词汇，而"江"则是南方语系的词汇，但都相继进入汉语，北方的多以"河"称"水"，如黄河以及淮河、海河、辽河等。南方的则多以"江"称"水"，如长江以及珠江、香江等。语言的这种分化融合也反映了文化的分化与融合。再如，我国古代用"洋""胡""番"之类的字眼称外国的事物，如"胡椒""胡桃""番茄"(西红柿)等，这其实也是国家间贸易和人员往来的反映。第三，专门用语对文化的反映。专门用语一般包括专有名称和专门术语，它们都有特定的含义。如人名、地名等专有名称都代表某一特定的对象，其中经常反映出鲜明的文化特点。又如专门术语，往往反映了某一行业、某一职业的文化特色。第四，语言对文化传播交流的反映。语言是文化传播交流的媒介或工具，语言的传播、演化也往往折射出文化传播交流的轨迹。据考察，现代日语中的常用汉字，多数为我国汉字古义。如现代日语中的“步”和“走”分别为“走”和“跑”的意思，这与我国汉字古义基本一致。日语另外还有很大一部分从中国古汉语中借用的汉字从字形到字义基本都没有变化，这反映了中日两国文化在古代交流的频繁。

四　研究语言人文性的方法论与方法

语言人文性的研究的核心任务是通过语言去研究处于复杂的社会、历史关系中的人，也通过后者去研究前者。现代语言学之所以能超越传统语言学，不断取得新的进展，其至关重要的一点就是人们对语言研究中的方法论与方法的重视与不断更新。从这个角度看，无论索绪尔的“哥白尼式的革命”，还是后来的“乔姆斯基革命”，“革命”的武器都离不开与认识论紧密相联的新的方法论与方法。因此，要想在语言人文性的研究中取得大的突破，即真正深入系统地揭示语言中所反映的人的文化现象、规律，以及文化中所反映的语言现象、规律，方法论与方法的重视与变革值得高度关注。

就目前而言，在语言人文性的研究中，主要应该坚持以下几方面的方法论思想：

(一)辩证法思想

坚持辩证法思想，就是要避免在语言研究中把一些要素割裂开后，重此轻彼、顾此失彼。比如重视共时而忽视历时，重视“静态”而忽视动态，重视语言内部而忽视语言外部等。辩证法的思想就是要我们在语言人文性的研究中把上述一切相关的要素有机地统一起来，在统一中寻求差异，在差异中寻求联系，在联系中寻求协调。比如：面对一个不寻常的语言现象，我们既要在语言系统内部，像语音、音位、词法、句法、语义等层面寻求解释，同时也要联系语言系统以外的，如历史、地理、社会、文化等方面的原因去解释。

（二）系统论思想

没有系统论的思想，辩证法的思想很容易导入庸俗辩证法甚至“中庸论”的歧途。在语言人文性的研究中，坚持辩证法并不等于放弃系统论的思想：既要认识到尽管语言系统内部、社会文化系统内部以及两者之间都是辩证统一的，同时也要认识到，每个系统内又绝非混乱无秩序的，而是具有不同的层级体系的。这些层级体系尽管因为人的思想、活动而交织在一起，但作为研究者来说，从不同的立足点出发，往往就能把握特定的研究对象。这样，在研究语言人文性的时候，同样要研究语言系统以内的各个子系统，包括语音、音位、词汇、句法、语义等，也要研究文化的系统，包括政治的、历史的、民族的、宗教的、地理的等，以此探求系统、子系统之间的相互作用关系及其演化规律。

（三）发展的思想

运用到语言的人文性研究中，突出表现在两方面，一是语言的发展是绝对的，语言没有发展也就无所谓人文性，在重视共时、稳态研究同时，也要重视历时、动态研究；二是发展包括质与量的变化，而这种变化除了在语言系统、文化系统内外表现出不均衡性外，还应注意到，变化往往是基于比较稳定的要素实现的，不管是语言系统还是文化系统以及二者之间的关系，总是存在大量相对恒定的方面。研究这些恒定的方面更有助于研究变化的方面。按照进化论的思想，则语言的人文性总是处于比较恒定与变化、量变与质变等复杂的发展趋势中。

所以，在研究语言人文性时，应当尝试采用多方面的方法。有人提出，人类探索知识的方法可以归成三大类：科学的、人文科学的和社会科学的。科学旨在发现世界，使观察到的客观事实标准化，所以要尽量减少观察中由人造成的差异，使用的方法主要是观察、记录和重复实验。人文科学则重在解释，寻求创造性的个性化，所以寻求的不是科学上的一致看法，而是可替代的解释，强调的是主观的反映，所以人文科学的方法总是以直觉、创造性、阐释和顿悟为主。与前两者相比，社会科学主要把人作为研究的对象，既要理解人的行为，又要解释人的行为，所以也要求有准确的观察，采用的方法则有归纳、演绎等多种。这种划分方法在现实中未必有多少指导意义，但却说明，科学的不同研究方向往往要求有相应的研究方法。

在语言人文性的研究中，特别是在文化语言学的研究中，一些学者主张要用解释而不是描写的方法。其实，语言人文性的研究，既不能单纯用描写，也不能单纯用解释，而要二者兼用并重。这是因为，强调从文化的角度去研究语言，那当然要用解释的方法，而从语言的角度去观察文化，那当然要用描写的方法。但语言的人文性是语言与文化等共同作用的结果，要想对语言的人文性作较全面的研究，主要还应站在人的角度，从语言与文化的关系上而不是单从文化或语言角度去作研究。所以，要解释与描写并重，具体包括观察法、考察法、比较法、归纳法、描写法、解释法、演绎法。除了这些方法之外，研究语言的人文性同样可以引介数学方法、逻辑方法，以及控制论、信息论的许多方法。

需要进一步说明的是：(1)一门学科或科学不可能只用一种或几种方法；(2)任何一种方法都不是万能的，也不可能贯穿于任何科学研究的所有环节；(3)方法除了自成体系外，也有层级，上面所列举的方法往往不在一个层级上，因此也不能简单划分界限，如描写与解释，归纳与演绎等。科学研究是一个复杂而漫长的过程，可以分出不同的步骤。如确定研究视角，明确思维上的认识过程，描写思维过程，构筑理论体系以及对研究成果进行评价、鉴定等。不同的步骤往往要有不同的方法。

思考和练习

1.说说交际理论的根据。

2.说说交际理论的基本内容。

3.说说动态理论的基本内容。

4.有人说“鞠个躬”是不规范的，因为“鞠躬”不是动宾式结构，古汉语里没有“鞠个躬”。你怎么看？

5.说说中介理论的基本内容。

6.“恢复疲劳”的说法，你认为规范吗？

7.说说层次理论的基本内容。

8.说说提出潜显理论的意义。

9.说说语言人文性理论的基本内容。

10.为什么说语言是人的第二形象？

主要参考文献

吕叔湘《语言作为一种社会现象——陈原〈语言与生活〉读后》,《读书》1980 年第 4 期。

王希杰《汉语的规范化问题和语言的自我调解功能》,《语言文字应用》1995 年第 3 期。

吴为章《新编普通语言学教程》,北京广播学院出版社,1999。

邢福义主编《文化语言学》,湖北教育出版社,1990。

于根元主编《应用语言学理论纲要》,华语教学出版社,1999。

于根元《应用语言学的基本理论》,《语言文字应用》2002 年第 1 期。

第五章　中国的应用语言学(上)

第一节　推广普通话

一　普通话形成的历史概说

汉语方言分歧从有汉族、汉语就有了。我国奴隶社会后期，一些诸侯国进行集权和革新，尤其在秦始皇建立了第一个封建的中央集权的王朝以后，两千多年来的封建社会统一是长期的、主要的，汉语方言集中的趋势也是主要的。人们为了相互交际，要求不仅有一种通用的书面语，还要有一种共同的口头语言。

我国古代的政治、经济中心在北方的中原地区。宋元以前历代的都城大多设在西安、洛阳、开封。汉族祖先的共同语就以北方中原地区的方言为基础。孔子《论语·述而》:“子所雅言，《诗》《书》执礼皆雅言也。”雅通夏，雅言就是夏言，指的是中原地区的方言。雅又解释为常、正，雅言在当时影响最大是可以想见的，也可以说是当时的共同语。

荀子在《正名》里说:“散名之加于万物者，则从诸夏之成俗曲期，远方异俗之多，则因此而为通。”他认为一般事物的名称要按照当时中原地区习惯的叫法，边远的不同于这种叫法的地方，就可以借这些名称而达到互相了解。

西汉扬雄的《夏轩使者绝代语释别国方言》这部书还记录了许多“通语”“通名”和“四方通语”，说明在当时确已存在一种以中原地区的方言为基础的共同语。

辽、金时，北方话通行到了东北，今天的北方话区基本形成。

宋元以前，王朝的京城虽然多建在北方，但是时常改变地点，共同语的语音标准也时常随着改变。辽金元明清各朝相继建都北京，北京长期成为政治、经济、文化的中心，北京语音逐渐成为共同语的标准语音。

明朝张位《问奇集》有“然此亦官话中乡音耳”句，其中“官”也即“公”，后来“官话”用来指共同语，所指的是北方方言。

北京音系的形成，从我们今天掌握的材料来看，到现在已经有六七百年的历史了。可以举元代周德清所编《中原音韵》(1321年)为证。这本书是元曲的创作和演唱用韵的标准，而当时元曲“行腔吐字”的语音标准，就是当时最有影响的在广大地区通行的共同语的语音。所以《中原音韵》忠实地记录了当时的共同语语音系统。这个语音系统一般认为是以北京语音为直接源头的。明朝时朝鲜流传的汉语口语读本《朴通事谚解》和《老乞大谚解》，都以16世纪的北京语音为正音标准。

汉语比较统一的书面语在奴隶社会初期就形成了，是以北方话为基础的，这就是文言。文言曾经长期用做古代汉语统一的书面语，留下了丰富的文献。但是文言一开始就同口语有一定的距离。鲁迅在《门外文谈》中说:“我的臆测，是以为中国的言文，一向就并不一致的，大原因是字难写，只好节省些。”“古人的文”，只是“当时口语的摘要”。文言后来同口语的距离越来越远，学习起来非常困难，能使用的只是少数人，因此，另外一种在口语的基础上形成的书面语白话就起来同文言抗争。

早期白话开始于南北朝的“变文”。为了“劝善”和“娱心”，各地佛寺里大规模地讲唱佛经故事和非佛经故事。原来用文言念颂经文变为讲唱，讲的部分里用了许多接近口语的早期白话。这种讲唱到唐代就很兴盛了。清朝光绪年间千佛洞的藏经开始被发现，大都是宋初时藏的，其中几乎都是佛经故事，也有俗文学故事，是唐末五代人抄写的，如《唐太宗入冥记》《孝子董永传》《秋胡小说》等。

到了宋代，新的讲唱文学如鼓子词、诸宫调等又出现了，而且深入了农村。用早期白话著作、叙述故事，叫做“平话”，就是今天说的“白话小说”，也开始有了。这种早期白话，逐渐取得书面语的地位。元朝皇帝的圣旨也用白话。元明清用早期白话写的长篇小说如《水浒传》《西游记》《儒林外史》《红楼梦》等影响很大。

早期白话文学作品使以北京语音为标准音的共同语更加规范、丰富和精密，而且使这种共同语得到更为广泛的传播。

到了明清两代，我国出现了大规模的商品生产，社会生产力进一步发展，社会经济和政治进一步集中，汉语北方话的通行区域比原来扩大，北京语音成为标准音，早期白话开始取得了书面语的地位，这时候汉民族共同语得到了较快的发展。

1911 年爆发的中国资产阶级革命辛亥革命和以 1919 年五四运动为起点的中国无产阶级领导的新民主主义革命，都大大推动了汉民族共同语的发展。辛亥革命以后的“国语运动”在推行以北京语音为标准音方面起过一定的作用。那以后的话剧、电影、广播也采用了北京语音。辛亥革命前后，“普通话”这个名称出现，成了汉民族共同语的代称。

五四时期起，白话同文言先后经过几次大的较量，白话在汉语书面语方面逐渐占了统治地位。新文学的作家都采用白话写作，学校教科书和报纸也开始采用白话。白话本身也逐渐有了发展，更加接近口语，吸取了许多必要的北方话以外的方言成分、古汉语成分、外来语成分，形成了现代白话，而且出现了许多用典范的现代白话写作的优秀作品。这迅速地促进了普通话的提高和普及。

二 新中国成立后的推广普通话

新中国成立到现在，我国的推广普通话大致上可以分为五个阶段。下面分别做些介绍。

(一)第一阶段(1949—1955)

这一阶段已经有了机构、经验等的准备，可以称为准备阶段。

1955年10月15日到23日在北京召开的“全国文字改革会议”标志着准备阶段基本结束而蓬勃发展阶段基本开始。会议的主题报告《大力推广以北京语音为标准音的普通话》是这次会议在推广普通话方面的重要成果。报告阐述了推广普通话的意义，指出汉民族共同语是早就有的，需要进一步规范，同时把现代汉民族共同语定名为普通话；进一步确定了规范的标准，即以北方话为基础方言、以北京语音为标准音[①]。报告阐述了推广普通话的工作方针：重点推行、逐步普及[②]。报告还提出了对不同的人要求不

---

① 这里说的“以北方话为基础方言”，指的主要是词汇标准。关于语法标准“以典范的现代白话文著作为语法规范”是1956年2月6日国务院发出的《关于推广普通话的指示》中增补的。

② 十二字方针的头四个字“大力提倡”是后来增补的。1957年6月25日到7月3日，教育部和文改会联合召开了全国普通话推广工作汇报会议。韦悫在总结报告中说：“大家要认识到，推广普通话是一项长期和细致的工作，必须有计划、有步骤地去做。我们要贯彻教育部提出的‘大力提倡，重点推行，逐步普及’的工作方针。”(见王均主编《当代中国的文字改革》279页，当代中国出版社，1995)

同，把推广普通话跟现代汉语规范化紧密地结合了起来。

（二）第二阶段（1958—1966）

这是普通话推广工作蓬勃发展阶段，其中的1958年到1960年是黄金时期。全国掀起了一股热潮，从学校到社会，基本上形成了以学习普通话为荣的风气，普及的速度相当快，在全国涌现了一大批先进地区，例如上海、福建的大田、山西的万荣。这股热潮的掀起，有其深厚的社会基础，更与政府当时强有力的领导，大量的人力、物力和舆论准备，以及各有关方面积极配合分不开。

这一阶段工作成绩是很大的。但是在认识上有些不足，做法上也有些缺点。推广普通话也是移风易俗，任务是很艰巨的。学习语言不是一件容易的事，推广普通话不是短时期就可以做到的。可是，当时许多人对“大力提倡，重点推行，逐步普及”的方针认识得不够全面，把推广普通话工作看得过于简单了。有的地区工作方法简单生硬。具体的语音指导没有很好跟上，语音学得比较差，容易回生。这说明，我们在语言规划方面的研究许多环节还很薄弱，在“提倡”方面有时比较一般化，政治色彩比较浓。这一阶段的“推普”还受到当时社会发展的影响。1960年后，推广普通话工作一度进展不快。1963年又有了发展。

（三）第三阶段（1966—1976）

第三个阶段是遭受严重破坏的阶段。就全国来说，就整个阶段来说，工作几乎陷于停顿。许多地方的有关机构被撤销了，地方上的专职干部也大都不设了，一些人的思想被搞乱了。那时候，特别是学校教育遭到严重破坏，推广普通话失去了主要阵地。四人帮否定十七年的教育路线，把学校的普通话教学作为“智育第一”的一部分来批判，打击了广大教师推广普通话的积极性。

但是，学习普通话是广大群众的要求，党和政府制定的推广普通话的方针已经深入人心。尤其是十七年里培养出来的积极分子，在困难的条件下不少人还在坚持工作。这说明了培养人才和干部的重要。1975 年周恩来作了继续推广普通话的指示，全国的推广工作又有了起色。在某些地区、某些单位，由于领导的大力支持，工作也有进展。

就研究成果来说，前三个阶段主要表现为规划、标准和文件，专门的学术性论著不多。

(四)第四阶段(1976—1986)

第四个阶段是恢复阶段。打倒四人帮之后，推广普通话工作得到了恢复。普通话语音研究班也恢复了。1982 年 12 月 4 日第五届全国人民代表大会第五次会议通过的《中华人民共和国宪法》第 19 条明确规定："国家推广全国通用的普通话。"从此，普通话不仅是现代汉民族的共同语，还是各民族通用的语言。

恢复阶段的推广普通话工作就显示出了新的面貌，工作比较扎实。学校的局面基本上打开了，出现了两件大事。一件是部分小学进行了"注音识字，提前读写"实验，多数小学开设了"说话"课，把推广普通话工作、推行《汉语拼音方案》和语文教学结合在一起。另一件是中等师范学校的形势有了发展。社会上推广普通话工作也出现了新的形势。一是各行各业更加迫切要求推广普通话，而普通话也促进了经济文化等事业的发展。二是不少地方采用电视等新式手段来推广普通话，宣传面广，形象直观，受到人们喜爱。

(五)第五阶段(1986—　)

第五个阶段是普通话推广工作的再发展阶段。1986 年 1 月 6

日—13日，国家教育委员会和国家语言文字工作委员会在北京召开了全国语言文字工作会议。主题报告《新时期的语言文字工作》关于推广普通话有许多新的提法：(1)把推广普通话工作同做好现代汉语规范化工作列为语言文字工作的第一项任务；(2)工作的重点放在“重点推行，逐步普及”上。在20世纪里使普通话成为教学用语、工作用语、宣传用语、交际用语；(3)对不同情况的人的普通话的具体要求可以不同，可以分成三级；(4)北方方言区也要推广普通话；(5)继续注意语音的规范以外，还要注意词汇规范和词汇教学。

1992年的《国家语言文字工作十年规划和“八五”计划纲要》提出：(1)20世纪后十年使普通话“成为师范院校、初等和中等学校的校园用语”；(2)普通话必须“大力推行，积极普及，逐步提高”，这就是新的十二字工作方针；(3)省会、自治区首府、直辖市、计划单列市、沿海开放城市、经济特区和重点旅游地区要加快推广普通话的进程。

1986年大会之后，推广普通话进入了“再发展”阶段。这个阶段，在论著、教学、测试等方面都有许多成绩。

这个阶段还有两件大事。一件是开设“教师口语”课程，一件是进行普通话水平测试。

1993年3月8日，国家教委发布了《师范院校“教师口语”课程标准》，是培养师范各专业学生的必修课。课程由普通话训练、一般口语交际训练和教师职业口语训练三部分构成。普通话训练是前提，一般口语交际训练是普通话训练的继续和深化，教师职业口语训练是一般口语训练的提高和扩展。

普通话水平测试是提高普通话工作的重要组成部分，是使推广普通话工作逐步走向科学化、规范化、制度化的重要举措。

1982 年起，一些语文工作者开始探讨普通话等级标准和水平测试问题。

目前这方面最重要的成果是刘照雄主编的《普通话水平测试大纲》(吉林人民出版社，1994)。1996 年出了修订本，2002 年出了新修订本。国家语委、国家教委、广播电影电视部于 1994 年 10 月 30 日联合发布了《关于开展普通话水平测试工作的决定》，附了《普通话水平测试实施办法(试行)》和《普通话水平测试等级标准(试行)》。现在普通话水平测试一般使用三级六等即一甲、一乙、二甲、二乙、三甲、三乙的标准。

1997 年 12 月的全国语言文字工作会议，提出 2010 年普通话在全国范围内初步普及，从学龄儿童到处于工作年限的成年人 70%的人具有普通话应用能力，方言在交际中的隔阂初步消除。21 世纪中叶之前是普及，一定年龄段具有普通话应用能力的人数占 90%，方言在交际中的隔阂消除。国家规定从 1998 年起，9 月的第三周为“推广普通话宣传周”。

1999 年 12 月 14 日到 16 日，教育部召开全国语言工作会议。这是新中国成立以来第一次全面研究部署学校语言文字工作的专门会议。会议提出，要争取在 21 世纪初 3—5 年内，使普通话基本成为各级各类学校的教学语言和城镇学校的校园语言，教师和学生基本达到规定的普通话等级。各级各类学校的教科书用字(包括教学辅助材料、读物和教学音像制品)、教学用字和校园环境用字要符合国家颁布的规范标准和要求，杜绝不规范的计算机字库和用字不规范的软件产品进入教学领域。

三　几个要注意的问题

（一）总的情况的基本估计

孙积农在《推广普通话的重要窗口》一文中对1998年3月两会期间中央电视台新闻联播中说普通话情况进行了分析。基本结论是：(1)普通话使用普遍，教师、学生、艺术家、学者使用情况好。(2)新一代国家领导人普遍使用普通话。领导干部职务由上往下，普遍水平也由高往低。六个省委书记说方言。(3)军人的普通话使用状况不容乐观。(4)北方方言区普通话使用比例偏低，河南、山东、四川说方言的人较多。（见《语言文字应用》1998年第3期）近年来由于普通话水平测试的推行，全国普通话普及工作有了新的进展。但全国普通话的使用情况还不清楚。"中国语言文字使用情况调查"课题对这方面进行了调查，希望其结果能够对下一步的工作有新的推动。

（二）要处理好民族语言、汉语方言和普通话的关系

要把推广普通话的政策同民族语文的政策区别开来，不应宣传"推广普通话统一祖国语言"这个口号。同样，在一些多民族居住的省份，提出"用普通话统一全省语言"，也是不恰当的。

也不要因为出于好心，把推广普通话的好处说过了头，反而使宣传缺乏科学性，缺乏说服力。从周围发生的生动事例来启发群众学习普通话的自觉性当然是必要的，但是，同时还需要宣传更重大更长远的意义。例如有人说学了普通话不会有同音字了、普通话音调少、学了普通话不会骂人了，还有一些"鞋子、孩子"之类老掉牙的笑料。还有"三明市是一座没有方言的城市"一类的报道，不符合事实，也不符合语言生活主体化和多样化结合的要求。推广普通话不

是禁绝和消灭方言。我们要消除的是方言在语言交际中的隔阂，而不是消灭方言本身；方言有一定的交际价值；方言是普通话的重要营养；应该主张语言生活主体化和多样化相结合。

过渡语应该是过渡，应该经常在变动，比较快地向目的语——普通话靠拢。如果长期稳定下来就不怎么好了。一是它非常可能成为新方言。二是会“地方普通话”的人再学比较标准的普通话的劲头可能不怎么大了。基本上普及了普通话的地方应该不背先进包袱，使那里的普通话水平普遍再提高一步。现在方言区不少人不直接学习普通话，而学习周围城市尤其是大城市的方言。要以大城市作为推广普通话的重点。否则，方言区的人学习普通话要走漫长曲折的路。

有一部分词语现在可能还没有进入普通话，但是同普通话很靠近，有初级或者中级文化或者略懂得一些方言的人都能懂，而又有地方色彩。有一部分词语可能已经进入普通话了，但是还有许多地方味儿。这两部分词语，可以叫做“方言色彩词语”。对于文学作品使用这些词语，限制不宜过严。

（三）还是要从学校抓起

很多中学推广普通话比较薄弱。事实证明，不能怪小学。中学“回生”现象最严重。很多中学的老师不使用普通话教学。教普通话也不太得法，有的还不怎么重视推广普通话。小学、中学、高校各个环节，都可以改变长期普遍存在的“学生越大普通话越差”的所谓规律，但是高校的责任更大，可以为改变这个所谓规律发挥更大的作用。高校现代汉语课还要加强语言文字工作方针政策的教育和宣传。

（四）要重视普通话能力的培养

普通话能力包括口语和书面语，包括听说读写，包括修辞文化，包括不同情况下的语言转换能力。学习普通话回生的人往往是没有过关。过关的一个标志大概是：更加习惯于用普通话来进行口头表达和思维。因此，要加强普通话的口语训练和思维训练。重视培养学生口头表达能力，其意义还不仅仅是有利于推广普通话，还有利于培养人才。普通话能力是普通话交际中的能力，普通话水平测试应该逐步在应试者的实际语言交际中进行。

思考和练习

1. 从普通话的标准和地位两个方面说明什么是普通话。

2. 我国宪法关于推广普通话是怎么说的？

3. 现在推广普通话的方针是哪十二个字？

4. 为什么说推广普通话不是要消灭方言？

5. 为什么对普通话水平测试的应试人员没有一概提出一甲或三乙的要求？

6. 国家规定的“推广普通话宣传周”是什么时间？第一个“推广普通话宣传周”活动是哪一年举办的？

7. 到21世纪中叶之前推广普通话要实现哪两个阶段的目标？

第二节　现代汉语规范化

一　新中国成立后的现代汉语规范

大体上可以分为五个阶段。

(一)第一阶段(1949—1955)

这是宣传、准备和积极学习阶段。新中国成立之初,迫切需要在世界上树立自尊自重的形象,其中一个方面就是语言方面,既要努力学习外国有用的东西,又要发扬我国语言的光辉传统。同时党和政府迫切需要认真做好宣传工作,提高广大干部的思想和文化水平,人民群众也迫切需要学习文化、领会党和政府的各项指示精神,发展经济,做好工作。很多人从语文水平很低要很快过渡到作报告、写文件,甚至于搞创作,语言使用混乱的情况很突出,需要及时纠正。党和政府把汉语规范化作为国家的语文政策,当作语文教育和语文建设的大事来抓,列入议事日程。1951 年 6 月 6 日《人民日报》发表了题为《正确使用祖国的语言,为语言的纯洁和健康而斗争!》的社论,指出:正确地运用语言来表现思想,在共产党所领导的各项工作中具有重大的政治意义。社论批评了书面语言中不注意词汇和语法规范的现象。

在发表社论的同时,为帮助纠正语言文字应用中的缺点,还在《人民日报》上连载了吕叔湘、朱德熙的《语法修辞讲话》。

1952 年 9 月以后,学术界又开展了民族共同语和标准语问题的研究和讨论。这些研究和讨论对后来召开的全国文字改革会议和现代汉语规范问题学术会议明确普通话的定义起到了积极的作用。

(二)第二阶段(1955—1966)

这是确立标准和大力推广阶段。这一阶段现代汉语规范化研究和具体工作都取得了丰硕的成果。

1955 年,我国进入了社会主义建设的新时期,现代汉语规范化问题进一步提到国家的议事日程中。该年 10 月 25 日召开的现代汉语规范问题学术会议讨论的主题就是:"……要根据语言发展的规律,采取必要的步骤使得这全民族的语言在语音、语法、词汇方面减少它的分歧,增加它的统一性。"(郭沫若《现代汉语规范问题学术会议开幕词》)这里表明,规范化应该遵守语言的发展规律,而"分歧"二字则表明,没有分歧的不是规范的对象。

《人民日报》10月26日的重要社论《为促进文字改革,推广普通话,实现汉语规范化而努力》,把相关的学术成果迅速推向全国。该社论的重要性在于:

1.体现了学术性。

社论把"全国文字改革会议"和"现代汉语规范问题学术会议"主要的学术成果概括进去了。

2.体现了政策性。

社论中下面的话至今都是相当精彩的:"语言的规范必须寄托在有形的东西上。这首先是一切作品,特别重要的是文学作品,因为语言的规范主要是通过作品传播开来的。作家们和翻译工作者们重视或不重视语言的规范,影响所及是难以估计的,我们不能不对他们提出特别严格的要求。电台广播员、电影和话剧演员,他们也都是语言规范的宣传家,每天有无数的观众和听众有意识地或无意识地在向他们学习。他们在普通话的推广上,过去已经有过很大的功劳,今后在全国范围内有计划地推广普通话的情况下,他们将起更大的作用,自然也就必须加强自己的语言的规范性。"说理,而且正面鼓励。社论还提出:"其次,要采取一些行政措施。"这是对的。应该反对的是瞎指挥,而正确的行政措施是很重要的。

3.体现了务实性。

社论原则性地提出了一些方面的任务,这不是一般的呼吁,是已经在做或者是会落实的。不久后的进展进一步说明了这一点。

这一阶段具体的工作主要有：

1.普通话的审音工作。1956 年 1 月中国科学院语言研究所成立了普通话审音委员会，于 1957 年到 1962 年分三次发表了《普通话异读词审音表初稿》，并于 1963 年辑录成《普通话异读词三次审音总表初稿》。《初稿》自公布以来，受到文教、出版、广播等部门广泛重视，对现代汉语的语音规范和普通话的推广起了积极作用。

2.现代汉语辞书的编纂。词典对于词汇规范的影响是非常大的，人们通常把词典看做词汇规范的标准。1950 年 8 月 1 日成立了新华辞书社，开始由专家学者和语文工作者着手编写《新华字典》。1953 年和 1957 年由人民教育出版社、商务印书馆出版。《新华字典》在字形和读音方面做了细致的工作，使读者在正字和正音方面得到很大帮助；还在解释词义的用法方面下了功夫，使读者能从语句中辨析词义，了解词在句子中的功用。《新华字典》是新中国成立后由国家出版社出版的第一部语文性新编字典。是为初、中等文化程度读者使用的小型语文工具书，流行广，影响大。

1956 年 2 月 6 日，国务院发布《关于推广普通话的指示》，责成中国科学院语言研究所在 1958 年编好以确定词汇规范为目的的中型的现代汉语词典。根据这一指示，语言所词典编辑室开始着手收集资料和编写。1960 年印出“试印本”征求意见，1965 年又印出经过修改的“试用本”送审稿。直到 1973 年出版了内部试用本，1978 年出版了修订本。《现代汉语词典》是第一部以推广普通话、促进汉语规范化为宗旨的现代汉语中型词典，对字形、词形、注音、释义、用法和举例都要求准确和科学，做到规范化、标准化。这对推广普通话、促进汉语规范化无疑起到了积极作用，其学术价值和实用价值受到国内外专家和读者的公认，成绩是卓著的。

3.汉字的整理和简化。1955年12月文化部和中国文字改革委员会联合公布了《第一批异体字整理表》，1956年1月28日国务院全体会议第23次会议通过了《汉字简化方案》及关于公布《汉字简化方案》的决议，1965年1月文化部和中国文字改革委员会联合发布了《印刷通用汉字字形表》。特别是《汉字简化方案》的公布，是对千百年来流行在民间的俗体字、减笔字、手头字的规范，是对清末以来汉字简化工作的总结，是新中国文字改革工作的重大成果。此后印刷出版物、正式文件、布告、通告等公众传播媒介用字，已不再使用已废除的异体字，普遍采用了国务院公布的简化字，统一了计量单位，采用了标准印刷字形。人民群众对文字的规范化工作有了认识，尤其在识字教学中加强了文字规范化的教育。汉字的规范工作取得了很大的成绩。

此外，汉语语法修辞问题也受到重视。在毛泽东同志倡导下，国内曾掀起学习语法修辞和逻辑的热潮，大大地推动了现代汉语语法规范化的工作。标点符号的使用、汉字书写和印刷的横排等问题都得到了重视和规范。

前一阶段潜伏的问题没有很好解决。现代汉语规范问题学术会议之后一个时期，工作有许多成绩，可是研究基本上没有在主题报告的基础上深入下去，具体工作有的还偏离了主题报告提出的正确的原则，有简单化倾向。报告本身也有一些不足。这个阶段的后期到了国民经济困难的时候，工作和研究都遇到许多困难。

(三)第三阶段(1966—1978)

从“文革”开始到《中国语文》复刊，是现代汉语规范工作惨遭破坏和缓慢前进的阶段。

这个阶段语文工作遭受很大破坏。语言运用中问题很严重，例如，高声调，语气生硬，常用贬义词、帮话、套话，不爱用尊称、敬称和谦词，有时还用肮脏凶狠的词语；句子不完整，词语搭配不当，或者习惯于说命令式的无主句。

但是，从文字使用来说，滥用繁体字的情况很少。局部的语文工作还在缓慢进行。这是因为：(1)这之前十多年的语文工作有了扎实的群众基础，而且培养了一批能顽强工作的干部。(2)任何社会都需要最基本的交际，最愚蠢的人也要保留这一些。(3)语言的变化有个惯性，对语言发展的推动或者破坏，立竿见影的情况并不多。但这一阶段的负效应对后来的影响是很大的。

(四)第四阶段(1978—1986)

这是现代汉语规范化工作从徘徊、思考到恢复和发展的阶段。

《中国语文》复刊，组织语言学界批判"两个估计"，商讨语言学科发展规划，做了许多拨乱反正的工作。推广普通话出现了新的高潮。《现代汉语词典》的出版，析句法的讨论，《中学教学语法系统提要(试用)》的公布，还有别的许多成果，都显示了新的成绩。

但是现代汉语规范的理论准备不足，以前潜伏的问题陆续暴露出来。严修在《中国语文》1978年第1期上发表了《谈目前流行的一种病句》，引发了一系列的批评，而批评提出的规范的根据大体上是：古已有之，很多人用，名家用过，领袖用过。这个时候电影、话剧里演领袖人物的部分演员开始用方言。

1978年8月24日《人民日报》刊登读者来信《语言是活的东西》，说：语言"没有什么对不对，只有有没有"，"在社会上，切不可搞什么'语言规范化'"。这封信是对以前规范工作的否定，理所当然地受到许多反驳，并引起了规范问题的进一步讨论。这封信有些走极端，但是也暴露了我们语言规范化工作本身的一些问题：常常给人一种感觉，规范就是规则，就是划一，就是不要风格色彩，就是不要发展。在这个过程中一些人在努力消除这些误解，而又有不少人实际上在给人增加这些误解。许多语言规范工作者对“语言是活的”认识并不很够。

(五)第五阶段(1986—　)

从 1986 年到现在是从调整到理论收获的阶段。

1986 年 1 月召开的全国语言文字工作会议，标志着我国的语言文字工作进入了新时期。这以后做了大量的现代汉语规范工作。会议把大力推广和积极普及普通话放在当前语言文字工作的首位，拟定了到 20 世纪末要按照普及普通话的三级要求，在全国范围内使普通话成为教学用语、工作用语、宣传用语和公共场合的交际用语的工作目标。国家语委责成有关部门拟制普通话分级测试的各种标准。还要求各地语委机构根据各地区经济文化发展的需要和已有的工作基础，对不同行业和不同年龄的人提出不同要求。如加强开放旅游城市的推广普通话工作，对广播、电影、电视正确使用语言文字作了若干规定，做好中等师范学校和高等师范院校推广普通话的工作等。

在汉字使用方面，针对社会上滥用繁体字、乱造简化字、随便写错别字等混乱现象，国务院责成国家语言文字工作委员会会同有关部门研究制订各方面用字管理办法，逐步消除社会用字的混乱。此间，《人民日报》《光明日报》等主要大报都重新刊登了《简化字总表》，还发表了有关促进汉字规范化、消除社会用字混乱的社论。国家语委和有关部门还联合发布了《关于地名用字的若干规定》《关于企业、商店的牌匾、商品包装、广告等正确使用汉字和汉语拼音的若干规定》等。为了适应语文教学、编制字词典以及汉字机器处理和信息处理的需要,国家语委还拟订发布了《现代汉语常用字表》和《现代汉语通用字表》。

《汉语拼音方案》得到了进一步完善,《汉语拼音正词法基本规则》的有效性实验通过鉴定,完成修订并发布实施,使得文教、出版、信息处理、对外交流、民政管理等方面用《汉语拼音方案》拼写现代汉语有了统一的规范。

但是,很多人对社会语言规范的情况不很满意,呼吁加强工作。一些学者从实际效果考虑,进行反思,寻找新的出路。由于现实语言生活的变化,由于语言学科的发展,由于人们许多观念的更新,这一阶段一些学者在现代汉语规范的学术探索方面取得大面积的收获。

二 现代汉语规范化问题的若干重要见解

近二十年来,学者们关于现代汉语规范化,在学术上提出了许多重要的新见解。这些见解有的在前面讨论理论问题时已经有所涉及,这里再就其中的一些相关见解集中作些说明。

(一)交际值是衡量规范的原则

交际到位的程度叫交际值,也可以叫交际度。语言是用来交际的,规范是为了交际得好。因此交际值应该是衡量规范的唯一标准。

(二)规范主要是引导,规范也是服务

语言是为语言使用者服务的,规范也是为语言使用者服务的。"规范就是服务"体现在认识上,是认识到为人们的交际、思维、认知服务是规范工作的立足点和目标。这也是语言观的一部分。为了有效的服务，要经常调整语言观。千万不能本末倒置，为了要合乎某种所谓的“规范”而妨碍语言的发展，妨碍人们的交际、思维和认知。体现在人际关系上，是规范者真正深入人民大众，深入人民大众的语言生活，先做人民大众的学生，然后一边继续做学生一边做先生。要为不同层次的人们服务，要为人们长期的、短期的、简单的、复杂的多种需要服务。要尽可能地为最大多数的人服务。体现在工作作风上，是虚心、耐心、谨慎。千万不要动不动就批判一些规范的甚至是很好的语言现象。

很多语言观和规范的见解、措施，都要用“规范就是服务”来衡量。例如有人说“幽他一默”是不规范的，理由是“幽默”是外来的音译词，中间不能加东西，由此认为“鞠个躬”也是不规范的，因为“鞠躬”是并列式的，古代中间不能加东西。那么，第一，“鞠个躬”是否给人民大众的交际、思维、认知带来了什么不方便呢？第二，应该怎么说才规范或者更好一些呢？语言说到底是人们交际等的工具，规范是为了便于人们交际。如果中等文化程度的群体这样用，交际得挺好，你很难用别的说法取代它，取代了还不如它，它已经比较好地在为人们的交际服务了，这不就是规范的吗？还要怎样来“规范”呢？譬如都改说成“鞠躬一个”，语言不会屈从的。到头来都改说的人还得服从语言的。科学的规范不应该给交际等带来麻烦。有人说“鞠个躬”不规范是因为汉语里没有这个格式；有人说合乎规范，因为汉语里有这种格式。语言的发展变化，最根本的是为人们的交际等服务，在服务中按自身的内部规律进行调整。事先有没有某种格式并不是大的内部规律，例如“我是学生”的“是”字句并不是很古就有的，“这本书的出版”这样的欧化格式更是后起的。大的内部规律恐怕是允许在一定条件下显现某些格式。

不要把规范同人在某种认识下定的规则等同起来，“突破规范、超规范、反规范”的提法是很不妥的。

(三)发现和推荐新的好的语言现象更重要

这也是及时积极地规范。语言时刻在显现新的好的语言现象，这是语言生命力所在和调节功能所在的重要方面。长期以来，由于片面受语言是共时的、静态的语言观的影响，对新的好的语言现象没有予以重视，规范工作基本上是“匡谬正俗”，有一定的片面性。介绍、推荐新的好的，需要熟悉当前群众语言生活，需要熟悉过去的情况，大量获取资料，深入分析，说出子午卯酉，这需要很高的水平。这就给规范者提出了很高的要求，提出了树立规范者良好形象的重要途径。更重要的是，介绍、推荐新的好的，带有一定的预测的成分，比较多的要受到此后的事实的检验，这对规范者是个严峻的检验。

(四)语言中有大量的中介状态

20 世纪 80 年代初期，吕叔湘在《“恢复疲劳”及其他》(《吕叔湘文集》第 5 卷 221—223 页，商务印书馆，1993)中提出：“我觉得关于这类‘成问题’的词语，要把通不通和好不好分开来谈。”实际上摈弃了大凡“非此即彼”的思想。后来陈建民在许多文章里说到语言的中介物。在语言学习中也存在这种中介状态。应该区分学习语言的过渡状态和语病。关于这个问题的详细讨论请参阅本书第三章第三节。

(五) 规范应该区分层次性

不同情况的人学习、使用语言的轨迹，形成了语言学习、使用的稳态、动态的层次。这两个变量密切相关、互相交叉，形成了更复杂的动、稳结合的语言的层次性。谁学习语言都经过了从词到简单句到复句,复句还分层次。会比喻比较容易,会双关的层次就比较高。学写作文,一开始是写应用文,写小说总在后面一些。语文教师的语言要比较规范,乡下老太太不必如此要求。根据这个事实,语言规范就不能一刀切,要有层次性。

语言规范的层次性,包括语言使用者规范的情况和要求等的层次性。对语言规范意识比较强的、在语言规范方面起示范作用的,要求要高。例如,播音员、演员、教师。他们是语言规范的最直接最有力的推行者。他们的语言规范对社会各阶层都有影响。对他们,在语音、词汇、语法各方面要有全面的高层次的要求。社会经济、文化越发达,他们的语言规范的影响就越大。

层次性也表现在不同语体的语言有不同的规范要求。表达一个意思不一定只有一个词语。通常说有褒贬色彩、中性色彩,谐谑色彩,书面、口语色彩,文言色彩,方言色彩,科技色彩,时代色彩,随便的色彩等。其实,很多色彩不是单一的,渗透在许多色彩里的还有新颖色彩。因为有了新颖色彩,色彩系统才成为动态的。新的语言现象不断出现的一个重要原因,是寻求新的色彩、寻求新的风格。不能脱离具体使用情况谈是否规范。

(六)前瞻跟踪观是重要的规范观

很长时间比较有影响的规范的原则是追认观。所谓追认观是指这样一种看法:一种语言现象用的时间长了、用的人多了,就可以说是规范的;反之,没有用开的,就不认为是规范的。追认观忽视了以下几点。

首先,任何新的好的语言现象刚出现的时候总是用的时间短,用的人少。不可想象,一个好的新的语言现象出现的时候,是一群人约好了同一时刻开始使用。追认观的原则妨碍了新的好的语言现象的出现。初显的语言现象使用的时候要注意让人好懂，但是初显不等于不规范。像“大甩卖、呼啦圈、一刀切、乡、当铺、小姐”等都有过时间或长或短隐藏的历史。

其次，语言有相对稳定的部分，用的时间比较长，用的人比较多。语言还有相对活跃的部分，例如新词新语、临时修辞用法、广告用语。这密切相关的两部分组成了语言。任何相对稳定的部分都是从相对活跃的部分来的。没有相对活跃的部分不是完整的语言，也切断了相对稳定部分的来源。新颖是语言色彩系统里不可缺少的一部分。起初新颖的，后来逐渐稳定了，不新颖了，又要有别的新颖的色彩出现。“打假、脱贫、扫盲、肃贪、反腐败、扫黄、特困户、脑体倒挂、野蛮装卸、车匪路霸、危房、法盲、宰人、劫机、流失生、大锅饭、胡子工程、文山会海”这一类用语，人们或许并不希望用的时间长，用的人多，而是希望它们跟“布票、粮票”一样赶快隐藏起来，它们中间有的或许就是寿命很短的短命词语。而这些词语也是规范的。如果认为不规范而不许使用，肯定要影响一个时期的交际。

第三，许多不规范的语言现象的寿命很长，用的人不少。有的是一个特殊的情况下劈头盖脑地使用，已经内化为语言的一种模式了，改起来费时费力。有的是学习过程中很多人往往会出现这样的用法。有的是许多人原来的方言，拿普通话翘舌音平舌音分不清的说汉语的人来说，人数或许不比分得清的人少多少。打开一般的改病句的书看看，大多是多发病、常见病。这些错误是无法追认为规范的。

第四，追认观会使规范工作滞后于人民群众实际的语言生活。

难怪曾经有人批评“信用卡”一类不少新词语在现有的词典里查不到,“当铺”一类词典里注的还是旧社会剥削人云云。

因此,规范应该具有前瞻性,应该对语言现象进行跟踪,尽可能地站在实际语言生活的前沿,根据社会的变化等因素引起人们交际、思维、认知的变化,从而将引起语言按照内部规律变化等先兆,把语言规范的许多工作做在前面。

思考和练习

1.为什么说语言文字不搞纯而又纯?

2.衡量语言规范的标准是什么?

3.为什么说发现和推荐新的好的语言现象比“匡谬正俗”更重要?

4.追认观有哪些不妥?

第三节　中国的语言教学

中国的语言教学具有很丰富的内涵,大体上可以分为汉语教学、双语教学和外语教学几大类。汉语教学则又可细分为语文教学、对外汉语教学、对少数民族汉语教学三大部分。本节主要讨论汉语教学。

一　语文教学

(一)语文教学的涵义

语文教学在这里主要指我国的中小学语文教学。“语文”这个词含义比较模糊,就字面而论可以有几种解释:(1)语言和文字;

(2)语言和文学;(3)语言和文化;(4)语言和文章;(5)口语和书面语。目前人们倾向于把这几个方面结合起来。我们这里谈的是广义的语言。语言教学实际上是一种语言教育。中国人历来重视语言教育。只不过不同时代提出的方式有所不同。中国现代的语言教育,经过一代又一代人的努力,无论在理论上还是实践上都取得了很大的成就。但是,人们对眼下的语言教育并不满意,还有不少问题需要研究。语言教育是一个复杂的过程,人们通过这个过程,获得以这种或那种方式使用所学语言的能力,同时也获得关于这种语言的知识。在这个过程中,语言既是工具,又是一个获得的目标。同时,从受教育者的角度来看,语言教育既是一种素质教育,又是一种技能教育。

语言是一种非常复杂特殊的社会现象。语言的复杂性在很大程度上决定了语言教育的复杂性。从语言教育的角度看,有必要强调语言的以下几个属性。

1.语言和社会的相互依存性

语言和社会的相互依存性决定了语言是动态的,从而也就决定了语言教育的时代性,决定了语言教育的不间断性即持久性;同时它也决定了语言教育必须立足于满足社会需求的性质。

2.语言的自然获得性和依赖学习性

语言的自然获得性决定了语言教育的阶段性,而语言的依赖学习性决定了语言教育的必要性。前者要求语言教育应该在一个适当的阶段完成其基本任务,而后者则因为语言教育不间断性的理由——即语言教育并不因为原来阶段的结束而可以停止——而必须终身学习语言。

3.语言的系统性、规则性和非系统、非规则性语言的系统性决定了语言单位、规则的有限性和语言作品的无限性，因此而且必须也就决定了语言教育可以而且必须通过科学的方法来进行；语言的非规则、非系统性决定了语言教育中应该正视规则操练的单一性所带来的负面效果。另一方面，语言的系统性、规则性有助于人们通过语言教育获得判定语言形式的合法性的能力；而语言的非系统、非规则性则有助于人们明白在语言教育中要尊重活的语言事实。

4.语言的工具性和交际性

语言的工具性决定了语言教育是一种技能教育，而语言的交际性则又决定了语言教育是一种素质教育。语言是交际的工具，这是语言的交际性赖以存在的根本，它决定了语言教育的根本目的是提高人的语言交际能力。语言交际又是一个非常复杂的过程，因此任何想通过单一途径达到语言教育的最终目标即提高语言交际能力的做法都是不现实的。

5.语言的规约性和可塑性

语言能指和所指的约定性决定了语言教育中规范教育的必要；语言的可塑性表明人是可以影响语言的，它决定了通过语言教育改变语言习惯和语码的可能性。

除了语言自身属性的影响以外，语言教育还会受到诸如社会政治、经济和文化等方面的影响，有时候这种影响是巨大的。例如，社会成员的层次性就决定了语言教育的层次性。另一方面，社会政治、经济或文化地位影响到一种语言的地位，而语言的市场价值又决定了语言教育具有功利性，这使得必定有某种语言会成为语言教育中所追逐的目标，语言教育中受教育者的语言态度也会因此而改变，这一点则将直接影响语言教育的效果。

语言教学包括语言知识教学和语言使用教学等内容。在语言教学中,课堂教学法和教学模式的探讨一直延续至今,也在教学的各个方面取得了一定的成果。

(二)我国传统的中学语文课堂教学结构研究概况

从先秦到晚清,语文在学校里并不是一门独立的学科,而是与经学、史学、哲学、伦理学等结合在一起讲授的。直到1898年的维新变法之后,清政府被迫废科举,中小学堂实行分科教学,语文才成为一门独立学科。至于采用班级授课制,则始于1902年清政府在北京开办的同文馆,到1903年颁布了《钦定学堂章程》,才逐渐成为全国学校教学的组织形式。因此,严格地说,我国古代没有什么纯粹的语文课堂教学,当然也就谈不上对语文课堂教学结构的深入研究。只是到了清末废科举、兴学校,语文在学校成为一门独立学科后,才有语文课堂教学及对语文课堂教学结构的考察和研究。

到了20世纪20年代,我国语文教育界的老前辈已对语文课堂教学作了诸多有益的探讨和总结,先后出版了许多专著,论及语文课堂教学结构。如20世纪20年代初,语言学家、语文教育家黎锦熙编著的《国文教学法》,提出了"三段六步"的语文课堂教学结构主张,即理解(含预习与准备两步)—练习(含比较与应用两步)—发展(含创造与活用两步)。20世纪20年代中期,作家、语文教育家朱自清设计了语文课堂教学结构的"四步"式:第一步——由学生报告预习结果;第二步——让学生详细复述各段及全篇大意;第三步——师生共同讨论课文的情思与文笔(即内容与形式);第四步——口问与笔试(即检测效果)。20世纪40年代,语文教育家蒋伯潜编著的《中学国文教学法》,也提出了语文"四步”教式，把语文课堂教学结构分为四个步骤：预备与检查—试讲与范讲—试读与范读—讨论。新中国成立后，从20世纪50年代开始，苏联教育家凯洛夫的《教育学》在我国广泛传播，“五个环节”的课堂教学结构几乎主宰了我国中小学的各科教学，也成了语文课堂教学的一种基本结构模式。他们所设计的各种结构模式，给我们留下许多可资借鉴和吸收的成果。例如：注意妥善安排课堂教学进展的各个环节，使之紧密连接问题；重视新旧知识联系和学以致用问题；鼓励学生积极主动地预习、质疑、发表、活用、创造问题；对学生读、写、听、说的语文能力全面训练问题等，都在上举的结构模式中得到不同程度的体现。这些对我们进一步探索科学的语文课堂教学结构，无疑是十分有益的。

（三）新时期中学语文课堂教学结构的改革

近十多年在对传统语文教学进行深刻反思和不断进行新的探索的过程中，一些新的课堂教学结构正在逐渐形成和不断完善，并已显示出其卓著的效应。在全国影响较大、较有代表性的四种结构模式有以下几种。

1.钱梦龙的“三主”“四式”语文导读法

“三主”是指以学生为主体，以教师为主导，以训练为主线。“三主”作为组织语文教学过程的指导思想，并根据这一指导思想设计了四种基本课式，即“四式”（“式”，指“样式”“课型”）：自读、教读、作业、复读。

2.上海市育才中学的“八字四步教法”

“八字四步”即：读读、议议、讲讲、练练，分四步进行。四步中“读读”是基础，学生通过“读”，了解教材，发现问题。“议议”是关键，学生通过“议”，进一步理解、掌握教材，培养分析问题和解决问题的能力。“练练”是应用，学生通过“练”，达到运用、巩固新知识，培养能力，发展智力的目的。“讲讲”虽然排在第三步，实际上是贯穿整个课堂教学的始终。教师要向学生提出有关读的要求，提示读的方法，随时发问，了解读的思维状态、疑难问题，引导学生展开议论，在学生议论过程中，要进行点拨、解惑、总结，在议论之后，还要指导学生练习、讲评练习的情况。——这些都需要教师精要地“讲”。育才中学为了达到培养学生自读能力、又减轻学生负担的目的，“八字四步”均安排在课堂内完成，不许布置课外作业，同时在课堂上形成了较固定的四步程式，即：学生自读—学生互议—师生互讲—学生练习。

3.黎世法的“六课型单元教法”

黎世法对中学生的学习方法作了广泛的调查、筛选，从最优学习方法的八个环节（即：制订计划、课前自学、专心上课、及时复习、独立作业、解决疑难、系统小结、课外学习）中选取六个主体环节，将之改为相应的六种基本课型：自学—启发—复习—作业—改错—小结。这六种课型前后关联，目的是使学生在教师的指导下，更主动更有效地自学，在自学中培养能力。

4.魏书生的“课堂教学六步法”

六步是：定向、自学、讨论、答疑、自测、自结。“课堂教学六步法”作为开展课堂教学活动的相对稳定的步骤和方式，包括三个阶段。定向是第一步，是“六步法”的第一阶段，即建立、控制信息接受范围的阶段。自学是第二步，即由教师或师生共同确定本节课的学习目的要求、重点和难点，让学生明确学习目标，攻关有数，解决学生不知学什么的困惑。第三步讨论。第四步答疑。这二至四步，是“六步法”的第二阶段，从教师的角度说，是传递信息、发挥主导作用的主要阶段，从学生角度看，是主动接受信息和处理信息阶段。第五步自测。第六步自结。这两步构成“六步法”的第三阶段，即信息的反馈阶段，主要是对一、二阶段实施的结果进行总结、评价，从而形成学生的经验和能力。

上面所介绍的几种新的课堂教学结构虽具有不同的模式，其施教对象和设计者所依据的理论基础也不尽相同，但用现代教学理论加以考察，它们又具有一些显著的共同特点。主要表现在：教学指导思想发生了根本性的转变，不仅重视传授知识，而且重视培养学生的能力，开发其智力。在处理教与学的复杂双边关系时，着眼于课堂教学结构的整体，注意妥善处理教学全过程中师生之间相互促进、辩证统一的关系。在信息传递方式上，新课堂教学结构突破了师生之间纵向交流局限，发展了学生之间的横向交流，建立起纵横交错的网络结构。

(四)中学语文教学的模式

在长期的教学实践中，人们探索了不少中学语文教学的模式。

一是问题教学模式。这种教学模式，是对长期以来我国传统的语文教学传递—接受模式的一种大胆的改革，它把训练能力，开发智力提到了重要位置。这种模式的最大特点是从教学要求出发，敢于对教材进行取舍和重新组合，精简教学过程和环节，适度增加教学容量；这种教学模式优越性体现在提高学生的思维强度，培养学生良好的思维习惯，把发展智能提高到重要位置上。

二是“大语文教育”教学模式。这种教学模式可以用四句话加以概括：(1)联系社会生活；(2)着眼整体教育；(3)坚持完整结构；(4)重视训练效率。这种教学模式的特点，首先是充分体现了改革的整体性。它不囿于教学方法的改革，而对旧的语文教学思想、教学内容、考查考试方法等诸多方面都作了大胆的改革。“大语文教育”的构想、设计、训练、要求也都体现了整体性。其次“一体两翼”的教学结构，别具特色，为探讨课堂结构的优化提供了经验。再次，整个教学模式重在训练。这种教学模式的长处在于它开阔了语文教师教学改革的视野，开拓了学生学习语文的新天地。这种“大语文教育”的探索，对于学生创造性思维能力和自学能力、自学习惯的培养与形成具有重要的指导意义。

三是整体改革教学模式。这种教学模式从培养开拓型人才这一目标出发，制定了从教材、教法、考试和课外活动四方面进行改革的方案，并付诸教学实践。首先是改革教材，除现有“文选式”教材外，自行编写如《听说读写知识》《初中语文自学词典》和《课外阅读文选》，三种辅助教材配合使用。其次是改革教法。第一，进行“比较式单元教学”；第二，“放开学生手脚”，发展求异思维；第三，传授学习方法，“教会学生学习语文”。这种教学模式具有以下特点：它不是局部改革的产物，而是面向未来全面改革语文教学的有益探索；这种教学模式具有鲜明的创造性；在系统论指导下优化语文训练过程，实现了语文教学高效率；努力减轻学生负担，变苦学为乐学。另外，它在面向未来，培养学生的自学能力与习惯，尤其是重视创造思维能力，进而培养跨世纪的创造型人才方面也为我们总结了一套科学的、成功的方法。

四是情感陶冶教学模式。这种教学模式具备如下突出特点：即教学具有鲜明的时代性和高超的艺术性。这种教学模式的长处在于教学巧妙地和德育、美育有机结合，促进学生素质全面提高，和谐发展；还可以让教学刺激、调动学生无意注意的心理活动的潜能，使他们在思想高度集中、精神完全放松的情况下进行学习。

五是自学辅导教学模式。这种教学模式，在我国形成较早，并且具有广阔的市场。它是在研究学生自学基础上发展起来的，是我国教育工作者对传递—接受模式的一种改造。这种教学模式由于充分发挥了视觉分析器的作用，又较重视学生之间的相互帮助，因此它比单纯讲授—听讲单道输入信息的效果要好。从师生关系看，它突出了学生的“学”，通过教师的“导”为主线，以自学能力的培养为主要目标，实现以“讲”为主向以“导”为主的转变。这种教学模式的长处在于它越来越强调学生在教学中的主体地位，注重学生参与教学过程的能动性、主动性，有助于学生自我意识的形成、自学能力和自学习惯的培养，有助于提高学生的素质。

（五）中学语文教学中的语言教学

语言教学是中学语文教学的一个重要环节，是中学语文教学的核心。语言教学贯穿于听说读写教学，语言水平决定语文水平；母语是青少年生存、发展的交际工具，是身心发展的思维工具；语言负载民族传统文化，是青少年文化素质的重要组成部分。所以从1963年以来，中学语文教学大纲中在教学目的里首先规定“指导学生正确理解和应用祖国的语言文字”，确立语言教学在中学语文教学中的核心地位。根据现行的中学语文教学大纲和中学语文教学实际，中学语文教学的目的规定为：学习语言的基础知识，培养理解和运用语言的基本能力，养成实用语感；培养听说读写的语言能力，能够理解一般文章的语言和口语的准确性、生动性、严密性，能够理解语句在语境中的字面意义和隐含意义，能够鉴赏文学语言的生动和优美；具有写作和说话的规范、简明、连贯、得体的语言能力；养成学习、运用语言文字的良好习惯，具有一定的语言文化素养，热爱祖国的语言文字。

在以往的教学中，主要是分解式语言教学体系，它只规定了语言学各分支的分解知识，如语法知识有词类、短语、单句成分分析、复句逻辑关系分析等，构建出分解式的教学体系。这显然是不够的。有必要探讨一些新的思路，例如，以培养学生语言运用能力和达到不同等级水平为出发点和目的，融合相关的语言运用知识、能力，构建一个综合式的语言运用的教学体系。可以把中学生运用语言水平分为三等。初等水平：准确、规范；中等水平：简明、通畅；高等水平：得体、优美。初中达到初等水平和中等水平，高中达到中等水平和高等水平。三级水平分别配置相应的知识、能力，初、高中有交叉，又各有重点。

总的来说，如何解决中学语言教学问题还有许多工作要做。目前在这个问题上有不少争议。现有的争论中有两种观点似乎都不足取：一种过分强调语言知识在语言教育中的作用，而另一种则完全忽视语言知识在语言教育中的作用。认同者主张在语言教育中加强知识教学，反对者则主张淡化知识的教学。我们认为，在语言教育中进行语言知识教学是必要的。问题是目的和尺度。在我们看来，语言知识教育是要使有关人员对所学的语言有比较系统的了解，但不能夸大语言知识对语言应用能力的提高作用。

（六）小学的语文教学

小学语文教学的重点是识字教学。这是因为，对于以汉语为母语的人来说，识字是他掌握文化、开发智力的第一步，也是他一生中学习其他本领的基础。汉字难认难学，往往需要占去一个人吸取知识、掌握技能最佳时期过多的时间。因此研究汉字教学，就是要解决如何缩短儿童识字时间、如何使儿童打牢识字基础的问题。识字教学的水平和效率提高了，对于提高儿童的综合素质、为其一生打下牢固的基础具有很大的作用。

旧式私塾被洋式学堂取代后，小学语文课本基本上是按“以文带字”的原则编排的。所谓“以文带字”是指课本以文章为本，为纲；儿童所需掌握的字，分布在各篇课文中。“以文带字”是对我国传统的集中识字法的扬弃，是“文以载道”说在识字教学中的移用。自 20 世纪 50 年代以来，我国许多的语文工作者及小学语文教师研究出不少新的识字法。这些识字法的共同特点是着眼于如何使儿童“识”字变得容易一些，其中主要有集中识字法和分散识字法。20 世纪 80 年代以来，我国语文教育学界在传统语文教学经验的基础上又创造了风格不一、各有特色的识字教学法，共有 21 种之多。其中“注音识字，提前读写”识字法是实验措施较系统、实验范围较广、研究较深、影响大、综合效果显著的识字法。

二 对外汉语教学

对外汉语教学是指将汉语作为第二语言来进行教学，其对象以国外来中国的留学生为主。我国早在两千多年前就有了对外汉语教学。东汉时期，就有一些国家向我国派遣留学生；唐代则是我国古代接受留学生的鼎盛时期。但是，我国教授外国人学习汉语的教学事业则是从 20 世纪 50 年代以后开始的。至于对外汉语教学作为一门专门学科，是在 20 世纪 70 年代末提出，随后得到认可和发展的。

（一）对外汉语教学的性质和特点

对外汉语教学既是一种第二语言教学，又是一种外语教学。作为一种第二语言教学，它有别于汉语作为本族语教学，而跟其他第二语言教学有一些共同的特点和共同的规律。作为一种语言教学，它有别于对我国少数民族的汉语教学，而跟其他外语教学有一些共同的特点和规律。然而，汉语本身的特点又决定了汉语作为第二语言教学也有别于其他第二语言教学和外语教学。

一般认为，对外汉语教学有三大特点：(1)有专门的学科理论，在教学重点的选择和教学内容的编排上，在听、说、读、写的关系处理上，强调从汉语的特点出发，不能照搬其他语言的做法；(2)有不同于其他文化科学知识教学的独特的教学法；(3)有它的科学性和艺术性，即理论与实践总是紧密地结合在一起的。

对外汉语教学的学科理论包括基础理论和教学理论两个方面。基础理论指语言学理论、语言学习理论、文化理论和一般教育理论；教学理论包括性质、研究的对象和内容、研究目的。对外汉语教学法分为教学原则、教学方法和教学技巧。

处理好对外汉语教学的理论研究与教学实践的关系非常重要。这主要指以下几个方面。一是指对各种理论加以综合、梳理，使其形成一个系统，用于指导教学实践。二是教学内容不是各种理论的阐述，而是包含有中国语文知识、中国文化、各种自然科学和人文知识的汉语知识体系，也就是说，汉语本身是作为教学的工具，而汉语学习的内容指对这一工具使用知识的学习，而不是学习汉语语言理论，各种理论不直接作为学习内容来教授给学生，这与专门的语言理论学习有根本的区别。三是教学理论与实践经验相结合，又要适应教学实践的需要。

(二)对外汉语教学的发展

半个多世纪以来，我国的对外汉语教学进行了各种探索和创新，无论是教学理论、教学法、教材建设、课程教学、语言测试，还是教学质量和水平都有了很大的发展和提高，逐步形成了我国的第二语言教学的一个重要分支。

1.对外汉语教学事业的发展

对外汉语教学事业的发展经历了四个发展阶段。

(1)初创阶段(20 世纪 50 年代初到 60 年代初)

这一阶段的主要特点是:从无到有,建立了专门的教学结构,形成了一支相对稳定的专职对外汉语教师队伍,并着手专门培养有一定外语水平的对外汉语师资,对驻华外交人员的汉语教学、刊授和函授汉语教学以及向国外派遣汉语教师等项工作也已开始。存在的问题是:教学机构还不够稳定,教学类型比较单一,而汉语预备教育教学规模相对来说还很小。

(2)巩固和发展阶段(20 世纪的 60 年代初期至中期)

这一阶段的一个标志是 1962 年成立了外国留学生高等预备学校,并于 1964 年改为北京语言学院(今北京语言大学),这使得我国的对外汉语教学走上了教育化的轨道,为对外汉语教学事业的发展奠定了基础。它自成立以来,在教学、科研、师资培养和对内对外的学术交流等方面一直发挥着基地、骨干和带头作用。此外,第一个专业刊物——《外国留学生基础汉语教学通讯》于此时创刊,中国国际广播电台还开办了“学中国话”和“汉语讲座”节目,其他教学形式也有所发展。这一时期,我国的对外汉语教学事业不但得到了巩固,而且出现了良好的发展势头。随着教学规模的扩大,很快形成了以北京语言大学为基地、教学点遍布全国的,以学校教育为主,同时开展多种教学的新体制。学校教育除了汉语预备教育外,又增设了汉语翻译专业。教师队伍不断壮大。专业刊物的创办为交流教学经验和学术信息提供了园地。但随着“文化大革命”的开始,对外汉语教学事业也受到了很大的冲击和影响。

(3)恢复阶段(20 世纪 70 年代初期到后期)

20 世纪 70 年代初,我国恢复了在联合国的合法席位,汉语也成为大会和安理会工作语文之一。随着国际间的交流扩大,对外汉语教学事业开始恢复并得到进一步发展。国内各高校逐步恢复招收留学生,并陆续成立了一些对外汉语教学机构。但这一时期"文化大革命"仍未结束,教学只能是维持上课而已,相应的科研工作无法展开。这一时期存在的突出问题是师资严重匮乏。

(4)蓬勃发展的阶段(20 世纪 70 年代末至今)

这一时期我国实施了改革开放政策,国外也出现了汉语热的局面,这使我国的对外汉语教学事业出现了蓬勃发展的新局面。从 1978 年起,我国对外汉语教学事业的面貌发生了重大变化,形成了以下一些新的特点。一是逐渐形成了以北京语言大学等院校为基地、教学点遍布全国并且各具特色的,以学校教育为主的多渠道、多层次、多种形式的教学体制,教学规模迅速扩大。二是通过派遣教师、提供教材、建立教学点等多种方式支持国外的汉语教学。三是把对外汉语教学作为一个专门的学科来建设。创办了专业刊物,成立了专业出版社和专门的研究机构。成立了专门的学术团体和学术机构,努力发展对内对外的学术交流。努力加强了教材建设,从 20 世纪 80 年代以来,筛选出 33 种教材向国内外推荐。加强了对外汉语教师的培养和培训工作,努力提高对外汉语教师的素质。四是成立了专门的领导机构,加强领导和协调。

2.对外汉语教学法的发展

教学法的发展也经历了四个阶段。

(1)初创阶段(20 世纪 50 年代初到 60 年代初)

这一时期的对外汉语教学停留在经验型的教学中。从总的教学指导思想来看，初创阶段的对外汉语教学具有明显的语言学倾向。所谓语言学倾向，就是在语言规律、语言学习规律和语言教学规律这三者当中，侧重于从语言规律出发。例如提出“必须建立以新的语言学为基础的教学方法来进行汉语教学”（周祖谟《教非汉族学生学习汉语的一些问题》，《中国语文》1953 年第 7 期）。这一指导思想必然要导致教学方法上的语言学倾向。尽管如此，当时在教学法上实际上还是注意到了对外族人的教学跟对本族人的教学的区别。正因为一方面有一定的语言学理论的指导，一方面又注意到了对外汉语教学的特点，所以这个阶段的对外汉语教学在教学理论和教学方法方面积累了丰富的经验，在许多方面为以后的发展打下了基础。

（2）改进阶段（20 世纪 60 年代初到 70 年代初）

这一时期主要的改进有：提出并贯彻实践性原则。将翻译教学法改为相对直接教学法。加强了教学的针对性，教学内容结合学生专业学习的需要。这一阶段的对外汉语教学在前一阶段的基础上向前迈进了一大步。但是在教学理论和方法上未能突破原来的框架。

（3）探索阶段（20 世纪 70 年代初到 80 年代初）

这一阶段逐步明确了学科理论研究的对象、范围、目标和方法，走向独立研究发展的道路。这一阶段教学指导思想的变化之一是对实践性原则的新的认识，提出了受交际观念支配的实践性。为了探索新的教学路子，北京语言大学在这一阶段结合多年的教学经验和学习国外的语言教学理论及方法，开展了一系列的教学试验。如在处理现代汉语书面语和口语教学的关系中，进行了加强语言技能训练和培养学生交际能力的试验。这些试验包括关于直接用汉字教语音和汉字教学提前的试验，关于分听说和读写两种课型进行教学的试验，关于改革精读课、加强听力和阅读教学的试验等。这些试验在探索新的教学路子方面在不同程度上发挥了积极的作用。但试验也存在着一些缺点，例如缺少理论论证，对结果总结不够，分析中直觉分析多，科学分析少等。

(4)改革阶段(20 世纪 80 年代初开始至今)

这一阶段我国的对外汉语教学出现了一派改革的新形势。改革的内容是多方面的，教学方法的改革最重要的有：引进功能教学法，探索结构与功能结合的新路子。进行汉语预备教育的综合改革。这项改革的主要作用和意义是，初步理顺了总体设计、教材编写、课堂教学和测试这四大环节之间的关系；为编写专项语言技能教材和进行专项语言技能训练提供了经验，推动了专项语言技能教材的发展；使教学质量有所提高，学生听读能力的提高更为明显；使人们加深了对语言教学的认识，进一步拓宽了思路，开阔了视野，从而推动了教学理论和教学方法的研究，推动了对外汉语教学由经验型向科学型的转变。开展了其他教学类型课程和教材的改革与建设。如短期汉语班的课程发展与教材建设；汉语进修班的课程发展和教材建设；现代汉语专业的课程发展和教材建设等。

综上所述，20 世纪 80 年代以来的改革在总结自己的经验和对各种语言教学法流派进行比较的基础上，逐渐形成了一种主要的教学法倾向或新的教学路子，即以培养学生的交际能力为基本目的，根据学生的特点和学习目的确定教学内容，贯彻结构、情景和功能相结合的教学原则，用不同的方法训练不同的语言技能。

展望未来，我国对外汉语教学研究事业将在以下几个方面进一步开展：一是国家对对外汉语教学事业的领导和管理将进一步加强。二是教学设施将进一步健全，办学规模将进一步扩大。三是学科建设将进一步完善，教学质量将进一步提高。四是国际交流与合作的渠道将更加广泛。

（三）对外汉语教学的理论研究

对外汉语教学理论的研究实际上从 20 世纪 50 年代就已开始。

在最初阶段开始就明确了对外国人和我国少数民族学生的汉语教学不同于对我国的汉族学生的语文教学，对成年人的教学不同于对儿童的教学，指出必须针对非汉族成年人学习汉语的特点进行教学，明确了对外国人和我国少数民族学生的汉语教学是培养他们实际运用汉语的能力，指出了结合对外国人进行汉语教学中加强汉语研究的必要性。在教学方法上的主张是：教学内容以词汇和语法为中心，系统地讲解语言知识并与学生的母语进行对比，以帮助学生在理解的基础上学习和掌握语言，从培养口语能力入手，逐步过渡到阅读和写作，采用的是综合法。

到了 20 世纪 70 年代，我国对外汉语教学界加快了教学理论和教学方法研究的步伐。主要特点是：侧重于研究解决教学中的具体问题，注意把理论研究、教学经验和总结实践经验结合起来，在论述具体教学问题时，较多地受到“听说法”及其理论基础——结构主义语言学和行为主义心理学的刺激反应论的影响。

20 世纪 80 年代以来，我国对外汉语教学理论研究增强了学科意识，目标更加明确，思路更加开阔，研究范围大大拓宽并且系统化，成果空前丰富。这一时期对外汉语教学理论的建立和发展深受国外第二语言教学理论的影响。语言习得理论、偏误分析和中介语、功能语法理论、语言测试理论等都对建构对外汉语教学理论的框架提供了理论支持。但是,作为外语和第二语言的语言教学,同作为母语或第一语言的语言教学,在原理上、规律上,既有密切关连的一面,又有明显区别的一面。对外汉语教学是一种外语或第二语言教学,它不能不受制于外语或第二语言教学的一般原理和普遍规律;同时,它又是一种汉语教学,必然同作为第一语言的汉语教学原理和规律有相通之处,与汉语结构的系统特点息息相关。因此,在积极探讨对外汉语教学的性质和特点的基础上,我国对外汉语教学界提出了学科建设的任务和总体设计理论等。

1.学科建设的研究

本时期对对外汉语教学的性质有了进一步认识。增强了学科建设意识,提出了包括理论研究、专业设置、师资建设、教学设计,以及基础设施建设等方面的宏观规划。对外汉语教学的师资建设是学科建设的一个重要内容,这一时期加深了对对外汉语教学师资的进一步认识,从理论水平、专业能力等方面提出了更高的要求。对外汉语教学学科建设的第三个方面是教学评估,对这个方面的研究也有涉及。

2.总体设计理论的研究

这一时期提出了总体设计理论,这是对外汉语教学研究进一步走向成熟的标志。总体理论的研究探讨了相关的基本问题,其中主要探讨了基础汉语教学的总体设计问题,加强了中高级阶段总体设计的研究,开展了对外汉语水平等级标准和等级大纲的研究,《对外汉语水平等级标准和等级大纲》的发表,标志着我国的对外汉语教学已走向规范化、系统化和科学化。

3.基础理论的研究

基础理论包括语言理论、语言学习理论和比较文化理论。在语言理论研究方面，针对语音教学、词汇教学、语法教学和句型教学的研究取得了大量的成果，而有关话语分析的研究、汉语和外语的文化对比研究和偏误分析研究等方面也取得了初步的成果。在语言学习理论的研究方面，这一时期开始重视对外汉语教学同上述相关学科的关系的研究，如：语言学同对外汉语教学关系的研究，加强了从对外汉语教学角度对汉语的研究，为汉语研究开辟了新的视角和领域。对外汉语教学与心理学关系的研究，从心理学的角度分析学生的心理特点，借以指导教学设计、教材编写和课堂教学。文化理论与对外汉语教学关系的研究，探讨了文化与语言教学的关系的基本理论问题，揭示了对外汉语教学中的文化因素，提出了一系列的文化分类模式，探讨了对外汉语教学中文化教学的基本原则，以及教材编写问题，提出了“结构—功能—文化”相结合的教学原则和以此为纲的教材编写思想。对外汉语教学中文化问题的研究，标明了对外汉语教学界语言观念的变革。对语言学习理论的研究，探讨了第一语言习得和第二语言习得的差异、儿童语言习得和成年人的外语习得的差异、语言习得中思维方式的转变等。

4.对教学法和课程教学的研究

教学法研究的成绩反映在两个方面。

第一，探讨了教学法规律，加强了对现有各种教学法的研究和对对外汉语教学法发展趋势的探讨。对各个教学环节和各项教学活动的研究全面展开，对教学法原则的研究进一步深化。提出了不少新的教学法理论，提出不同的方法训练不同的语言技能，引进了“交际性原则”的概念，还有如“结构、意义和功能观”“自觉综合法""知能教学法""建构主义教学论""语言文化教学论"和"结构、功能、文化教学论"等。这些教学法理论的探讨，反映了近十多年来人们对对外汉语教学规律的新认识，也反映了各种语言理论对语言教学理论的影响。

第二，具体教学方法的研究也有了较大的进展。一是加深了对课堂教学研究的认识，二是探讨了课堂教学的原则，三是总结了一些课堂教学的技巧，四是探讨了母语在课堂教学中的作用和使用策略。

课程教学的研究涉及口语、听力、阅读、写作、翻译、文选和报刊等课程。口语教学研究表明已从整体上加深了对口语课性质和特点认识，探讨了口语课的教学方法。听力课教学研究的成绩也较为显著，不仅有专题论文，而且有了专门探讨听力教学的专著，此外，还对听说课和"视听说"课教学也进行了探讨。阅读课教学的理论探讨也有了相应的层次性，涉及精读、泛读及快速阅读等；在阅读教学研究中吸收了现代语言学的某些研究成果，对阅读及其教学性质的认识进一步加深。写作课教学研究进一步深化。在翻译教学研究方面，一方面总结了翻译教学的经验，另一方面吸收了其他方面的研究成果，提出了具有指导意义的观点。翻译课以"外译汉"为主，以口语翻译为主，教学中贯彻"实践性原则"，通过汉外对比，结合基础知识的讲授，帮助学生提高汉语表达能力和语言对译能力。在课程教学上还注意了科技汉语教学研究和阶段教学研究，科技汉语教学研究讨论了科技汉语教学的体制问题、不同专业的科技汉语教学。阶段教学包括短期汉语教学研究、基础汉语教学研究、中高级汉语教学研究和辅助教学研究，特别是计算机辅助教学的研究为对外汉语教学开辟了广阔的领域。

5.汉语理论对对外汉语教学的影响

汉语理论教学一直是对外汉语教学中的一个重要组成部分，也是教学经验积累最丰富的一个方面。汉语理论的影响分别有这样一些方面。

一是语音教学研究。它包括语音教学的原则和方法研究、音素及声调教学研究、语音教学难点探讨、国别语音教学研究等。

二是词汇教学研究。词汇教学是对外汉语教学中的一个重要内容。词汇教学的目的、任务及其在对外汉语教学中的地位、教学原则、教学重点、难点、教学方法和各教学阶段的冲击性等，在这一时期都有所探讨。

三是语法教学研究。20 世纪 80 年代以来，对外汉语教学的基本原则主要是“结构—情景—功能”相结合。这在语法教学中也得到了体现。这个时期提出了一些新的语法教学观点，提出了通过对比进行汉语语法教学的思路，加强了对不同层次的语法教学的研究，总结了语法难点的教学经验。

由于汉语的特殊性，汉语教学中汉字教学研究也很重要。这个时期汉字教学研究包括探讨汉字的性质和任务，探讨汉字教学的原则，总结了汉字教学的方法，提出了“图标法”“析字法”“字素拼合法”“字素分析法”“形—义结合法”等方法，分析了学生在学习汉字中的错误。

总的来说，开展对外汉语教学以来，我国的对外汉语教学的理论研究取得了很大的成绩，形成了以语言教学理论为中心，语言学理论、教育学理论、心理学理论等为基础的一整套对外汉语教学的理论体系，使对外汉语教学真正成为一门科学，从而为我国的对外汉语教学事业的进一步发展奠定了坚实的理论基础。对外汉语教学的理论体系将随着对外汉语教学事业的发展而不断完善。

（四）对外汉语教学的教材建设

20 世纪 80 年代以来，教材建设进一步得到重视，教材编写的理论研究进一步加强，一系列有建设性的意见引起了广泛的注意。

1.教材宏观结构的设计

应当重视对外汉语教材的宏观结构设计，使其成为一个科学的体系，覆盖对外汉语教学的方方面面。诸如：考虑学习者不同的学习阶段，可编写初级汉语教材、中级汉语教材、高级汉语教材，这是一种通用教材，也有人叫综合课本或精读教材。从语言知识传授的角度，可编写汉语语音教材、汉语词汇教材、汉语语法教材、汉字教材等。从语言技能训练角度，可编写说话教材、听力教材、阅读教材、翻译教材等，也有人把这类教材作为主体教材的配套技能训练课本。以语言对比研究和跨文化研究为基础，可编写供不同国别、不同母语、不同文化背景、不同学习环境学生使用的具有针对性的教材。为学习各种专业需要而编写的用于特殊目的教学的汉语教材，如新闻报刊教材、外贸洽谈教材、商务往来教材、医用教材、中医古文教材、旅游汉语教材、外交人员汉语教材等。还有其他各种教材，如速成强化汉语教材、短期进修汉语教材、儿童汉语教材、个别教学汉语教材、汉语随意教材、带地域性的乡土汉语教材、汉语方言教材、广播电视汉语教材、远距离教学汉语教材（如汉语函授教材、外国人学历教育的系列教材、外向型汉语教材、有关对外汉语教学课程设置所需要的文化教材）。

在建构科学的对外汉语教材宏观体系时，还应注意这样几点：一是应该有对外汉语教学的经典教材或名牌教材，二是应有对外汉语教学界的名家编写的教材，三是要有几部不断重印、可供长期使用的对外汉语教材，四是要不断有新教材问世。

2.教材微观结构的安排

从对外汉语教学法路子的形成过程来看，20 世纪 80 年代以前，对外汉语教学所采用的方法主要是以句型训练为主的直接法。90 年代国外以培养学生交际能力为目标的功能教学法被引进对外汉语教学，因而出现了“结构—情景—功能”相结合的教学路子。80 年代末 90 年代初，随着“文化热”的兴起，又提出了“结构—功能—文化”相结合的教学法思想。有人主张把结构、功能、文化三者相结合作为对外汉语教材的基本编写原则，是否合适，有待于进一步研究。首先，除了有结构大纲（即对外汉语教学语法大纲）外，目前还没有成熟的功能大纲和文化大纲。其次，结构、功能、文化三者之间并非一对一的关系，而是呈现了多层次的交叉，并没有一个固定而量化的标准。

3.新编对外汉语教材应有新意

教材的新意可以概括为两个方面：总体创新与局部出新。

总体创新，要有不同于以往的新的编写思路，要有新的编写原则，全新的编写体例，无论在内容的编选上，技能训练的方式上，都应有自己的特色，应该在教材的编写理论和实践上探索出新的路子。具有针对性也是一种创新。

局部出新，是说一部教材在传统的编排项目中有某一项遵循客观规律，开拓编写思路，突出特色，表达一种新的趋向，开创了一种新的体例，给学习者以启迪，取得理想的效果。

关于课文的创新应该精选素材，反复斟酌，从不同的角度几经推敲。思想内容要适合外国人、成年人的口味，与学习者的文化品位相切合；要有中国当代社会生活的新信息，要有中国传统文化的深厚内涵，新鲜有趣，使学习者喜闻乐见，给学习者以发挥想象的余地，增加学习兴趣。语言应是典范的，自然流畅，力忌“教科书语言”，要准确、生动、实用。要有相当篇幅的背诵材料。在教材中应该较早地使用原文，尽可能多地使用原文。教材中的文化取向也可出新。教材的文化取向如能把握准确，有助于学习进程的加快，否则，会形成影响学习的心理障碍。

关于练习的编排如能达到如下要求，一本教材也会颇有新意。练习覆盖全部教学内容，练习拉开层次，有助于学习者由浅入深，循序渐进地掌握语言，提高交际能力。一般说来，应有理解性练习，机械性练习和活用性练习三部分。练习要兼顾到各项语言技能的训练，练习方式灵活多变，练习项目富有启发性，学习者可以以此类推，举一反三。练习的量足够大。

4.对外汉语教材的现代化

现代信息技术的新发展，为对外汉语教学及其教材的编写带来了新的希望。加强多媒体的研制，使新一代教材逐步向文字、音、像立体发展，这是今后的美好前景。这种教学依赖于多媒体汉语教材。多媒体信息量大，具有跨时空特点，可以变平面教学为多元立体化教学，因而也更符合语言学习的心理过程。这是毫无疑问的。

鉴于目前的发展水平，多媒体教材还处于试验阶段，现在还不宜大量研制，原因有二：制作多媒体教材投资过大，一般不易承受；多媒体教材的大量制作及销售市场的形成有赖于课堂教学电脑的普及，目前条件还不成熟。但是，多媒体对外汉语教材是不可取代的，也许不久的将来，会有惊人的大发展。

（五）汉语水平考试（HSK）

语言测试是语言教学中的一个重要的组成部分。测试的科学化对于检测教学效果，增加教学反馈，指导教学，评定汉语水平都有重要的意义。我国对外汉语教学的测试研究正式开始于20世纪80年代中期，到1989年这项研究取得了一系列的成果，研制出了一种比较有效、可靠而稳定的考试——汉语水平考试(HSK)，编制出版了《汉语水平考试大纲》，研制成了HSK辅助工程。HSK的研制成功，标志着我国对外汉语教学事业的进一步科学化、规范化和国际化。

另一方面，HSK毕竟刚刚起步，还有许多问题需要进一步研究。应用语言学在这方面还有许多工作要做。

三　少数民族汉语教学和双语教学

我国自古以来就是一个多民族、多语言的国家，并且各民族之间具有互学语言的传统。在我国境内，在西北和西南地区是多民族聚居区域，如新疆、云南、贵州、四川、西藏、甘肃、宁夏等地，还有广西、内蒙古等自治区和延边朝鲜族自治州等地。在这些地区，由于汉族和少数民族长期相处，形成了独特的跨语言、跨文化区域。在用语言进行交际的过程中，双语现象比较普遍，其中以少数民族会汉语和本民族母语者为多，汉语已成为少数民族与汉族之间的主要交际工具。因此汉语教学在这些地区已开展多年，成为中学及高等学校的重要基础课程之一。特别在大学，少数民族班的学生要经过一年以上的预科汉语学习，方可进入专业课程的学习。少数民族的学生学习汉语，一方面是为了顺利地进行各种交际，另一方面，学会汉语可以直接扩大就业的机会，具有实用价值。因此，少数民族学生学习汉语的热情较高，学习的进展较快。随着多年汉语教学的实践，在教学上已取得了系统的经验和较为理想的成果。这些地区已有大批的双语人才在经济建设中发挥着作用。

(一)少数民族汉语教学

从国内少数民族的汉语教学现状来看，教育部门的重视，大批汉语教学人才的培养，汉语交际的迫切需要，使得我国的汉语教学逐步由分散和摸索阶段进入系统和完善阶段。一方面在少数民族地区的大学里有专设的少数民族语言系，培养汉族学生学习少数民族语言，这批人才毕业后成为汉语教学的主力军。另一方面，出版社也编纂出版了各类汉语教材供教学之用，教学法研究也受到越来越多的关注。

少数民族的汉语教学问题与对外汉语教学有同有异。其相同点是:学习对象基本相同，其汉语教学的体系建构、教学方法和教材编写的总体安排也基本接近。其不同点是:学生母语不同，从教学思想到具体教学环节的侧重点不同;学习难点不同;学习动机不同;学生的学习程度不同，这包括双语者从小学开始学习汉语的学生，从中学开始学习汉语的学生，大学阶段开始学习汉语的学生等;学生的汉语教育终极目的不同等。因此，这一类汉语教学的重点是:要有程度针对性，专业针对性等。在教材建设上应注意理论性、实用性、针对性、专业性、趣味性等各个方面。在少数民族汉语教学中目前也开展了 HSK(汉语水平测试)，经过几年的推广，促进了汉语教学质量的提高。

(二)双语教学

双语教学是指在教学中同时开展两种语言的教学，使学生通过接受双语学习，成为操双语者。M.F.麦凯和 M.西格恩提出的双语教育模式(M.F.麦凯、M.西格恩著，严正、柳秀峰译《双语教育概论》,光明日报出版社,1989)有:(1)按照语言目标进行分类;(2)按照两种语言在课程中的地位分类;(3)按照学生的语言与主要教学语言之间的关系分类;(4)按照学生语言的同质性或异质性分类;(5)根据双语教育在整个国家教育系统中的地位分类等。

近些年来,国内对双语的教学和研究也逐步重视起来,于1979年成立中国少数民族双语教学研究会,并出版了《双语教学与研究》论文集(已有两辑,由中央民族大学出版社出版),其中的探讨内容涉及各个方面,有理论探讨的,有对比分析的,有调查报告,有经验总结等。纵观双语教学的研究,其特点为:以汉语教学为主的探索文章占据大部分,这部分的内容与对外汉语教学的探索文章略有重复,而针对少数民族语言特点或双语地区的双语特点的研究较少。此外,对双语教育的真正含义和目的的探讨也略显单薄。

少数民族汉语教学中有必要考虑到少数民族的语言态度。调查表明,中国少数民族地区绝大多数人对汉语文的学习持肯定态度。形成这种表现为社会认同和实用即功利方面的语言态度的主要原因有两点:一是历史原因和客观现实造成的,即汉语文长期以来所发挥的重要社会交际功能和由此带来的高声望优势;一是实用目的的驱使,诸如学校教育、参加工作、求职、参军、经商、与其他民族交往等都离不开汉语文。广大少数民族群众把掌握汉语文的人看作“文化人”,称汉语为“大众话”(西北地区)、“公话”(西南地区);在条件许可的情况下,不同民族的人都愿意把子女送到用汉语文授课的学校,并且想方设法为子女创造学习汉语文的条件等等表现,都是对学习和使用汉语文以及兼用汉语文持肯定态度的鲜明反映。

思考和练习

1. 应用语言学同语言教学有哪些联系和区别?

2. 中国的语言教学包括哪些方面,其主要内容是什么?

3. 第二语言教学中学生学习中的偏误是怎样形成的?

4. 对外汉语教学中有哪些新的汉语理论研究促进了教学理论的发展?

5. 语言教学在中学语言教学中占了什么样的地位?

第四节　计算语言学

一　计算语言学的特点

以往传统的语言学研究面向的是人,是为了解决人与人的交际问题。而计算语言学不一样,它是面向机器的,是为了解决人与机器的交际问题。计算机对自然语言的研究和处理,一般应经过如下四个方面的过程:

第一,从语言学的角度提出自然语言处理的问题和理论;

第二,把需要研究的语言学问题抽象概括并加以形式化,使之能以一定的数学形式严密而规整地表示出来;

第三,把这种严密而规整的数学形式表示为算法,使之在计算上形式化;

第四,根据算法编写计算机程序,使之在计算机上实现。

这种处理和研究的过程就决定了计算语言学具有以下四个与传统语言学迥然不同的特点。

(一)元语言的形式化

元语言是和对象语言相对而言的。什么是元语言，什么是对象语言，在传统的语言学中是不清楚的，但在计算语言学中，这问题必须挑明。

对象语言指的是人们要研究的那种语言，而元语言指的是研究者在研究描述对象语言时所使用的语言。如一个用英语研究汉语的人可以用英语描述汉语语法，那么汉语是对象语言，而英语是元语言。在过去的语言学里，无论研究的对象语言是什么，使用的元语言主要是自然语言。用英语研究汉语也好，用汉语研究梵语也好，用俄语研究世界语也好，对象语言可以是自然语言，也可以是死语言或人工语言，但元语言一般都是人类正在使用的自然语言。使用自然语言来叙述语言学虽然是不可避免的，但作为理论工具，它是有缺陷的，至少对计算机来说是不合适的。

用自然语言做元语言的最大缺陷就是自然语言非常复杂。曾有人说，自然语言中的任何一个句子都是有歧义的，它的准确意思只有在一定的上下文中才能确定。随便举一个例子，如问："小王呢？"可能是问"小王到哪里去了？"或者"你搬桌子，他搬椅子，小王怎么不搬呢？"也可能是"大家都分钱，你得到了，他得到了，小王怎么没有呢？"所以，一个简单的"小王呢？"是什么意思，说不清楚，而且可能误解。在日常对话中，误解是不可避免的，说话的人总希望自己不被误解，听话的人也总努力去猜测说话人的意思，在这种共同努力下，还要加上反问和修正。如"小王呢？""在那个屋里。""哎，我不是问他在哪儿，我是问奖金有没有他的。"这就是发现误解并加以修正了。由于自然语言中的歧义无处不在，确定一句话的意思时，除了词义及结构外，还得借助上下文，口语中还涉及说话时的情景、参加者的身份、相互关系、情绪等多种因素，这些属于语段分析和语用等的因素，目前还无法变成可计算的精确的信息，应归于人脑才能利用的“模糊信息”的范畴。计算机没有思维能力，它能做的就是执行指令，而且所有的指令都必须是精确的信息，所以它无法直接接受自然语言的指挥。于是建立一种“一是一，二是二”的形式化的元语言就成为人和计算机沟通的必要途径。通过这种形式化的元语言，人们把自然语言的规则变成计算机能“理解”的信息，有了这种对语言规则的“理解”，计算机才能处理自然语言。

计算语言学研究的一个重要内容就是元语言应如何设计才能更好地描述或叙述对象语言里的规律，而且计算机能够读懂。因此，用计算语言学的方法写出来的语法书很难读，因为它通常是给机器读而不是给人读的。这种元语言，不搞它的人会认为是天书，看不懂；但搞它的人却觉得一目了然，十分清楚，而且没有歧义。

计算语言学中的元语言不是一种。计算语言学在不停地设计、修改它的元语言，今天用这个，明天用那个，显示出计算语言学的技术性的特点。在元语言的调整上，计算语言学要考虑到两个需要：一是技术上的需要，便于在计算机上实现；二是语言描述的需要，能精确深入地描述出语言的规律。要设计出这样一种确切、精巧的元语言，十分困难，需要不断调整、完善。但这种研究又是十分有价值的，它使我们把不精确的东西逐步精确起来。如“什么是意义”，这是语言学、语言哲学中的老问题，不知讨论了多少年了。到底什么是意义，我们应想出一个办法把它清楚地描述出来。有些语言学文章的讨论是因为对意义的理解不同而在那儿吵架。当然，这种吵架是必要的，只有这样才能找到一种公认的合理的理解。那么加入这个吵架的一方的可以是计算语言学，它有自己的观点，它强调的是，这意义不能是泛泛的东西，它必须具体、精确，具体精确到能用适当的元语言把它写出来，让我们能看得见，这才能承认它是一个可以存在的对象，可以在这个基础上继续讨论，否则就无法建立一个形式化的理论模型。

（二）具有可操作性

操作性是与描述性相对而言的。语法研究可以是描述性的，也可以是操作性的。描述性的是告诉人们语言是怎样构成的，里面有哪些词、句子，它们怎么搭配，怎么变化等；而操作性的则是告诉人们怎么样从一个现成的句子（这时你并不懂这个句子的具体意义）变出它的句法结构乃至得出它的意义（这时你才懂了这个句子），第一步做什么，第二步做什么，最后的结果是什么。二者不同，描述是消极的，它是一种旁观者的立场，是在对某一语言、某一语句理解了的基础上描述；而操作则是积极的，它是主观上要做的立场，必须参与进去，操作的过程就是从不理解到理解的过程，理解是操作的结果。显然二者的出发点不一样。通常是描述的好做，而操作的比较复杂。但二者又不是毫不相关，可以以一个描述性的语法作为蓝本，在它基础上做出一个操作性的东西来。计算语言学要求的语言理论必须具有可操作性，这和计算机科学的特点有关，因为计算机科学是要考虑这是使用到机器上去的。一个句子，你给了计算机，它当然不懂，你还要给它一些知识、一些规则，让它一步步操作，最后得出了预期的结果，这表明它“懂”了。计算机是离不开操作的。

传统的语言学主要是描述的。如汉语语法大师黎锦熙先生有一种句子图解法，把句子画成图，搞语言学的人都很熟悉。如：那时候这些很明白的工人，决不承认那个极苛刻的条件。应图解为：

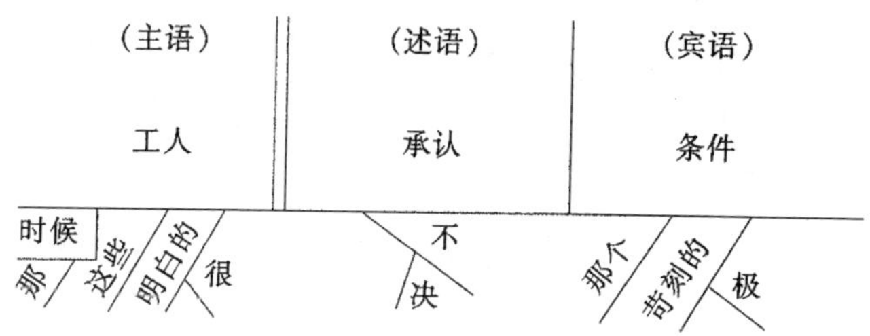

黎锦熙用图解的办法去描述句子的构造，实际上这个图就是他的元语言。作为一种描述性的语法理论，这个元语言是很不错的，它准确、直观，没有歧义，可以描述很多东西，但后来可能因为它比较繁琐，所以人们又不用了。但我们从操作的观点看，一眼就可以看出它的缺陷，这种图解实际是不可能操作的。为什么呢？因为它要求你得先把这个句子弄明白了，理解了，这才能画出这张图来，不明白就没法画，没法操作。所以我们说这种图解仅仅是描述性的，不是操作性的。要想操作，就首先要把一个句子中所有的信息，包括词法的、句法的、语义的都形式化，变成机器可以识别的规则，这样，它才能一步一步操作，最后达到理解这个句子的目的。

同一语言现象，从计算语言学的观点出发描述与从传统语言学的观点出发描述，有时是很不一样的。如“名词＋名词”在汉语中可以构成偏正关系、并列关系、复指关系、主谓关系。这一条语法规则，对人，这样讲就可以了，顶多再举些例子说明：学校图书馆、工人农民、鲁迅先生、今天星期六都是名词接名词，它们分别构成定中结构、并列结构、复指结构、主谓结构，我们的语法书上就是这样讲的。可面对计算机，这条规则显然就不行了，它形式化和具体化的程度都不够，“名词＋名词”在什么条件下是定中关系，什么条件下是并列关系，什么条件下是复指关系和主谓关系，都必须明确具体地指出来，而且这个条件又一定要有排他性，如根据“今天星期六、今天中秋节”说“时间名词＋时间名词”是主谓关系，那么“今天下午、今年中秋节”呢？显然不是。要把这种规则明确、具体、无误而且完整地做出来，很难，但必须要做。否则，计算机就没有办法操作。所以，计算语言学最根本、最关键的方法论原则就是要指出各种语言形式出现和变换的条件。冯志伟先生 1992 年就在《计算语言学向理论语言学的挑战》一文中指出：只有指出了条件，计算机才可能根据有关的条件，执行相应的动作，从而使整个系统成为一个可以动态地执行的过程。不论哪一种计算机，在执行有关程序时，总免不了给它指出条件，有了条件，并且让计算机知道究竟是什么样的条件，计算机才能执行相应的动作，这就是可操作性，而计算机的任何操作都可以归结为一个公式：“条件→动作”偶对，这是一切计算机工作的最基本的方式，也是建立计算语言学语法的最基本、最关键的公式。

可操作性可以看成是计算语言学区别于传统语言学的本质特征之一。

（三）具有工程性

计算机产生以后，人们把它用于非数值运算的第一个领域就是机器翻译，由于最初采用的“词对词”翻译方式受挫，人们开始意识到问题的根源在于这种方式不是建立在对自然语言理解的基础之上的，于是开始转入对自然语言的语法、语义、语用等基础问题的研究。从那以后，人机对话、自动检索、自动文摘、自动校对、信息抽取、语音识别与合成以及机器翻译等一个个语言工程项目先后成为人们实验、研制、开发的目标，汉语信息处理所特有的汉字输入、自动分词也是具体的语言工程项目，计算语言学正是随着这一个个工程项目的研制而逐步建立、发展并成熟起来。所以，从计算语言学的发展历史就可以看出，从本质上说，计算语言学是一门实验性、工程性的学科。也正因为如此，很多学者直接称其为“工程语言学”。计算语言学的工程性特点，决定了它与理论学科不同的研究过程和研究目标。计算语言学，它也有理论，也需要假设，但这种理论和假设必须通过实验去检验、去证明，它要用实验结果来说话。而且，仅仅实验还不够，实验只是第一步，只是前期准备，还不是计算语言学的终极目标；走出实验室，进入语言工程，最后达到实用化，这才是计算语言学的生命所在。

（四）注重语言研究的全局性和一般性

正因为计算语言学具有工程性的特点，它的目的是要在人与计算机之间建立一座沟通的桥梁，所以它面对的应该是整个自然语言现象，它更重视把语言作为一个整体来研究，更注重从全局出发，研究计算机处理语言的普遍性和一般性问题，至少在现阶段是如此。而传统的语言学家则比较喜欢深入研究某些比较特殊的语言现象，力图从中探索出隐蔽得更深的规律。这些比较特殊的语言现象，在计算语言学研究的初级阶段，是可以忽略不计的。正像冯志伟先生所说的：研究计算语言学好比是用望远镜，应该“通观大局，大处落墨”；而研究传统语言学好比是使用显微镜，应该“明察秋毫，精雕细刻”。

二　汉字的信息处理

（一）汉字与信息处理

语言是信息的载体，是人类进行思维和交际的重要工具。作为一种符号，语言信息需要一定的媒介系统来发射、传递、接收、记录和贮存。在文字出现以前，人们只能用人体器官口耳作为信息传递的介质。文字出现以后，在人体器官之外，又出现了新的传递信息的媒介系统。随着科学技术的不断进步，这些媒介系统也以不同的形态出现，大致可分为四个阶段。

第一阶段，可称“甲、骨、金、木”阶段。古代汉字是用龟甲、兽骨、金石、木牍或竹简来记录和贮存的。由于这些介质材料的特殊性，古文字书写难度大，速度低，而且材料或来源有限，或价格昂贵，或笨重不便，很难适应日益增长的社会交际需要。因此，寻求廉价、方便、易得的新兴书写材料，就成为一种迫切的社会需求。这一阶段，我国与其他古老文明一起，可以说是领先于世界的。

第二阶段，是“笔、墨、纸、砚”阶段。造纸术的发明，引发了书写材料的革命，也改变了书写的工具，变刀为笔。纸与笔的配合，使书写速度大大加快。材料的经济和书写的方便使得笔纸一用就是数千年。在这一阶段，我国在信息处理上并不落后于世界上任何国家。尽管笔有软硬之分，但大家都是以手握笔，写字于纸。

第三阶段，是机械阶段。打字机的诞生使文字的书写实现了机械化，既方便快捷，提高了效率，又整齐美观，增强了效果。所以，西方历史学家把打字机的诞生称为“人类文化史上继造纸术和印刷术后第三次文化工具的发明”。在这一阶段，中国的汉字信息处理明显地落后于西方国家了。经过一百年的普及，使用拼音文字的西方人已完成了换笔。但中国由于汉字数量太多，形体太复杂，要实现机械化，困难重重。与西方打字机相比，汉字打字机又大又笨。它的高昂成本及复杂用法只能让“打字”成为职业打字员的专利。所以，眼看着西方人换笔，中国人却无法将自己手中的笔变成打字机。就这样，汉字的信息处理就眼睁睁地无可奈何地丢掉了一个机械化时代。

第四阶段，是电子阶段。这时写字或打字的工具已由打字机变为电脑。文字信息的载体，也由专一的纸张扩大到音带、像带、磁盘、光盘以及缩微胶片等。在电脑面前，中国人和西方人受到的待遇又是不一样的。对西方人来讲，由机械打字机换成高科技的电脑并不困难。但像机械打字机一样，电脑也不是为书写汉字设计的。这样，世界上最古老的汉字又与历史上最先进的科技发生了强烈的碰撞。面对这样一个严峻的现实，著名的语言文字专家周有光先生大声疾呼："我们已经丢掉了一个机械打字机的时代，我们不能再丢掉一个电子打字机的时代!"这是历史的呼唤，时代的要求，也是中国在以信息产业为重心的世界经济大潮中不致被淘汰的关键一步。

为了能让汉字进入计算机，人们开始了艰苦的探索。通用的计算机键盘是为英文设计的，所以除了英语国家外，所有的国家都有一个教会计算机认识本国、本民族语文的问题。这种使计算机具备能够处理各民族语言的开发能力的研究，被称为计算机的"民族语言支撑能力"(National Language Support)研究，简称 NLS。像俄文、法文等拼音文字，也都要对通用的计算机键盘和软件进行一些小的技术改造，使电脑"俄文化"或"法文化"，才能更适合处理他们的语言。但由于汉字的繁多与复杂，在 NLS 中，没有比"电脑中文化"更困难的了。

(二)汉字输入

将汉字输入电脑，有三种途径：汉字识别输入、语音识别输入和汉字键盘输入。

汉字识别输入就是给计算机装一个能“看懂”汉字的“眼睛”。这是一种用计算机抽取汉字特征，跟机器内预先存放的特征集匹配判别，将汉字自动转换成某种代码（例如国际区位码）的技术。通俗地说，汉字识别指的是用计算机自动辨识印刷或书写在纸上的汉字。汉字自动识别以它的“自动”，大大减轻了人的脑力和体力劳动强度，又以它的“高速”，彻底解决了手工输入效率低的问题。

汉字识别输入可以分为三种类型：1.联机手写汉字的识别。即用笔在输入板上写字，人一面写，机器一面认，这是汉字识别中最简单的一种类型。2.印刷体汉字识别。还包括两小类：单体印刷体汉字识别，即识别印刷在纸上的一种印刷汉字；多体印刷体汉字识别，即同时能识别印刷在纸上的宋、仿、楷、黑等印刷体汉字。3.手写汉字的识别。也包括两小类：手写印刷体汉字识别，即识别人写在纸上并符合若干限制的规整汉字，一般限制为楷书，笔画数要正确，并书写在方格中等；特定人手写汉字识别。对特定人书写的识别，限制比手写印刷体松，允许书写部分行书。

目前，联机手写汉字的识别和印刷体汉字的识别均已达到实用化的程度，手写汉字的识别系统正在进一步研制之中。

语音识别输入则是给计算机装一个能“听懂”汉语的“耳朵”，是要教会计算机“听懂”用汉语语音所表示的汉字信息。语音识别是一种高科技的人工智能技术。它通过抽取汉字的语音特征，实现对汉语语音的自动识别。语音识别输入有三大优点：一是输入速度快，说比写约快 10 倍，比打字（英语）约快 4 倍；二是使用最方便，它将手解放出来，在说的同时可处理其他的事情；三是符合人类思维工作习惯，不受编码规则对思维的干扰。所以使用语音是人机对话的最自然的方式，也是名副其实的人机对话。但语音识别在技术上更难。它需要解决两个主要的问题：一是抽取能够代表语音特征的参数；二是建立识别系统的数学模型，寻找优化的识别方法和处理手段。因此它要研究人的发声机理和听觉机制，要给计算机配“发声器官”和“听觉神经”；此外，还要给计算机灌输有关的词法、句法、语义、语用知识，并且对计算机的运算速度和并行处理能力有更高的要求。

语音识别类型按技术的难易程度，可分为八种类型，是下面三种情况的不同组合：1.使用人——特定人还是非特定人；2.词汇量——小还是大；3.发音方式——孤立发音还是连续发音。

我国目前语音识别技术也已经开始走向实用。特定人大词汇量孤立词语音识别系统，已具有较高的识别率，基本能达到80%以上，有的还可达到95%以上。在非特定人中小词汇量孤立词语音识别方面也取得了相当的成绩。一些语音系统已投入使用。连续语音的识别已经开始研究。另外，一些建立在普通话发音方式基础上的语音输入系统，能够自动适应使用者的地方口音。在开始使用时，用户需要对着屏幕上出现的一篇样板文章按自己的发音方式清楚地念一遍，这时电脑就会将用户口音与普通话语音之间的差异默记下来，以后再工作时，就可以将用户的口音和电脑中的普通话语音档案自动对应，从而实现计算机语音输入。

汉字键盘输入是目前使用最广的一种输入方法，就是通过键盘把汉字一个个敲入计算机。从输入途径上看，又可分为三种形式：一是整字输入，二是拆形输入，三是音字转换输入。

整字输入是指用自造汉字大键盘，以整个汉字的形式敲入计算机，与机械打字机一样，它已成为历史。

拆字输入是指利用字形的结构规律，设计间接输入的“编码”，一般称为“形码”，可分为笔画码、字根码、部件码等等。字形虽然有内在规律，但规律复杂，所以形码的编码种类有无穷的可能性，于是出现“万码奔腾”的局面。

输入拼音转换为汉字的“音字转换”也是一种形式，一般称为“音码”。最初是以字为单位输入，产生的局面是同音字太多，即重码率太高，一个“ji”要在一百多个汉字中去寻找，费时、费力，令人不胜其烦。于是人们转向形码中去寻找出路。形码虽重码率低，速度快，但难学易忘，除专业录入员外，很难普及，不适合一般人的要求。于是人们又把目光转向音码形式。这时的录入单位不是字，而是词。这时的电脑不再是一个简单的机械，它初步有了一些“脑”的智能。以词为单位的音字转换系统，不仅大大降低了重码率，而且还具有高频先见、多用提前、新词自动记忆等功能。这种汉字输入系统虽然还有种种不尽如人意之处，但基本上能满足一般人的“想打”要求了。目前，音字转换系统正在向以句为单位的输入方向努力。市场上已有这类产品问世。尽管还有一定的错误率，但随着汉语信息处理研究的不断深入，以句为单位的音字转换系统也将会越来越好。

可以说，汉字输入系统走过的这三个阶段——字处理、词处理、句处理，也代表了中文信息处理的三个阶段。现在，中文信息处理已走出字处理阶段，正进行词处理并已进入句处理阶段。

三　词语的信息处理

在词语的信息处理上，汉语也有一个西方语言不存在的难题，就是词语的自动切分，也叫自动分词。

（一）自动分词的必要

西文是由字母拼写成单词的，词与词之间有一个明显的分隔标记——空格，如“a man”就是两个词，所以词的识别确定一般不成问题。但汉语就不同了，人们在用汉字记录汉语的时候，并不实行分词连写。书面汉语是以字为单位的，字与字之间有间隔，词与词之间没有空当做标志。而汉语的字与词又不是对应的，一个字，有时是一个词，有时仅是一个语素，有时连语素也算不上，如“巧”“灵巧”“巧克力”中的“巧”。但我们理解句子不是以字为单位，而是以词为单位的。如“中国经济发展迅速”，应该分成“中国/经济/发展/迅速”。让计算机把以字为单位的书面语流串变成以词为单位的形式就叫做汉语的自动分词。

自动分词是汉语自动分析的一项基础性工作，是计算机处理汉语、进行自然语言理解的需要。中文信息处理的各个领域，不论是词频统计、情报检索、人机对话还是汉外机器翻译等，都要以词为单位，在词的基础上进行。比如机器翻译，就要求词与词的对应。“他来中国学汉语”，应翻译成“He came to China to study Chinese.”其中“China”对应的是“中国”，“Chinese”对应的是“汉语”，如果不分词，不把这个句子变成“他/来/中国/学/汉语”的形式，就找不到对应词，当然也无法进行翻译了。

在20世纪80年代初期，自动分词技术的研究就受到人们的重视，陆续提出一些自动分词的模型和软件系统。随着国际互联网络的飞速发展，在信息产业急需这一强大动力的驱动下，自动分词倍受关注，成为继汉字输入这一瓶颈问题解决后中文信息处理的另一个瓶颈性课题。正像陈力为院士所说：“汉语书面语的分词技术已经悄悄地形成一门新兴的富有挑战性的学问。”

(二)自动分词中的问题

让计算机正确地进行自动分词十分困难。首先,在理论上,什么是词,什么不是词,这是一个语言学界没有定论的问题。“猪肉、牛肉、羊肉”是不是一个词? 如果是,“天鹅肉、乌龟肉、穿山甲肉……”都得是一个词。“五分之三”是几个词?“1998 年 3 月 25 日”又是几个词?“王部长、李经理、赵先生”中姓与后面部分分不分开?“浙江省、牡丹江、昆仑山”中的“省、江、山”分不分出来? 等等。这些让语言学家们伤透了脑筋的问题使得研究自动分词的信息处理专家们简直无法处理。

另外,在算法上,自动分词还有两大难题:歧义字段的切分和未登录词的处理。

为了深入理解这两大难题的实质,我们有必要先了解一下计算机自动分词的方法。

计算机自动分词的手段有两种:一是机械切分,二是智能切分。机械切分是指运用简单的模式匹配技术的无条件切分;智能切分是指模拟人的思维,采用词法、句法、语义及语用等各种知识进行有条件切分。目前,切分正确率较高的自动分词系统无一不是这二者的结合。

人们最常用的机械分词方法叫“正向最大匹配法”。它的基本思想是:在机器中存有一个已知的词表,也叫词典。假设这一词表中最长的词是 i 个,就取被处理材料当前字符串序列中的前 i 个字作为匹配字段,查找词典,若词典中有这个 i 字词,则匹配成功,这个 i 个字的字段就被作为一个词切分出来,如果在词典中找不到这个 i 字词,则匹配失败,匹配字段去掉最后一个字,剩下的字段重新进行匹配,……如此进行下去,直到匹配成功,切分出一个词为止，每轮匹配中，总有一次匹配是肯定能成功的。如当前字符串是“我们应该开展计算语言学的研究”。假定词表中最长的词是7个字，那么先取“我们应该开展计”匹配，没有；去掉“计”，再匹配，没有；去掉“展”“开”“该”“应”，剩“我们”，匹配成功，切出。再取“应该开展计算语”匹配，……最后切分的结果是“我们/应该/开展/计算语言学/的/研究”。这就是自动分词的基本思路。

用这种方法，只要词表合适，一般的语句能够得到正确切分，但下面的句子就有问题了。

(1) a.医生们在会诊时提出了新的方案。

b.他只会诊断一般的疾病。

(2) a.他将来上海工作。

b.将来上海一定更繁荣。

(3) a.林小强来时看见了周红。

b.埃及总统穆巴拉克访问叙利亚。

(4) a.重庆市长寿县小麦喜获丰收。

b.这事发生在太平洋西岸的马萨葡萄园岛。

这些句子只用机械切分的最大匹配法就不可能得到正确切分。(1)(2)属歧义字段。(1)的特点是：有字符串ABC，其中AB是词，BC也是词，如“他只会诊断一般的疾病”中的“会诊断”，“会诊”是词，“诊断”也是词。这种歧义字段称为交集型歧义字段。(2)的特点是：有字符串AB，其中AB是词，A是词，B也是词，如“将来”，“将来”是词，“将”是词，“来”也是词，这种歧义字段称为组合型歧义字段。(3)(4)属未登录词处理问题。(3)中有中外人名，(4)中有中外地名。人名、地名不可能都在词表中一一给出，另外还有一些专有名词如单位名、商标名也不可能在词表中给出，所以，如何处理这些词，也成了自动分词中的难题。但，难，也要做。歧义切分的问题，现在已有了一些处理的办法，未登录词中的人名、地名处理也正在研究之中。

除了自动分词，词性确定、词义辨识也是语言信息处理中的难题。但它们更多的是属于句子或篇章层面上的，问题更多，也更复杂。

四　机器翻译

（一）机器翻译的发展

机器翻译指的是利用计算机把一种语言的语句自动或半自动地转换成语义与之相等的另一种语言的语句。在自然语言处理中，机器翻译是最早研究的课题。关于用机械手段来进行语言翻译的想法，远在古希腊时代就有人提出来了。20 世纪 30 年代初，法国的阿尔楚尼和苏联的特洛扬斯基又提出用机器来进行语言翻译的想法，但限于当时的科学技术，他们的想法没有实现。

1946 年，世界上第一台电子计算机艾尼亚克（ENIAC）问世。计算机惊人的运算速度，启示着人们考虑翻译技术的革新问题。因此就在电子计算机问世的同一年，英国工程师布斯和美国洛克菲勒基金会副总裁韦弗在讨论电子计算机的应用范围时，就提出了利用计算机进行语言自动翻译的想法。1949 年，韦弗发表了一份以《翻译》为题的备忘录，正式提出了机器翻译的问题。

由于学者的热心倡导、实业界的大力支持，美国的机器翻译研究一时兴盛起来。1954 年，美国乔治敦大学在 IBM 公司的协同下，用 IBM-701 计算机进行了世界上第一次机器翻译实验，把几个简单的俄语句子翻译成英语。接着，苏联、英国、日本也进行了机器翻译实验。机器翻译研究出现了热潮。

早期机器翻译的研究者都把机器翻译的过程与解读密码的过程相类比，试图通过查询词典的方法来实现词对词的翻译，因而译文的可读性很差，难以实用。1964 年，美国科学院成立了语言自动处理咨询委员会（Automatic Language Processing Advisory Committee），简称 ALPAC，调查机器翻译的研究情况，并于 1966 年 11 月公布了一个题为《语言与机器》的报告，简称 ALPAC 报告，对机器翻译采取否定的态度。报告宣称："在目前给机器翻译以大力支持还没有多少理由。"报告还指出，"机器翻译研究遇到了难以克服的语义障碍"。在这个报告的影响下，许多国家的机器翻译研究进入了低潮，出现了空前萧条的局面。从开始到这一时期是机器翻译的草创期。

尽管是萧条时期，加拿大、日本以及法国、德国等欧洲国家由于需求的驱动，仍然坚持着机器翻译的研究。于是在 20 世纪 70 年代初，机器翻译又出现了复苏的局面。这时研究者们普遍认识到，原语和译语两种语言的差异，不仅表现在词汇上，而且还表现在句法结构的不同上，为了得到可读性强的译文，必须在自动句法分析上多下功夫。另外，在科学实验的实践中，研究者们又认识到，机器翻译必须保持原语和译语在语义上的一致。也就是说，一个好的机器翻译系统，应该把原语的语义准确无误地在译语中表达出来，这样语义分析在机器翻译中也越来越受到重视。这一时期，在美国、法国、加拿大都出现了一批实验性的机器翻译系统。

20 世纪 70 年代末，机器翻译进入了繁荣期，这一时期最重要的特点是机器翻译走出实验室，迈向了实用化。在这一时期出现了一大批实用化的机器翻译系统，机器翻译产品开始进入市场，变成了商品。

机器翻译的繁荣期是以1976年加拿大蒙特利尔大学与加拿大联邦政府翻译局联合开发的实用性机器翻译系统正式提供天气预报服务为标志的。这个系统投入使用后，每小时可翻译6万—30万个词，每天可翻译1500—2000篇天气预报的资料，并能通过电视、报纸立即公布。这个系统是机器翻译发展史上的一个里程碑。

这以后，日本、美国、法国、德国都相继推出了一系列实用化的机器翻译产品，投入市场。其中应用最广泛、开发语种最丰富的是美国的SYSTRAN系统。如提供给美国空军的SYSTRAN系统，可进行俄英机器翻译，词典存有16.8万个词干形式和13.6万个词组，每小时可翻译15万个词；提供给美国拉特塞克公司的SYSTRAN系统，可进行俄英、英俄、德英、汉法、汉英等机器翻译，每小时可翻译30—35万个词。此外，还有一些大规模的机器翻译系统正在研制当中。

（二）我国的机器翻译

我国是继美国、苏联、英国之后，世界上第四个开展机器翻译的国家。日本现在在机器翻译方面居于世界先进水平，但他们是1958年才开始进行机器翻译研究的，起步比我们还要晚两年。

与国外机器翻译的发展情况相比较，我国机器翻译除了有草创期、复苏期和繁荣期外，还有一个非常特别的时期——停滞期。而且，由于我国机器翻译在理论上、方法上以及设备上的底子都很薄，所以，每一时期都要比国外同一时期滞后。

1956年，我国就把机器翻译列入了我国科学工作的发展规划,成为其中的一个课题。1957 年,中国科学院语言研究所与计算研究所合作,开展了俄汉机器翻译的研究。

1956—1966 年是草创期。

1966—1975 年是停滞期,这一时期在大多数科学领域都是空白。

1975—1987 年是复苏期,这一时期我国机器翻译重振旗鼓,继续进行。除了中国科学院技术研究所专门成立了一个由情报所、语言所和计算所等单位的工作人员组成的机器翻译协作组以外,一些大学如清华大学、哈尔滨工业大学、黑龙江大学也相继成立了课题组进行机器翻译的研究。

1987 年到现在是我国机器翻译研究的繁荣期。这一时期是以"译星 1 号"的问世为标志的。"译星 1 号"是一个英汉机器翻译系统,是我国第一个商品化的机器翻译产品。它的出现引起了国内外机器翻译界和计算语言学界的瞩目,被列为我国 1988 年计算机界十件大事之一。继"译星 1 号"以后,高立英汉机译系统、863 智能英汉系统、天津的通译英汉系统以及"环宇通"汉英机译系统等等如雨后春笋般推向市场。我国的机器翻译终于走出了实验室,迈向了实用化和商品化的阶段。

(三)存在的问题

经过几十年的努力,机器翻译确实取得了很大的成绩。不过实事求是地说,现实并不令人太乐观,从已推出的实用化机译系统的译文质量来看,还不十分令人满意。一些简单的句子,译文一般还可以,但稍长一点或复杂一点的句子,译文质量就比较差,有的简直就是不知所云。有许多商品化的系统虽然卖出去了,但使用情况并不理想。如日本的富士通的 ATLAS 系统已售出三百多套，但据说只有不到10%的用户在使用。国内也是这样。近期一些大型电子词典的相继推出，如金山词霸、金山2000等，就说明机译质量还不过关，人们甚至宁可接受词与词的对译。看来，1966年美国ALPAC报告指出的机器翻译遇到的“语义障碍”至今仍然存在，机译技术还是没有取得突破性的进展。因此，进一步加强机器翻译理论和应用技术的研究，仍然是十分必要的。可以说，要想实现机器翻译的真正的实用化，我们还有一段相当长的路要走。

思考和练习

1. 什么是计算语言学？计算语言学的主要特点是什么？
2. 汉字输入计算机有哪些方法？
3. 举例说明什么叫汉语信息处理中的自动分词。
4. 汉语自动分词中有哪些困难的地方？
5. 什么叫机器翻译？简述机器翻译的历史。

主要参考文献

戴永寿《中学语文课堂教学结构漫议》，《福建师范大学学报》1997年第2期。

冯志伟《计算语言学对理论语言学的挑战》，《语言文字应用》1996年第1期。

冯志伟《计算语言学基础》，商务印书馆，2001。

高　潮《语文教程》，法律出版社1982。

侯　敏《计算语言学和汉语自动分析》，北京广播学院出版社。

黄昌宁《计算语言学简介》，《语文建设》1992年第2期。

黄曾阳《HNC(概念层次网络)理论》，清华大学出版社，1998。

吕必松《对外汉语教学发展概要》，北京语言学院出版社，1990。

吕必松《对外汉语教学研究》，北京语言学院出版社，1993。

吕必松《语言教育问题研究论文集》，华语出版社，1999。
孟宪伦《中学语文教学模式探微》，《教育探索》1997 年第 1 期。
盛　炎《语言教学原理》，重庆出版社，1990。
佟乐泉、张一清《小学识字教学研究》，广东教育出版社，1999。
王建华主编《21 世纪语言文字应用规范论析》，浙江教育出版社，2000。
王均主编《当代中国的文字改革》，当代中国出版社，1995。
王远新《论我国少数民族语言态度的几个问题》，《满语研究》1999 年第 1 期。
邢　欣《多民族多语地区汉语教学问题》，《新疆师范大学学报》1996 年第 2 期。
赵金铭《对外汉语教材创新略论》，《世界汉语教学》1997 年第 2 期。
赵贤州、陆有仪《对外汉语教育通论》，上海外语教育出版社，1986。
庄文中《中学语言教学研究》，广东教育出版社，1999。

第六章 中国的应用语言学(下)

第一节 新词新语

一 新词新语整理和研究的意义

新词新语指新近出现的词语。1978 年我国实行改革开放以来,持续出现大量的新词新语,引起了社会的关注,也成了应用语言学关注的热点。

历史上活跃时期新词新语都多。春秋战国、汉、南北朝、唐、五四、新中国成立初、现在,是几个重要的时期。现在的量和质可以同五四时期相比。唐,主要是从印度引进佛家词语。五四时期主要是西方科技词语。新中国成立初主要是政治词语。现在则是经济、科技、政治、生活各种词语都大量出现。

社会和学术界关心新词新语,对新词新语进行整理和研究,绝非心血来潮。这是多重因素促成的。例如,就社会大众而言,人们要了解和使用新词新语。在今天的社会里,每天都会有新词出现,新词在媒体和人们口头上出现,别人需要理解;自己在同别人的交往中要使用新词语,某个词语如何使用,也需要去了解。就学术界而言,人们对词汇研究有了新的热情。1949 年到 1959 年,汉语词汇有很大发展,当时人们研究有很大热情。后来,没有多少有价值的变化，人们研究的热情也就减少了。1978 年以来，汉语新词新语给汉语词汇带来了许多有价值的发展，人们的研究有了新的热情。

希望追赶世界上其他一些国家是学术界关心新词语的整理和研究的又一动力。例如，1965 年起，苏联科学院语言研究所全面系统地收集和研究 20 世纪 50 年代以来俄语中出现的新词。出版过系列性的《新词新义—60、70》《俄语词汇新得—77、78、79、80、81》，还推出论文集，形成了新词学。法国巴黎国际法语委员会专门成立了新词委员会来调查研究法语新词。法国出版了一系列新词新语的词书。日本国语研究所设有新词语部，日本集中了许多专家编纂新词语工具书，每年一本。波兰、美国、德国、意大利也有一定的成果。我国的语言工作者也希望进入世界先进行列。

新词新语的研究还有其他一些意义。例如，普通话水平测试也需要收入新词语。语言是发展的，普通话也是发展的，普通话水平测试中的常用词语词表不能只限定在原来的范围内，也应该把普通话的常用新词新语收进来，这也要以新词新语的整理和研究为基础。

在促进新的语言规范观的确立方面，新词语的研究也有积极的作用。近些年，新词新语研究对语言观的更新具有冲击力。一是这次新词新语的涌现是同改革开放一起来的，是同人们的思想方法的更新一起来的，新词新语是人们思想活跃的产物，是某些新理论的实践。二是新词新语是语言里活跃的部分，是我们以前注意不够的部分，现在注意整理和研究新词新语，发现原来的许多理论不能涵盖它。新词新语的整理和研究提出了新的观点。如针对“追认观”提出初显词语，它不等于基本词语，也不等于不规范词语。从新词新语同基本词的关系，提出语言是由比较稳定和比较活跃两部分组成的亚稳体。针对一个事物、一个意思有一个词语就够了，提出寻求新的风格、寻求新的色彩是新词新语出现的重要途径，色彩是语言的动态系统。还提出交际值是衡量语言规范的标准，提出语言预测的策略，提出词书有规范型和描写型结合的类型。

二　新词新语整理和研究的情况

（一）酝酿阶段（1980—1983）

有了编写新词词典的呼吁和零星的研究札记。

（二）发展阶段（1984—1989）

吕叔湘把随机查阅两天的《文汇报》的32个新词语，以及平时阅读报刊记下的部分新词语分了类，在《辞书研究》1984年第1期发表《大家来关心新词新义》。《辞书研究》同时开辟“新词新义小集”。1986年语言文字应用研究所成立“新词新语新用法”编写组，《语文建设》开辟了栏目。还出版了沈孟璎、闵家骥、李行健等的词典。出现了一些论文。

（三）思考和取得一定成果的阶段（1990—　）

1991年初，语言文字应用研究所成立课题组，全面进行新词新语的整理和研究。1992—1995年出版了编年本《1991汉语新词语》《1992汉语新词语》《1993汉语新词语》《1994汉语新词语》（北京语言学院出版社），一批多年本新词词典和修订本陆续推出，如唐超群主编《新词新义词典》（武汉工业大学出版社，1990）、李达仁等主编《汉语新词语词典》（商务印书馆，1993）、王均熙编著《汉语新词词典》（汉语大词典出版社，1993）、于根元主编《现代汉语新词词典》(北京语言学院出版社,1994)、闵家骥等编《汉语新词新义词典》(中国社会科学出版社,1991)、李行健等主编《新词新语词典》(语文出版社,1993)。商务印书馆还相继推出中国社会科学院语言所词典室编的《现代汉语词典》2002 年增补本,商务印书馆辞书研究中心编的 2003 年版《新华新词语词典》。此间还发表了大量论文。

三 新词新语的范围

什么是新词语?不同的人可能有不同的解释。理论上说,新出现的都是。但是事实上我国的新词新语词典里收录的,都是经过筛选的。

一般考虑到语词性和检索性。词书有规范型和描写型结合的。描写型一种是有词必录,一种是描写词语的来龙去脉等。于根元主编的《现代汉语新词词典》(北京语言学院出版社,1994)的前言里提出了五个方面。

(一)这段时间出现的。

(二)这段时间进入普通话的。如炒鱿鱼。

(三)这段时间进入许多人的普通话语言生活的。如呼啦圈。

(四)刚出现,我们认为可以进入我们普通话语言生活,或者有价值,要提请大家注意的。如治愚。

(五)外国的,知道了也好的。如 AA 制。

四 新词新语出现的重要途径

(一)从隐性到显性。不同于追认观。出现前有孕育过程,密集使用,形式不稳定。如残废-残疾人——一般的人、非残疾人、正常的人—健全人。有的显了又隐，再显。如大甩卖、乡、一刀切、三角债。

（二）从方言吸取营养。北方话的进入普通话比较方便。如侃、宰。其他方言的进入普通话的一般要借助外力。如粤方言的电饭煲、炒鱿鱼、发烧友，上海话的马大嫂、围裙丈夫，江浙一带的阿混。

（三）寻求新的色彩、新的风格。不是一个事物、一个意思只跟一个词语对应。对应的是概念。有人认为概念的表述也有色彩。还没有事物的，如宇宙城。有事物还没有合适词语的，如叫女老师的丈夫。同样意思有不同词语，如袖珍、微型、迷你、钮扣。色彩里要注意科技色彩，如反馈、软件、含金量、辐射、误区。简称也有新颖色彩。新颖色彩使色彩成了动态的系统。

五　新词新语出现的特点

（一）出现和传开的范围。主要出现在开放的、思想活跃的、贴近生活的领域。

（二）波及效应。如意识、热、效应等成了准词缀。还有鞭打快牛—鞭打慢牛—鞭打懒牛，保护快牛—帮助慢牛—鞭打懒牛，成了系列。

（三）多向影响。如口头—书面，雅—俗，现代化—传统化，文学作品—生活用语，科技、经济—生活用语。

六　几个值得研究的问题

（一）关于稳定性。这至少不是衡量新词新语规范的标准。所有比较稳定的基本词语都是从新词新语来的，新词新语是基本词语的营养。

（二）关于预测。科学应该能预测。事实上人们对新词新语都在预测。说“美帝”不规范，叫“一把手、保姆、父母官、小姐”不要用了，也是预测。

（三）关于人们的态度。有人欢迎。有人说不懂。一是看不懂要检索，《现代汉语词典》里的也不是大家都会。二是词语本身和词语使用不同，基本词也有使用不当的问题。三是使用要适度，原则是：必要、尽量让人理解、注意对方心理承受能力。现在有的词语是被迫接受的，品位不高，需要提高品位。

（四）加强动态研究。研究显—隐，隐—显，隐—显—隐，显—隐—显几种情况的规律。

（五）同社会思想文化结合起来研究。如很多不好的东西称“病”，如红眼病、白眼病。如一系列含有“吃”的词语，如吃床腿、吃喝风、公款吃喝、吃喝专员、吃会。

第二节　播音主持语言

一　概况

1940年12月30日以延安新华广播电台开始播音为标志的人民广播播音事业开创以来，人民广播半个多世纪的播音创作实践，以及对这些实践经验的总结和理论的探索，为中国播音学的研究和建立奠定了基础。中国播音学的发展大体上经历了以下五个时期。

（一）萌芽时期（1940—1949）

主要提出了广播要适合“听”的起码要求。

(二)探索时期(1950—1965)

提出不做报纸的“有声版”和“学会自己走路”的方针。著名专家学者叶圣陶、老舍、吕叔湘、朱德熙等关心和参与,使研究逐步上升到理论总结。广播工作者发表了许多关于广播语言根本特点的文章。1959 年 5 月,我国第一座电视台——北京电视台开始试播。1959 年 9 月,北京广播学院成立,广播电视事业有了高等学府、高等师资和科研队伍,不少教师参加了播音语言问题的讨论。

(三)停滞时期(1966—1976)

(四)复苏时期(1977—1979)

主要研究成果是清除“文化大革命”中“八股腔”的流毒。

(五)发展时期(1980—)

1980 年 10 月召开了第十次全国广播工作会议,重申“自己走路”的方针和再次呼吁创建“广播体”。总结了广播语言的根本特点和要求。1982 年 4 月 13 日在北京召开的“广播特点学术讨论会”,把有声语言的运用提到了建设“广播体”的首位,施旗等《广播语言的运用》(河北人民出版社,1980)是较早出版的以“广播语言”命名的书。施旗的《广播电视语言》(中国广播电视出版社,1988)是“比较系统、比较全面地论述广播电视语言的著作”。牛印文等编著的《广播电视语言应用》(四川辞书出版社,1990),在理论指导和研究方法上都有所发展。其中姚喜双编写的部分,实际上成了《中国播音学》导论部分第 1—6 章的雏形。此外,许多学者提出建立广播电视语言学。林兴仁的《实用广播语言语体学》(中国广播电视出版社,1989),是探讨和构建我国汉语广播语体学的第一部专著。很多人注意探讨播音风格问题。姚喜双 1992 年于中国文联出版公司出版了《播音风格探》，后来也是《中国播音学》的有关内容。1981 年徐曼主持的中央人民广播电台对台广播节目《空中之友》，带来了中国主持人节目和主持人语言研究的蓬勃发展。1987 年 8 月 16 日中国广播电视学会播音学研究会成立，学会刊物《播音界》创刊。姚喜双在稍后出版的《播音学概论》（北京广播学院出版社，1998）里，把《中国播音学》里的《播音发展概说》发展成第四编"发展论"，除了讨论"播音的继承与借鉴"和"播音的发展与创新"外，特别探讨了"未来播音的展望"。

二　奠基

张颂主编的《中国播音学》（北京广播学院出版社，1994），是中国播音学的奠基之作，或者说是奠基的代表作。它基本上是这个领域里对以前的"经验的总结与升华"，"理论的概说与融汇"。《中国播音学》这部书，不只是总结别人的经验和理论，也是一批有实际经验的作者的学术思想的总结和提高。这部书的作者，都时间或长或短地参加了我国的播音工作。有的是播音教育家、播音学家。有的曾经师从我国杰出的播音家、播音教育家。多数担任过播音员和主持人，有的是优秀的播音员和主持人。《中国播音学》还是作为这批人集体的工程来完成的。

《中国播音学》首先是明确了学科的定位。一个学科是否形成，很重要的一个标志是看这个学科有没有定位——明确与相关学科既有联系又有区别的主要的地方。《中国播音学》确定了中国播音学的位置。它既不跟相关学科混淆，又不跟相关学科割裂，更不是"现代汉语"加播音方面的语料，第一章说："播音，从广义上讲，是指电台、电视台等传播媒介所进行的一切有声语言和副语言传播信息的活动(它包括各种声音、音响、音乐、语言、文字、图像等的传播)。”这里研究的是:“播音员和主持人运用有声语言和副语言,通过广播电视等传播媒介所进行的传播信息的创造性活动。”“中国播音学,是研究中国的播音,主要是人民广播的播音。其播音学,以播音创作为研究对象,是研究播音创作发生发展规律的科学。”播音创作是动态系统、开放系统、弹性系统、全息系统。第三章说明播音语言有传播性、艺术性,主要是新闻性。全书许多地方说明播音语言同书面语言,以及其他口头交际语言的联系与区别。而且研究了下位的语体。

《中国播音学》和它代表的一批著作,在理论、方法、指导思想、实践性方面有比较高的起点。首先是开阔了应用语言学研究的天地,提出和初步讨论了很有价值的可以说是属于语言哲学层次的理论问题。

三 发展

1994年之后的有关著作,主要有吴为章《广播电视话语研究选集》,吴郁《节目主持艺术探》,姚喜双《播音学概论》。在播音学方面大的发展主要是:进一步讨论了大语言的思想;进一步讨论了主持人语言,由此引申到队伍建设;提出了进一步系统研究的设想;调整了一些原来的认识。

正在进一步研究的有关问题主要有:

(一)播音员和主持人的关系。

(二)新闻播报的样式。

(三)播音员、主持人个性在语言方面的体现。

(四)主持人人格魅力在语言方面的体现。

(五)主持人的选拔和培养。

(六)主持、主持人同艺术的关系。

(七)实行主持人中心制的条件。

(八)广播、电视同网络媒体的关系。

还有其他许多问题,需要宏观地进行梳理和总结。

第三节　法律语言

一　概述

在语言的应用研究中,法律语言的应用问题也是一个重要的方面。所谓"法律语言",指的是在诉讼活动和非诉讼法律事务这一领域中应用的语言。自从历史上产生法律制度以后,人们对法律语言一直十分关注,中外历代学者对法律语言也发表过不少真知灼见。如《论语》在记述郑国起草法律文书"命"时描述到"为命,裨谌草创之,世叔讨论之,行人子羽修饰之,东里子产润色之",这就是法律语言的运用。明末清初学者李渔在他的著作《资治新书·慎狱刍言》中,清代王又槐在他的《办案要略》中,对诉讼活动中的语言交际和法律文书所用语言发表过许多的精辟见解。古代法律词语的选用及其含义反映了中华法系的特征及其法学思想,即古代法律的专制性和残酷性,以及家族法在整个法律体系中的地位。而古代的《唐律疏义》既是我国封建时代的一部有代表性的法典,又是"诸法和体"的语言文体结构的典范。《唐律疏义》在立法语言上采取了"疏义"的方法,即对法律语言加以解释。疏义的情况有:(1)释词,常用来解释法律术语。(2)串解,对一句式或几句律文作串解。(3)疏解全条文大意。此书的词语特点是包括了法律术语和一般用语。其法律术语具有单义性特点，力求表达准确、周密。此书在句式上的特点是:“诸”字句比较多，“疏”字句比较多，“注”字句和问答句也比较多。

我国现代法律语言的研究起步于20世纪70年代末80年代初。由北京政法学院编写的《关于司法文书中的语法修辞问题》(内部印刷)是较早一部运用法律文书实例说明汉语语法修辞规律的书。之后，有关法律语言的研究也在逐步深入，研究论著逐渐增多，研究领域不断扩大，越来越注意研究方法等。

近二十年来，法律语言研究的论著内容几乎涉及了讼论和法律事务的各个领域。从目前的研究方向上看，主要有四个方面。

(一)法律语言本体的研究

研究法律语言在词汇、语法、修辞、歧义、语用等方面的特点，法律术语体系的构建等。如许秋荣、吕振卿、王茂林的《法律语言修辞》(中国政法大学出版社，1989)，潘庆云的《法律语言艺术》(学林出版社，1989)，刘愫贞主编的《法律语言:立法与司法的艺术》(陕西人民出版社，1990)，王洁主编的《法律语言教程》(法律出版社，1997)和《法律语言研究》(广东教育出版社，1999)。

(二)法律语体的研究

研究法律文书的语言特点，法律语体中立法、司法、庭讯、庭辩、侦查、诉讼等语体的语言特点。如潘庆云的《法律语体探索》(云南人民出版社，1991)、《有关法律语体的几个问题》(《中国人民警官大学学报》1983年第4期)，宁致远、刘永章的《法律文书的语言运用》(安徽教育出版社，1988)等。高一勇对古文中的法律问句做了分析(《秦简“法律答问”问句类别》,《古汉语研究》1993年第1

期)，分出了(1)“x 不 x”型问句；(2)“x 且 y”型问句；(3)“…x…”型问句等。

(三)法律实践中的语言研究

研究话语分析、语用学、语言变体理论、民族学、跨文化交际学以及聋哑人和外国人的语言翻译、双语双方言等在法律实践中的应用。如立法语言研究、司法语言研究、预审语言研究、言语识别研究等。由国家语委语用所主办的《语言文字运用》、中国政法大学主办的《司法文书与公文写作》、中国兵器工业总公司主办的《应用写作》等刊物也分别设立了“法律语言”等专栏，刊登有关法律语言的研究文章。

(四)法律语言学的理论建设

研究学科性质、特点的探讨和法律术语体系的确立等问题。陈炯等指出，法律语言学是研究法律语言的一门学科，它把语言学的原理同法学各部门的某些实践和运用的研究结合起来，探索和总结法律语言的特点和规律，解决法学和语言学所涉及的实践和运用方面的一些问题。建立法律语言学反映了时代发展的总趋势，也反映了法律工作的迫切需要和改革高等法律院系和中等司法学校的课程的需要。建立法律语言学体系的最恰当标准是：实用、完备和妥帖。实用是指对法律工作者有实用的价值。完备是指忠实而详尽地说明语言在立法、司法等工作中的特点和规律。妥帖是指要正确地运用语言学知识和原理来说明法学领域中的问题，不能生搬硬套。更重要的是还要建立法律语言本身的理论体系。

在国内法律语言学研究领域里，从语言学角度研究来看，王洁的《法律语言研究》和陈炯的《法律语言学概论》比较有代表性。前者借鉴了汉语语言学的研究成果，建构了一个法律语言研究的多元化的结构网络；在分析论述的同时，还指出了法律语言研究中存在的问题，所以，其研究成果对法律语言的实践和法律语言研究都有很直接的指导意义。后者侧重在对法律语体的论述，同时对中国法律语言的历史变革进行了回顾，其主要特色在于区分了立法、司法、公安、检察、裁判、法庭、诉状等语言，并对刑事侦查中的语言识别进行了独到的论述。法律语言学必须综合运用语言学、语体学、修辞学、逻辑学等学科的成果和研究方法，对法律语言进行研究、阐释，以求详尽地揭示法律语言的内在结构，从而科学地总结其运用规律和技艺。

这一时期的法律语言研究在方法上既运用有关语言学的分析方法，又注意结合交叉学科的方法，如有运用统计学方法的文章，有运用模糊理论的文章，有运用心理学方法的文章，有运用话语分析理论的文章等。

二　法律语言的特点

经过对法律语言的初步研究，人们概括出许多特点，下面就几个主要特点做些说明。

(一)庄重性

从词语的因素看，法律词语褒贬分明，不具有描绘性，一般不使用具有描绘色彩的形容词或形容词的重叠式、动词的重叠式等。在法律条文和司法文书中往往采用一些文言词语作为常用词语，以增强文句的庄重色彩。

(二)严谨性

严谨是语言的首要条件，这包括要确定严谨的定义，划分时要进行诠释，要有限制性定语，对假设句式要规定情况，对条件句式要确立条件等。概念表述应力求准确，语义应当清晰，不可含混不清，模棱两可。避免出现“同语反复”和“循环定义”。为了周密严谨，无论是法律条文还是司法文书，都常用结构较为复杂的含有限制性定语、状语的长句，而不大用修饰性定语、状语等。

（三）平易性

法律文书面对的对象是社会各个阶层，语言必须平实易懂。

（四）技术性

法律术语是立法机关用来表达法律概念的专门术语，每个法律术语都有严格意义的规定。法律术语的主要特点是语义的单一性和语言结构的融合性。法律语言的术语体系包括一般性词汇和专用术语。法律语汇是法律语言中构成法律语体风格中个性特征部分，也是人们认识法律语言较易把握的标志之一。法律语汇有三个类别。第一类为法律特有的词语，它来源于四个方面：其一是沿用古代法律术语，这包括把古代的单音节词合成为现代的双音节词；其二是袭用辛亥革命后至新中国成立前立法中的专门术语；其三是借用国外法律术语；其四是创造新的术语。第二类为通用词，这一类指民族共同语中各种语体通用的词。第三类为两栖语词，指法律语词与社会日常用语两种性质兼备的语词。这一类在法律语汇中占有十分重要的地位，是法律语汇的基本部分。

在法律语言中，有关立法语言的研究在现有的著述和文章中是涉及较多的。其中主要是对立法语言特点的叙述。立法语言主要有四个特点：一是适度概括；二是使用模糊语言，如“任何”“情节严重”等有模糊性的词语运用较多；三是句类有限制，仅限于陈述句和祈使句；四是分条列项。

由于法律语言研究起步较晚，人们对它的特点的认识还不尽一致。这从上面介绍的特点归类就可以看出来。还有许多关系应该弄清楚，例如法律语言的特点和法律语言学的特点，使用法律语言的要求和现实法律语言中的特点等。

三　法律语言研究的应用

法律语言的研究主要是在应用领域，其中国外的法律语言研究侧重点在于法律实践方面，许多语言学家在法庭案例审理方面提供第一手的语言知识，为解决法律问题直接作出了语言学家的贡献。他们运用话语分析理论研究法庭中问话答话对审判的影响，男女性别在对待话题上的不同态度等；在运用语用学知识上，美国语言学家和心理学家合作，参与培训司法人员的工作，对司法文告作出了较大的改进。在运用语言变体理论辨别案犯的口音上也取得了较好的效果。而从民族人类学和跨文化角度探讨外来移民、双语人群等在法律方面的需求，也取得了一定的成绩。

国内的研究运用在司法实践中的相对较少，主要是对司法中的一些案例有所分析。王洁在《法律语言研究》一书中用大量的篇幅对法律语言中常用的询问、讯问、调解、法庭演说、庭辩等中的语言进行了较为全面和详尽的说明。张旭桃对法规中的语病进行了分析(《法规语病例析》,《语言文字应用》1999 年第 4 期)，指出了法规中的逻辑语病，如：以选言判断否定选言判断，划分不全，混淆根据，属种关系并列，自相矛盾，“除外”滥用，歧义语病，语法搭配不当等。邢欣对法律语言中的歧义现象进行了分析(《法律语言中的歧义现象漫谈》,《语言文字应用》1994 年第 1 期)，指出了产生法律语言歧义的主要原因是人为制造和语境局限，并归纳出歧义的类型。主要有：语法歧义，如文理不通造成的歧义；语词歧义，这可分为词语含义曲解、术语混用、习惯语与法律用语混同、专业术语玄深等；语境歧义，其中包括语用焦点不同造成的歧义，逻辑限定模糊造成的歧义，个人侧重和理解不同造成的歧义等。

案件语言鉴别方面，邱大任从三个方面进行了研究。一是案件语言鉴别的历史。从20世纪50年代起，语言学在逐渐向其他科学扩展的同时，也渗透到刑事侦查学领域中来。起初，案件语言鉴别仅限于办案人员在对案件语料中某些方言词语流行范围的探讨方面，求得语言学家的帮助。从那时起至今，案件语言鉴别经历了"萌芽—形成—发展"阶段，到目前，侦查语言学在我国正在逐步形成，它在侦查破案中已显示出一定的效果，并将在其他有关的领域中起到应有的作用。二是指出了案件语言鉴别的功能，主要有：从书面语或口语角度判别作案人的性别、年龄、籍贯、民族、文化程度、职业技能、性格类型等，鉴别语料的真伪；从书面语角度判断作案人是否是精神病患者或聋哑人，鉴别语言伪装和模仿。三是叙述了案件语言鉴别的方法，如根据同音字鉴别籍贯，根据方音字鉴别籍贯等。最后，他提出了案件语言鉴别作为一门新兴学科，需要从两个方面加强，一是将案件语言鉴别跟计算机技术结合起来，二是加强案件语言鉴别基础理论和有关专题研究。（《略谈案件语言鉴别》，《语文导报》1986年第7期）

四　国外的法律语言学研究

国外的法律语言学研究，主要在应用领域。1993年7月，第一届国际法律语言学会议在德国的波恩召开，并成立了国际法律语言学家协会。在这之前，1992年，英国的伯明翰大学英语学院召开了司法语言学的研讨会，并成立了国际司法语言学家协会。1994 年，《语言与法律》问世，这标志着法律语言学已经成为一个专门的学科。

法律语言学所探讨的主要内容有以下几个方面。一是法律程序中的口语问题，包括法庭上的语言交流问题，如法官、律师和证人的语言，以及在法庭语境中对语言交流产生的限制和影响等；二是法律文件中的书面语问题，包括所有文件的可读性，法律文件区别于一般文件或读物的特征，法律文件中在语法、语义上的歧义，语段的衔接，代词的所指，上下文对意义的影响等；三是语言学分析在法律中的应用问题，包括语言本身的分析，如语音、词素和语法分析，语义和语用方面的分析，话题分析，对比分析，反应分析，会话分析，社会语言学分析，心理语言学分析等；四是法庭中的多语和双语问题，包括语言证据的翻译，翻译的程序，方言的处理，如何以书面语表现口语，法庭上的口译，以及对法庭所用语言的不熟悉所带来的一切问题等；五是语言学家出庭作证所涉及的问题，包括出庭的语言学家的资格问题，语言学家在审案中的作用，如何保持中立的证人态度，法官对语言证据的依赖程度，己方律师和对方律师提问的方式和目的，如何对没有受过语言学训练的人谈语言学等。

从 1980 年至 1990 年，美国的语言学家 Roger Shuy 作为证人在美国 17 个州出庭 35 次，为二百多个案例的律师提供语言学知识的咨询，其中有刑事案件、民事案件等。他还是美国司法部的高级顾问，两度在美国参议院出庭作证，以语言学家的身份分析弹劾案的语言特点；也曾两度作为证人出席美国众议院的司法委员会。作为语言学家，他所做的事就是分析语言，把平常人所听不到、看不到的地方指出来，让法官、律师和陪审团更清楚地了解到那些“视而不见”的东西。

第四节　广告语言

一　概述

广告语言研究是应用语言学研究的重要部分。改革开放以来，中国的广告越来越多，对广告语言进行研究是社会的需要，也是语言研究的需要。

就语言学研究来说，广告语言的研究有助于对语言全貌的认识。语言是亚稳体，内核比较稳定，如基本词、基本语法、语音系统等。外层比较活跃，例如口语、新词语、临时性修辞等。广告语言几乎是最外层的。内核和外围密切联系，相互转化，有不同的职能，共同为人们的交际、认知等服务。内核、外层和中介物合起来才是语言。我们要多层次多角度多侧面地观察语言。从几乎是语言最外层的广告语言来观察语言，会对语言的全貌有进一步的认识。

广告语言研究的成果很多。主要成果有：曹志耘的《广告语言艺术》(湖南师范大学出版社，1992)、邵敬敏的《广告实用写作》(华东师范大学出版社，1991)、林乐腾主编的《广告语言》(山东教育出版社，1992)、周建民的《广告修辞学》(武汉出版社，1998)、于根元主编的《广告语言教程》(陕西人民教育出版社，1998)。

二　广告语言的特点

广告语言的特点是个性鲜明。需要广告的商品一般来说不是为所有人需要的，而是具有别的商品不可替代的个性特点的商品。广告语言就是介绍这个商品个性的个性化的语言。

广告语言也是语言的广告。广告语要短，要上口，要吸引人，要让人容易记住，要给人温馨，要给人美感。这需要很大的本事。好的广告是商品或者服务和客户的红娘，而红娘历来为人们赞美。好的广告语同时就在宣传语言的价值，语言的作用，语言的功绩，语言的美，而且是非常有效的宣传。

研究广告语言，还是把自己培养得全面一些。创作广告需要智慧，需要思想的火花。

三　广告语言的现状

(一)发展迅速

近年来，广告语言在运用上有了很大的发展。进入世界先进行列不是遥遥无期。有人说中国广告和国际的差距是几十年。不一定。中国的广告语也有很多好的。广告之外的知识界介入之后，情况好多了。主要表现在以下几个方面。

1.更多地给人温馨

例如："5 月 9 日是你母亲的节日，不要忘记我们的爱。"还有："生活中离不开那口子。""那口子"，是北方方言中夫妻间对相依为命的另一方比较亲昵的背称，这里称妻子。

2.坦诚

例如："兴隆产品不求金奖、银奖，只求用户称心。"

3.讲究分寸

例如:“孩儿面大王,十个妈妈八个爱。”比“用了都说好”要好。还有:“你可以试试纯中药的哈慈驱虫消食片。”还有月兔空调的广告语:“温州月儿同样圆。你圆我也圆。”

4.表现新颖

例如:“卷卷福达,片片情。”还有神奇蒸汽电熨机的广告语:“轻轻地,烫出一个笔挺的世界。”关键是有了“轻轻地”,显示出自我欣赏的心情,轻捷优美的动作。

5.更改的很多

这是中国特色。大概受了 1995 年 2 月 1 日《中华人民共和国广告法》实施的推动,有的要改,有的跟着改,一改改出瘾来了,很值得研究。

(二)问题很多

首先,在有较大发展的同时也有倒退现象。“好运自然来”“好运天天有”一类不是祝福而是说必然结果的太多。近来什么优点好处“尽在某某”的多起来了。还有的广告在北京做的还不错,可是在地方做的就胡来。有的广告语更改得不如原来,拿口子酒的广告语来说几次变化,有的是贵妃娘娘说皇上被“那口子”迷住了,把“那口子”叫过来,出来一个女的说:娘娘,“这口子”到。有的是“我爱我家,我更爱‘这口子’”。还有,《广告法》说不许说“唯一”“最好”,可是汉语里不用这四个字而表示这个意思的办法很多。实际上说自己最好的广告语不少。还有虚假广告,最著名的是 1993 年春季流行的上海蒙华日用化学品厂生产的蒙妮坦奇妙换肤霜,广告说:用一次改变老化皮肤,用八次完全换个模样,任何年龄、任何皮肤都适用,无任何副作用,有效率百分之百。而实际上,用的人有的脸上长脓包，流黄水。虚假违法广告不是个别的。《光明日报》2000 年 8 月 25 日《医药保健违法广告亟待遏制》说："国家工商局在年初部署的'整顿市场秩序、整顿队伍作风'的两整顿活动中，将整治虚假违法广告列为整治重点之一，并针对广告市场存在的问题，于今年 6 月 26 日下发了有关通知，要求各地严打虚假违法广告。到 6 月 30 日止，全国各地工商行政管理机关共查处虚假违法广告案件2.42万件，其中违法医疗服务广告 2683 件，违法保健食品广告 1979 件，违法药品广告 5609 件，罚没款 3361.74 万元。"

其次是存在大量的一般化广告。这方面问题不少，下面略举几例。

1.词语、语法、标点、字形错的很多，例如有把江西赣州错成广西赣州的，这种现象很多，不一一举例。

2.品位低，有思想性的问题。什么食某某万事通，还有什么酒"好男人"经常品尝，喝某某酒备感自豪。

3.夸大、套话、啰唆，有的不知道说什么。2000 年 4 月 22 日在网上看到南京《服务导报》概括出"中国广告十大俗"，是这些现象的真实写照：

(1)我们全家都爱吃。

(2)喝××酒，做豪迈中国人。

(3)××病是世界顽症，每年给数亿人带来痛苦。××药是该病的克星！

(4)××爱国！（此语要用气吞山河的声音喊出来）

(5)中国人要靠自己的××。

(6)今年流行×××。

(7)专家指出……

(8)生活新概念。

(9)女人要善待自己。

(10)特大惊喜,超值回报。

(三)广告语言研究中应注意的几个问题

1.分析广告语要实事求是,好的也不一定是全好。

天鹅空调的广告语是很好的,可是说“魅力独有,名家选择”,就有说唯一和贬低不选择的人的问题,要指出来。一本广告精选把“禁止放车,否则放气”放在幽默类,就乱来了。一来不是广告,是一种告示;二来这是一些地方的土办法,是真的放气的。还有太太口服液,广告语说每天换一位新“太太”,有人的文章责问宣扬的观念“合道德和法律,有益于社会安定么?”这里的“太太”不是妻子,而是对已婚女子的尊称。是说太太服了之后每天一个新模样。这个广告语引起一些人误解,问题大概是没有很好考虑中国目前的普遍的文化心理背景。美国有一则广告比这个厉害,反而经常被人引用,广告说美容院里出来一位看起来年轻美丽的小姐,你可别跟她调情,没准那是刚美容过的你的奶奶。

2.避免雷同。

商品要突出个性,广告语要用有个性的话来说明商品的个性。广告语的雷同反映了思维的模式化,也反映了商品的模式化。“确实不同了”,就说怎么不同,都说“确实不同了”,还是雷同。有的是格式的雷同,例如成语谐音改字。不改字的好的多,如一种西装,“望眼欲穿”,是说望一眼就想穿。谐音改字的也有还可以的,如:“百衣百顺”。可是一用多了,用滥了,人家不管你哪一条,都烦了,例如“名符其湿、盒情盒理、烧胜一筹、鳖无选择、钱途无量”等。这里引起一个思考，就是修辞手法也是有层次的，这种手法层次比较低，张三李四很容易就会了。现在也好，用滥了，大家不用或者少用了，用高层次的修辞手法吧，大家的修辞水平提高了。对于这个情况，要分析，要引导，用一概禁止的办法，甚至用谩骂的办法说是“邪音改字”，都不是解决问题的好办法，因为可能误伤好的或比较好的。成语谐音改字毕竟是一个重要的常用的修辞手法。避免雷同，创意的人要有本事，让别人一时模仿不了。或者让人家一看这是模仿你的。或者适当的时候我改了。创意会有原型，但是要有新思路。有人为积存家电设计的广告语是“你我都减轻负担”。原型是饭店门口的广告“快来就餐吧，否则你我都要挨饿了”，取它的优点是平等，不是空喊“顾客是上帝，让利，献爱心，送温暖”。

3.分清夸大和夸张。

夸大是事理的夸大，夸张是艺术手法，是两个系统。问题是上海的白丽美容香皂“今年二十，明年十八”引起的。有人说好，有人说是虚假广告。其实这个广告是很好的。应该把夸大和夸张区分开。标准是：不会引起一般人内容上误解的是夸张；不会引起一般人反感，给人美感，是夸张。否则是夸大。

4.注意政治色彩用语。

一则招聘的广告说“白猫黑猫抓住耗子就是好猫”，有点冲击力，在谈姓资姓社的时候出现也有些勇气。还有“我办事你放心”。这一类话的原型出自民间。有一种除虫药剂的广告语叫：“要扫除害人虫，全无敌。”也不错。用这一类话做广告语要慎重。例如：呼尔咳哟，中国出了个某某补品；还有：大海航行靠舵手，喝酒要喝某某酒，就成问题了。一个美容的药品口服液，广告大字是“扫黄”。政治色彩太专门。广告语说药品解决不了，它自己也是药品。除的是暗黑的颜色，不是黄，黄是中国黄种人正常的颜色。用这类用语特别要注意分寸。

5.什么是好的广告？

比较广告好与不好是很麻烦的。广告可以分为三层。第一广告是商品本身，第二广告是用过的熟人的推荐。现在的媒体广告是第三广告。不能以是否卖得出去来确定广告的好与不好。是不是卖得出去，有很多因素。有一家空调说是改了一下广告语，空调卖光了，其实那一年北京热极了，什么空调都脱销了。有人说广告只姓商不姓文。如果是姓资姓社，两者取其一，但是好多事物不是只能有一种属性。广告姓商又姓文，不仅有这两个属性。广告人还是诗人＋哲人＋商人。还有人提出广告是中用不中看。我们认为高层次的是中用又中看。有人喜欢请名人做广告。不少学者指出，名人广告热也反映出某些企业和消费者自身的问题。一些广告过滥，也反映出一些企业家的素质存在问题。现在有的企业老板的品位比较低，不管名人与广告所宣传的内容有无关联度，不管是否适合，只是一味为名人而名人，甚至以捧场的心态选择名人，忘了做广告的初衷。

好的广告是内在美和外在美的统一。在有声广告里处理好作为形式的语音也很重要。有的品牌几个字音太近，听起来非常别扭，如“宜价格”；有的念得快，听不清楚；有的还有方音；有的配音同广告里的人物差得很远，例如说一种酒生活中离不开它，一般认为找四十以上的男性比较合适，可是从声音看，找的是不到十岁的女孩；一则介绍汽车的广告用过去念社论的豪言壮语；有的大声嚷嚷，证明吃那种东西有他这样的好嗓子等。

6.未来社会的广告用语。

一是文化含量增加。二是感情含量增加。说价廉物美都是初级的，店门口从上到下挂了好多彩色条条，像热带雨林那样的，都是初级的。

未来广告应该有更多自己的风格。这跟产品、市场定位有关。民族风格也是重要的风格。风格不只是形式，要重实质。民族风格是话少为佳，留好多空白。现在有的广告把空间塞得满满的，有人形象地说，这好像吃自助餐非得吃撑了，一股小家子气。

第五节　网络语言

一　网络语言及其研究的意义

电脑网络作为新的媒体，影响了人们许多方面的生活，也影响了人们的语言生活。

美国查克·马丁著，胡琛、沙东键译《网络革命》(上海远东出版社，2000)说：对有兴趣在互联网上做生意的公司来说，它们面临的第一个真正的障碍就是克服专业术语。因为还要用新技术和新方法来描述这些术语，所以这个问题就显得尤为困难。除了诸如兆、内存、接口和主板等曾经被电脑专家们当做“切口”的术语外，互联网也带给新手们一大堆令人困惑的专业术语。点、链接、bps、jpeg、gif、智能代理、html、java、vrml(bps，每秒字节数；jpeg、gif，图形文件格式；html，超文本标记语言；java，Sun公司开发的一种适合互联网编程的编程语言；vrml，虚拟现实模拟语言)等诸如此类的词语都是用来描述网络组成的术语。(35页)

除了电脑和描述网络组成的专业术语之外，还有网络经济、电子商务、网上广告、网络教育等有关的专业术语。网上的帖子、聊天等还有其他许多用语，如：大虾（网络高手）、东东（东西，一说比较好的东西）、恰特（聊天室）、小床（聊天室里一对一的小窗口）、DD（弟弟）。还有一套表示感情的符号。还有语体、修辞方面的特点。这些，形成了网络语言。

“网络语言”本身也是一个网络用语。起初多指网络的计算机语言，也指网络上使用的有自己特点的自然语言。现在一般指后者。狭义的网络语言指论坛和聊天室的具有特点的用语。

网络语言是应用语言学里社会语言学研究的对象。其中的词语，是新词新语研究的对象。研究网络语言，可以推动应用语言学的发展，促进人们网上的交流，促进网络的发展。网络语言研究是跨学科的。

二　网络语言的出现和发展

电脑网络形成和发展的历史，说法不一。有的说 1954 年，一种叫做收发器的终端做了出来，计算机与通信的结合就从这里开始了。据俞冬梅、王友希编《手把手教你用电脑·上网络》（电子工业出版社，2000）说：“（20 世纪）60 年代末期，冷战正酣，为了防备可能的袭击，美国政府将一些科学家组织起来，拟想研制一种供电脑通信的最佳方案，以备网络中的某个电脑或数台电脑遭到毁灭性打击后，整个网络仍能正常工作，为达此目的，美国政府出钱建设了一个叫做阿帕网的军用网，当时它仅连接了 4 台计算机，供科学家和工程师们进行计算机联网的实验。这个简简单单的网络，就是因特网的前身。1986 年，美国国家科学基金会在美国政府资助下，租用电讯公司的通信线路建立了一个新的因特网骨干网——国家科学基金会网络(NSFnet)。1989年阿帕网解散,同时,国家科学基金会网络对公众开放,从而成为因特网最重要的通信骨干网络,美国大部分的大学及科研机构的计算机网都是通过它互联在一起的。”(80页)因特网现在已经覆盖全球186个国家和地区,网上用户达7000万个,而且以很快的速度递增。中国1994年4月正式加入因特网。因特网在中国的发展速度也很快。美国一家“电子技术预测”杂志说,到2000年年底,全球使用互联网的总人数为3.749亿。中国网民为1580万,占4.2%,我们自己权威部门发表的数字是1960万,列世界第五位。美国第一,网民占全国人口一半。日本第二,德国第三,英国第四。(《世界网民年底人数近四亿》,《北京青年报》2000年12月4日)据中国互联网络信息中心的统计,到2001年12月31日,中国网民为3350万。2002年12月31日中国网民为5910万,居世界第二。目前互联网的应用已经深入到文化、教育、体育、新闻、商业等许多领域。

电脑网络形成之初就有网络语言或者网络用语。网络语言一般经过无序到比较有序、有道德约束到同时有法律约束、中等层次到有多种层次。目前网络语言的不同层次或许是网络语言历史发展的一个方面的共时反映。目前的网络语言一般是书面形式,但是许多具有初始口语的特点,尤其是在一些帖子、聊天室的谈话里,几乎是没有怎么加工的过简、啰唆、不顺的大白话。目前网络文学的语言是比较风趣,用得多的是谐音和歇后语一类的修辞手法。如:

她说你怎么一点正经没有你的脑子的操作系统是不是紊乱了,我说不会吧我脑子里装的是“比而该死”(比尔盖茨)给俺定做的“瘟都死”(Windows)2500 呀。她说别提“瘟都死”了我的“瘟都死”的“瘟”都“没死”反而机子老死这破“视窗”真是纸做的窗,我说是呀如果太完美你就不需要“升级”了而大家的“升级”就是“该死”的“胜迹”或者“生机”甚至会影响美国人的“生机”。她说说起美国经济你知道最近微软的股票一直在跌该死一天就损失好几个亿美刀吗,我说微软的股票最近是稍“微”有点“软”但是没有伤筋动骨该死死不了的。(李寻欢《迷失在网络中的爱情》29 页,中国社会出版社,2000)

三 网络语体的特点

网络语言现在一般是书面语言形式。如果是新闻,有书面语言的特点,但是比较简明,有的没有导语。有的受了报纸新闻语言的影响,短新闻也不直截了当,有的新闻过简而用的标题很大,有的又有偏长的趋向。聊天室的语言基本上是书面形式的初始口语。网络文学刚刚起步,《当代》杂志 2001 年第 1、2 期连载的宁肯的长篇小说《蒙面之城》达到了跟非网络文学比肩发展的程度。

网络语言是个具有几个方面属性的语言,又分成新闻、网络文学、聊天几大类。

外语词语、术语多,是网络语言的一个特点。下面的例子是报纸上谈网络的:

20 世纪末,令全球疯狂的 Internet 热潮,使中国网民剧增至千万以上,极大刺激了 Internet 相关产品或服务企业的发展, Internet Service Provider 或 Internet Access Provider (网络服务供应商,简称 ISP)。尤其是 ISP 接入服务商对推动因特网市场的发展起着举足轻重的作用。没有 ISP,因特网无从发展；没有 ISP，今天的.com公司无以为生；没有 ISP，电子商务无论是现在还是将来都只能是空中楼阁。（《北京青年报》2000 年 11 月 20 日 45 版）

原因主要有这样几个。第一是互联网源自美国，网络的许多用语是英语。我们有时候直接用外语词，一时来不及想到合适的音译或者意译词语，或者音译、意译了有的过长还不见得贴切。用外语词语—音译—意译是交叉的过程，都是规范的，不是说只有到了意译阶段才是完成了漫长的规范的路程。使用“扩音器”的年头不算短了，可现在用“麦克风”的人似乎又多了起来；“塔”“浮屠”两个音译词同时存在。这都是值得研究的现象。第二是我国目前主要的网民是大学生，相互交际使用一些外语词语和术语没有什么困难，反而比较便捷。第三是改革开放以来，中国老百姓的英语水平普遍提高，学习、使用英语的心态也比较正常。申奥成功，这个情况还会发展，这个大背景同上面说的网络语言的情况会相互推动。

聊天室里一般用昵称，有的还改变性别等，这是网络语言又一个特点。一个目的是聊天更加自由自在。当然有的还有别的目的。有人说语言是一个人的第二身份证，是一个人的第二形象，比第一形象更内在更真实，改变性别等之后的语言一定有原来性别等的特点，但是也有角色的一些语言特点，是个复合体。认识、分析这个复合体很有价值。有人说：“女人一般爱用男人的名字在网上出现，然而网上伪装得再好，仍然能够让我们一睹她们的芳容。”

还有简称多，温馨的称谓多，简捷的表达多，尖锐、诙谐、风趣的色彩多，反映了使用者群体思维的活跃。这些跟高科技需要高感情相结合有关。网上聊天使用脸谱一类的符号，也是弥补看不到人的不足,也有谐趣意味。

网络语言的特点主要表现在词语的使用上。缩写、俗称、谐称、美称、以动物称人、用数字符号等,都是明显的特点。例如:

MM:广义在网上指女性,又写作“美眉”;狭义指妹妹。汉语拼音的缩写。如:

甲:一个自称小弟要加入丐帮的家伙竟然是个MM。

乙:MM?说不定还是JJ呢。

甲:MM名字不一定是MM,但男名字却一定不是MM。

乙:哎,MM是对网上女士的通称,跟年龄无关的吧。

这一类称谓大小写经常混用。

猫:调制解调器的俗称。英文Modem的谐音。例如:“调制解调器是一种设备,它的英文名是Modem,你可以读做‘猫得母’,电脑用户常将调制解调器戏称为猫。有谐趣意味。”

斑竹:聊天室、论坛的管理人员,即版主。例如:“音像店的老板是从别的顾客嘴里听说的,在因特网里有个大名鼎鼎的斑竹迪斯。她说做斑竹很荣耀,可以满足虚荣心,有成就感。”可能是某种输入法里汉语拼音banzhu先显“斑竹”,有些网民就用了这个汉语词,为的是便捷。也有谐趣的意味,意谓版主也有很多苦楚,传说斑竹因两个女子流泪而成。又叫“班主”。

大虾:网络高手。“大侠”的谐音。可能是某些输入法里大虾先显,一些网民为了便捷,使用了大虾,还有谐趣意味。后来还增加了解释,说网络高手经常伏案打电脑,弓着背,犹如大虾。例如:“在百万‘网虫’‘鸟’‘大虾’的热切期盼中,我终于和大家见面了。”“由‘菜鸟’而‘网虫’而‘大虾’,岂止是技术的进境?”“中国网名中重复最多的要算‘琪琪’了。千万不要以网名取人,轻慢于人,因为他说不定是哪个聊天室的管子或是深含不露的墨客大虾呢。”

菜鸟:初学上网技术不熟练的人。菜为笨之意,有谐趣意味。如:“我的20出头的小表妹,最初上网当菜鸟时,也不假思索地在OICQ里起了名叫‘小妖’。”“老鸟现在给你介绍如何使用浏览器。”“无论你是菜鸟、老鸟,还是爬虫、甲壳虫,如果你在泡网过程中有过新鲜的体验,请把你的感受寄给我们。”

7456:“气死我了”的谐音。如:“甲:你连这些都不懂还想入丐帮混?真是7456!乙:懂了,懂了。7456就是气死我了。这个俺原来就懂。7456,俺不想活了……”

作为第四媒体,网络语言同别的媒体的语言相互影响,媒体的语言同生活的语言相互影响。其实,媒体语言是生活语言的组成部分,媒体语言会给生活语言带来新的正面负面的影响,媒体语言也不会完全替代、等同于生活语言。

四　当前网络语言的问题和网络语言的规范

主要是品位问题。基准网民是大学生,有一定文化水平,不过也只是中等,思维是比较活跃的,思想和审美品位也是中等。目前大学生语言的普遍性问题,在网络语言上都有反映。我们很多人的语言的普遍性问题,在网络语言上也有反映。

网上的脏话比较多。这跟一些人认为网上是发泄和隐匿的场合有关。这叫人联想起北京工人体育场看足球赛时候许多人的京骂。这里可能有更深层的原因。网上脏话多是世界性的问题,大概是初期的问题,初期时间的长短和程度在不同国家则应该是不同的,反映了不同国家某些方面的不同。关于程度,余开亮、张兵编著《骇世黑客》(中国华侨出版社,2000)说:

国际上还有一种较流行的防止未成年人接触计算机黄色内容的办法，即像电影一样，采用分级法。……“语言”分成：不令人讨厌的语言、轻微的秽语、适中的秽语、猥亵的手势和暴露而粗鲁的语言五级。（302 页）

我们可以借鉴分级来对待脏话，总的还是应该努力解决这些低层次的问题。

初上网的人碰到许多语言障碍。语言需要新颖，不同媒体也有一些不同的语言表达；但是不同要有个度。调整好这个度的确不容易，太不容易调整了，本身也是个问题。

对中国的网络语言的现状和趋势应该有个比较正确的估价。总的情况还是好的，给我们的语言带来了许多新的好的成分，发展和丰富了我们的语言。管理也在进一步有序。网络语言的规范有它自己的要求，总的还是以交际值——交际到位的程度作为衡量规范的唯一标准。看到问题，努力解决问题，解决问题要参与进来，要调查研究、实事求是，教育、道德约束、依法管理需要同时交叉进行。

首先要认识到网络世界同现实世界的关系。虚拟世界，是跟看得见摸得着的真实的现实世界不同的世界，是一种比喻说法，常常特指电脑网络创造的网络空间。网络上的行为还是人类的活动，就这一点来看，和现实世界里的行为没有本质上的差异。因此，网络空间里的行为，还是要受到现实世界相关法律的规范。道德约束方面主要靠网络礼节。网站也要加强管理。

总的还是改善生活环境，提高全民族的素质。网上的成员情况是复杂的，一些网民得到锻炼或者清醒、成熟了，许多新网民加入进来了，新老网民的语言状况在网上共存，也形成了层次的差别，所以网络语言的规范工作可以说是无止境的。

五　中国的网络语言发展展望

中国的网络语言是会进步的，因为全民族的语文素质在提高。网络语言对中国语言的贡献会增加，负面影响会减少和逐渐得到过滤。“不惑网民”甚至“花甲网民”在增加，网民的层次也在提高。中国网络初期阶段的某些无序状态会改变。生活环境在改变，人们使用网络的主要功能也会变化。

网络语言的整理、研究也有助于网络语言的发展。

第六节　语言交际

一　语言交际研究的历史回顾

（一）古代的语言交际研究

语言的基本职能是充当人类的交际工具，因此，语言交际研究一直是人们关注的话题之一。据史料记载，古代埃及、古代印度、古代中国对交际的研究是开始最早的。例如，大约在公元前25世纪时埃及人伊雷斯法老的老臣克普塔霍特就曾写过教喻，教导人们如何说话。一般认为这可能是语言交际研究较早的文字记载了。但总的说来，这个时期的研究还是粗浅的、零打碎敲式的，没有上升到理论的高度。对交际进行全面、深入、系统的研究大约开始于公元前5世纪左右，到公元前4世纪前后出现了语言交际研究的繁荣局面。

公元前5世纪后，语言交际研究出现了新的局面。出现了一批能言善辩之士和语言交际的研究者。比如，在希腊和罗马出现了著名的“雅典十大演说家”(伊塞俄斯、吕枯耳戈斯、埃斯客涅斯、许佩瑞得斯、伊索格拉底、狄摩西尼、吕西阿斯、安多客涅斯、安提丰、得那耳科斯)。他们的实践行为为交际语言的研究提供了丰富的素材和语料，推动了语言交际研究的进展。同时还产生了一批包含语言交际研究内容的重要论著。古希腊著名哲学家柏拉图写下了《捷艾杰特篇》《高尔吉亚篇》《诡辩学者》等著作，对语言交际提出了很多精辟独到的见解。他十分强调语言技巧的重要性，认为语言具有非凡的力量和动人心魄的特异功能，指出规范的语言交际是形成正确的社会舆论、获得知识和认识真理的手段，同时他也提倡质朴优美的语言风格，反对“辞媚哗众取宠”，谴责空谈和阿谀辞令。古希腊的思想家亚里士多德对语言交际的实践及其理论做出了卓越的贡献。他在《工具篇》《诗学》特别是《修辞学》等书中，从理论方面对说话方式、接收者心理等问题做过较为详尽的阐述。他的基本观点是，语言交际的任务在于唤起舆论，其表达方式应该是华美优雅，不可落入俗套。

到了中世纪，语言交际的研究有了进一步的进展，但明显失去了以往兴盛发展的态势。当时的研究主要是为宣传宗教服务的，这主要是受当时的社会形势的影响。在公元 5 到 6 世纪，基督教成为统治者影响千百万人的精神力量，7 到 8 世纪，伊斯兰教又获得了空前迅速的发展。基于宣讲宗教教义的需要，研习语言交际被列为当时的教育的主要课程之一。从总体上看，这时的语言交际研究一般都是偏重于学校的说话训练，其目的是培养学生能进行娴熟的演说，很少在理论上进行深入的探讨。

在近代，即欧洲文艺复兴到 19 世纪，语言交际研究仍然是学校教育的一个重要内容，其侧重点在于技巧、语态的训练，理论方面仍然没有太大的进步。

在我国古代，由于人际关系具有多层次、多方位、多类型等特点，汉语的语言材料和表达手段又极其丰富，人们在运用汉语进行交际的长期历史过程中，创造了绚丽多彩的语言艺术，积蓄了宝贵的经验，出现过一大批精于口才的语言大师，产生过许多善于辞令的事例。相应地，我国的语言交际研究也是开始得较早的。翻阅一下我国的古代典籍，我们可以发现，从有文字记载的时候起，人们就重视对语言艺术的研究。春秋战国时期，政情人事非常复杂，急需有口才的人担当重任，参与百家争鸣，辩疑析理，善于说话的人大多用于当时的政治、外交、礼仪等场合。语言交际显得十分重要。这就要求人们从理论、实践、方法等各个方面进行总结，以提高人们的演说、讲学的水平。孔子在语言交际研究方面是颇有建树的。他的关于语言交际理论的见解大多散见于《论语》等著作之中。孔子关于语言交际的观点可以概括为：(1)说话要选择场合。“言未及之言谓之躁，言及之而不言谓之隐。未见颜色而言谓之瞽……”(《论语·季氏》)。(2)说话要考虑对方能力。“中人以上，可以语上也。中人以下，不可以语上也。”(《论语·雍也》)(3)说话要视对象。“可与之言而不与之言，失人；不可与言而与之言，失言……”(《论语·卫灵公》)。(4)说话要顾及具体环境。“食不语，寝不言……”(《论语·乡党》)。孔子聚众讲学，周游列国，使其交际理论得到广泛传播，产生了不小的影响。

在荀子的很多文章中也可以见到语言交际研究的内容。“言语之美，穆穆皇皇”(《大略》)就是他对于美的语言所发出的感叹。他还主张在语言交际中要“与人善言”(《荣辱》)，“口不出恶言”

(《乐论》);此外荀子还对语言交际的对象、内容、方法及其与环境的关系等问题也进行了较为详尽的论述。这些在他的《劝学》《富国》《不苟》《臣道》《成相》《群道》《礼论》等篇中都有表现。

庄子、孟子、墨子、韩非子对语言交际的技巧都有所论述。庄子在《天道》《天地》《逍遥游》《知北游》等篇中,孟子在《尽心》《万章》《离娄》等篇中,墨了在《小取》《非命》等篇中,韩非子在《问辩》《说难》《解志》等篇中,都较深入地探讨了说话的技巧和方法,为我国的语言交际的研究做出了较大的贡献。春秋战国时期,由于百家争鸣局面的出现,使口语、辩说的研究盛极一时,这是我国古代语言交际研究的黄金时代。

秦朝以后,各个朝代都有人进行语言交际的研究,并取得一些成果。例如汉朝刘向的《说苑》、扬雄的《法言》、王符的《交际》、王充的《论衡》,魏晋南北朝刘勰的《文心雕龙》,隋唐刘知几的《史通》,宋代陈骙的《文则》,元明清王夫之的《姜斋诗话》、顾炎武的《日知录》等书中,对语言交际诸方面都有所涉及。不过,同春秋战国时期相比,这一时期语言交际方面研究成果的理论建树并不大。特别是唐代以后,这方面的研究成果越来越小。一方面,是由于长期的封建专制统治限制了人际交往,“父母在,不远游”的思想束缚了人们的交际活动,使人们的交际活动的范围受到了极大的限制。加上自给自足的小农经济生产的规模狭小,社会分工不细,行业之间以及地域之间交际不多,这些都使人们之间交往减少;另一方面,传统的“重文才,轻口才”的观念在这个阶段更加浓厚,以文取仕的科举制度的形成,使语言交际的能力不为人们所重视,研究者也就大为减少。但是,出于宗教宣传的需要,在这个时期佛家在对僧众进行语言表达的训练方面却积累了宝贵的经验。同时,在这个时期国外的语言交际训练方面也主要是为宣传宗教服务的。

(二)现代的语言交际研究

从20世纪初开始,特别是第二次世界大战以后,社会政治经济形势发生了急剧的变化,科学技术比之以前有了很大的突破,这些变化和变革冲击了人们的某些认识。因此,传统的语言交际的研究内容和研究方法已经远远不能满足人们的需要。同时,现代科学技术的突飞猛进,人机对话的出现,使世界距离大大缩小,语言交际的功能大大提高,这种新形势给语言交际提出了许多新的课题,这就使语言交际研究在西方一些国家以及日本等国有了较大的进展。在这个时期,有一大批关于语言交际的书刊相继问世,很多院校开设了这方面的课程,有的国家还设立了语言交际研究的专门学校或是系室。例如,在美国,现在就有三百余所大学设有"说学系",培养了大批的专门人才。据资料记载,美国从1976年到1980年间,就有近三万人获得"说学"硕士学位,两千多人获得"说学"博士学位。更为重要的是,现代语言交际的研究已经纳入了现代科学体系,运用了语言学、生理学、心理学、物理学以及信息论、控制论、系统论等现代科学的理论和方法观察语言交际现象,研究语言交际的特点和表达技巧等。事实上,这种研究已经远远超过传统的语言交际的研究范围,使语言交际研究纳入了严格的科学研究轨道。

在我国,辛亥革命之后,大批仁人志士提倡科学与民主,追求光明与自由,为了启发民智,宣传革命,他们走上街头,宣传爱国救民的道理。演说的兴起,带动了语言交际研究的发展。例如,毛泽东在《十大教授法》《反对党八股》等文中,就语言表达的内容、形式、方法等问题进行了科学的阐述。鲁迅、闻一多等人在这方面也曾做了较深入的探讨。为了满足社会的需要，许多学校还开设了语言交际的课程。

新中国成立后，很多学者，如罗常培、叶圣陶、吕叔湘、张志公等人曾积极致力于这方面的研究。但也不可讳言，历史上形成的重文轻语的现象在新中国成立后的一段时间内又有所抬头。很多人都醉心于语言本体的研究，很少涉及语言交际方面的研究。近三十年中，我们这样一个大国竟没有一本以指导人们的语言交际为目的的杂志。也没有出版过一本语言交际研究的专著，甚至于这方面的文章都不多见。

20 世纪 80 年代以后，随着社会形势和语言科学的发展，我国的语言交际研究出现了新的局面。许多学者，特别是语言学界的人士，从以往的偏重语言的静态结构的研究方面转向了全方位、多角度的语言功能的动态探讨上来，使我国语言交际的研究得到发展。主要标志是刘焕辉《言语交际学》和姚亚平《人际关系语言学》的出版。这些著作的出版表明我国的语言交际研究已经纳入了科学化的轨道。到了 90 年代，夏中华的《交际语言学》《口语修辞学》，刘焕辉的《交际语言学导论》，孙维张、吕明臣的《社会交际语言学》，黎运汉、李济中、濮侃等人各自编著的《公关语言学》等，也产生了广泛的影响。

同古代的语言交际研究相比，现代的语言交际研究明显具有下列特点：

首先，理论建树较有系统性。以往的语言交际研究是相当分散的。无论是先秦诸子对论辩讲说技巧的阐述，还是秦汉以后的学者对语言表达的研究，都是零碎不成系统的。而现代的语言交际研究则比较注重对理论的研究。其次，研究方法更加科学。现代的语言交际的研究摆脱了传统的研究方法的束缚，广泛吸取和借鉴新的科学方法，使其理论的阐述更加具有科学性，事例的剖析更加深透。再次，研究成果远远超过以往。据初步统计，仅在我国，1980 年以来，有关语言交际的论文就达万余篇，专门探讨语言交际的期刊也有十来种。同时出版了大量的专著。例如陈启川的《口才学》，李志强、徐佩印的《交际与口才》，陈建民的《说话的艺术》，曾毅平的《公关言语艺术》，王建平的《语言交际中的艺术》，崔应贤、李玉生的《公关・言语・交际》和潘肖珏的《公关语言艺术》等。另外，研究内容深入广泛，研究队伍不断扩大，也是这一时期的一个明显的特点。

二　语言交际的原则

(一)语言交际的基本原则

语言交际获得成功并得到应有的交际效果，必须遵循一定的交际原则。这些原则不是人们主观随意规定的，而是语言交际自身规律的反映。语言交际的环境是不同的，类型也是多种多样的，因此语言交际所遵循的原则也不是单一的。但无论是哪种类型的语言交际，都要遵守一个共同的原则，通常称为合作原则。如果违背了这个原则，语言交际就会失败。

语言交际的合作原则是由美国的语言哲学家格赖斯(H.P.Grice)首先提出来的，后来的许多学者认为这一原则的提出具有积极的意义。在论述语言交际的理论和实践中也都引用这一原则。在合作原则中格氏提出了“量、质、方式、关系”四个原则，是仿效哲学家康德在“范畴表”中列出的相同的四个范畴。后经布朗(P.Brown)、列文森(Levision)和利奇(Leech)等人从修辞学和语体学的角度进行补充，提出“礼貌原则”（Politeness Principle）。这些基本原则和其次原则的相继提出，已经构筑了语言交际基本原则的大致框架。

语言交际合作原则的提出，丰富了语言交际研究的内容，对人们的语言交际活动起了一定的规范作用。对语言交际理论的完善和发展是有贡献的。尽管学术界对合作原则的理解和看法上存在分歧，但对合作原则在语言交际中的积极、重要的作用还是普遍肯定的。

“合作原则”是语言交际的基本原则，而且是各原则的基础和前提。合作原则不仅仅是一般的原则，而且应该是大的原则。任何一个语言交际活动都不会是一系列互不相干的简单的话语的拼合，而是一个复杂的多种因素共同交互作用的整合的交流过程。任何一个成功的语言交际都应该是一个参与交际的主体之间，主体与流程在内的各个因素之间能动调和的结果。在交际之初，只要形成一个共时的交际圈，参加的人就一定有一个共同的交际目标，或者至少有一个被交际双方或多方共同认可的大方向。当然，这个目标或大方向不一定一开始就十分明确，有可能是逐步明朗的。但只要开始一个交际过程，这本身就已经确定了一次合作。当然合作的形式可能让人觉得不是合作而相反是对抗，如激烈的辩论、谈判中的争吵等。但这正是我们误解合作的原因。如果没有合作，任何一个交际都不可能开始。

（二）合作原则的次范畴

“合作原则”从提出至今，在国内外都有逐渐细分的趋势，显得很繁琐。有很多原则有没有资格列为原则之一，或者是否可以列入其他原则之中，都有待商榷。总之，每一个交际原则与具体语言文化相结合,对交际原则的看法都会见仁见智。在此我们认为,“大合作原则”是语言交际的基本原则的前提和基础。在合作原则之下,我们将它们具体分为数量原则、关系原则、方式原则和礼貌原则等四个原则。这并不是说,除此之外没有其他原则,而是其他原则或者包含于这些基本原则之中,或者可以列于它们之下。没有列出并不是说它们不存在。

1.数量原则

数量原则包括两个方面的内容:

(1)使所说的话达到交际目的所要求的详尽程度。

(2)不能使自己所说的话比所要求的更详尽。

这两条次原则都是完成交际所必需的条件,但问题是这种交际只是我们理想中的交际,事实上很少存在。在第一条原则中提到的“详尽程度”本身就是模糊的。而且对详尽与否的判断,说者和听者也会各有不同。说者所说的话是否超出听者所需,也没有一个确定的标准,这是现实的交际中客观存在的现象。对数量原则的违反在交际中占大部分,比如,由于语境的补足说话人可以不必说出听者能够根据语境轻易推断出的信息。语言的经济原则也可以使说话人在不影响交际正常进行的情况下,少提供信息。当然也存在提供冗余信息的情况,如生理缺陷(如耳聋)的要求、打听信息时的交际双方的重复、电话通知时的反复强调等都提供冗余信息,这对交际是必要的。

总之,每一个具体的交际主体群,每一组具体的客观交际因素及交际环境,交际目的,都现时地调整着数量原则,每一个具体的准则都会迅速成为历史事实。数量准则存在于动态变化之中。

2.关系原则

关系原则也叫关联原则，即说话要贴切，要有关联。语言交际总是有意识的社会活动，有一定的中心或目的，说话者一般都要围绕一个或多个话题，在共同信息的基础上，以共同的背景知识为根据进行语言交际。但并不是说在语言交际中每句话都有一个明确的语点点出中心话题，并明显地与当时的话题相关。我们说，交际是为合作并最终是为达到交际目的而进行的。所以关系并不简单地表现为明显的形式上的关联，还表现为为特定的目的而进行的隐含的关联，而且有时候隐含关联对本次交际的合作更有效。生活中有些旁敲侧击式的劝导、顾左右而言他的表达方式，就是如此。例如：

语境：家中，一个淘气的学生被其父叫到面前。

父亲：听说你又在班里捣乱了？

儿子：哎呀，书掉到地上了。

这种话题的转换也应该看做是一种关联，是一种建立在合作基础上的隐含的关联。孩子和父亲的交际环境、交际内容都是明确的，孩子故意叉开话题，是为了达到他尽量少受批评的目的。虽然题目转换了，给人以一种形式上的中断，实际上，是另一种关联出现了。

3.方式原则

方式原则主要包含以下四个方面内容：

(1)避免晦涩的词语。

(2)避免歧义。

(3)说话要简洁(避免赘述)。

(4)说话要有条理。

数量原则与关系原则总的说是与“说什么”相关，而“方式原则”是与“如何说”相关。方式原则总的要求是用词准确、意义明晰，但由于受具体的交际目的、交际环境、交际对象的影响，交际中并不都是完全遵守交际的方式原则的。人的思维的模糊性，说话人心态的不明晰性在语言表达中都会出现模糊的方式。如小品《过河》中，潘长江就用一连串的“嗯……”。这种表达，简直连晦涩的词语都算不上，这是由于受当时剧中主人公的心理影响而出现的一种特定的表达方式，我们不能说这时的交际目的也是不明确的。交际中歧义句、冗长的句子和句子胡乱的堆砌都与特定的交际目的有一定的关系。任何一次对方式原则的反驳都是对方式原则的超越，都是更高层次的方式原则的表现，是合作的更具体、更深刻的表现。

4.礼貌原则

礼貌原则，一般认为是利奇于 1983 年作为“合作原则”的补充部分而提出的。事实上，礼貌原则与我们上面提到的“数量原则”“关系原则”和“方式原则”一样，都是为交际服务的，都指向最终的交际目的的实现。不礼貌不一定是不合作的，但适当的礼貌一定更有利于合作。礼貌原则主要包含下面的几个次准则。

(1)得体准则

a.最小限度使别人受损。

b.最大限度使别人受益。

(2)慷慨准则

a.最小限度使自己得益。

b.最大限度使自己受损。

(3)赞誉准则

a.最小限度地贬低别人。

b.最大限度地赞誉别人。

(4)谦虚准则

a.最小限度地赞誉自己。

b.最大限度地贬低自己。

(5)一致准则

a.使交际双方的分歧减到最小。

b.使交际双方的一致增到最大。

(6)同情准则

a.使对话双方的反感减到最小限度。

b.使对话双方的同情性增到最大限度。

利奇曾指出前四条准则是双向性的,但后两条是单向性的。我们认为,在语言交际方面,它们都应该是双向的。这是由交际的本质决定的。得体表现为现时语境的适切,而有时语言形式上的不得体也可以是礼貌的。同样,慷慨原则、赞誉原则、谦虚原则、一致原则、同情原则也是为达到交际目的而进行的合作,而不是表面上为求礼貌而故意做作。其中任何一个次原则的违反,都有可能产生一定的会话含义,这是交际中的正常现象,但是如果会话含义让对方迷惑,这就是不及,不礼貌了。礼貌是有层次性、适切性、文化性的。

三　克服语言交际的心理障碍

语言交际总是为着一定目的的合作,它是建立在心理接触的基础上的人际交往,即语言交际总是伴随着一定的心理调节。心理调节的失当或失败就表现为交际中的心理障碍。

语言交际心理障碍形成的原因是多方面的。客观方面如交际环境的变更、对交际对方印象的好坏等都可以产生交际心理上的障碍;但主观方面的原因是主要的,包括情感、态度、兴趣、气质、性格等许多方面。客观原因也要通过主观方面起作用。

(一)语言交际心理障碍的表现

语言交际中的心理障碍的表现形式是多种多样的。总的来说主要表现为嫉妒、羞怯和猜疑三个方面。

1.嫉妒

嫉妒是人的欲望没有得到满足时而产生的不服气、不愉快等情感,它是人的一种缺陷性情感心理,多以怨恨、失望、屈辱、虚荣、羡慕、竞争的形式表现出来。嫉妒产生的主要原因是人的需要没有得到满足。人的各种行为都是为了特定的需要而产生的,在需要满足的过程中遇到障碍或是挫败,人的心理就要受到一定的伤害,伤害的结果之一就是产生嫉妒。同时嫉妒的产生与人的气质、性格、态度和价值心理等也有一定的关系。嫉妒具有明显的指向性特点。人不会无缘无故地产生嫉妒心理,它总是指向一定的范围或一定的对象。嫉妒者指向的对象一般地说都是同事、同学或是与自己具有直接的利害关系的人,因为这些人与嫉妒者距离最近,是竞争的对手,所以容易产生对他们的嫉妒心理。而且在这些人群中,那些与嫉妒者相似点或是相同点最多的人又容易成为首先被嫉妒的对象。嫉妒产生后的结果表现为一定的伤害性。这种伤害可以是自伤,给自己的身心健康带来的不同程度的危害;也可以是他伤,语言过激会给对方造成心理上的伤害,严重时可能出现出手伤人的现象或是带来社会危害,从而影响人与人之间的正常交际。总之,嫉妒是语言交际的一大障碍。

嫉妒是一种具有潜隐性的心理现象,在一定的时期内可能不被人觉察,所以即使是在嫉妒表现于外时,也经常是以自嘲的形式表现出来,在语言交际中表现为自傲或自卑。无论其表现形式如何,嫉妒心理在语言交际中都是一种障碍,它限制人们正常的人际交流,压抑人们的交际热情,甚至会反友为敌,因此,在语言交际中要注意克服这种嫉妒心理。

2.羞怯

羞怯多表现于口语交际中。语言交际中的手足无措、不知所云、低声细语、吞吞吐吐等语言失常的现象,心理学称之为羞怯。羞怯产生的原因是多方面的。从主观方面来讲,羞怯产生的主要原因是人的自卑感。在语言交际中,由于自我意识的作用,人们在与他人接触中,总是十分注重自己的形象,担心在任何一个方面被对方否定,由于这种过分的自我观照,交际中经常出现低头、脸红、发声吐字含糊、语言混乱等现象,往往事后说话人又会因为出现这样的事而后悔自责,久而久之形成一种恶性循环,形成习惯,在交际中表现为自卑。从客观方面来说,社会因素在羞怯的产生中起着决定性的作用。由于社会经验的多少和社会文化教养等方面的原因,会导致某些人在语言交际中出现羞怯的心理。如在社会交往中不敢抛头露面,学生在课堂上不敢回答问题,面对困难不敢知难而上等现象都与羞怯有不同程度的关系。

3.猜疑

猜疑是无中生有地怀疑别人,对别人感到不放心。表现在语言交际中就是喜欢猜度别人的言外之意。这是语言交际中一种不正常的心理。猜疑形成的原因是多方面的。从客观方面来说,一是来源于被猜疑者的可疑的行为,这是引起猜疑的最直接的原因。第二是来源于别人的传闻或是有意的挑拨,这种传闻或是挑拨对猜疑起着导火索或是火上浇油的作用。从主观方面来说,一是由于交际者对人际关系的不正常的价值心理引起。例如,有的人认为人的本质是虚伪的,所以在语言交际中就会总是以一种怀疑的眼光看人,从而影响人与人之间的正常交往。二是交际主体对人或对事没有正确的或是冷静的态度也可能导致猜疑的产生。猜疑也是语言交际的一大障碍。

语言交际中的心理障碍还远不止上面我们提到的这些。但总的说来,它们都是违背了交际中的合作原则,从而经常导致交际中断或失败。所以,要保证交际的顺利进行,必须控制和克服交际中的这些心理障碍。

(二)语言交际心理障碍的控制与克服

语言交际中心理障碍的复杂性,决定了对其进行控制的多样性和灵活性。不存在一成不变和普遍适用的方法。总的说来,我们可以从下面几个方面进行。

1.加强自我修养

语言交际心理障碍形成的主要原因是个人方面的。所以,控制语言交际的心理障碍应当首先从个人角度着眼,加强自我修养,具有宽广的胸怀。

加强个人修养,在语言交际中首先要求交际主体对人际关系持有正确的看法和观点。人与人之间的对抗是难免的,但其中合作是主流,对抗只是合作的一种表现形式。所以在语言交际中必须要有积极的态度。其次,要有正确的自我意识,不断完善自我形象。人贵有自知之明,正确的自我意识和完美的自我形象对语言交际有十分重要的意义。豁达大度的胸怀本身就是一种良好的自我修养,斤斤计较只能是固步自封,宽宏大度是语言交际应有的品质。

2.求同存异

“求同存异”已经成了国际交流中的一个基本原则,反映了语言交际中寻求共同点,避开差异性的重要。语言交际中的求同存异是指交际各方寻找已经存在的共同点,或积极改变自身的特点来适应对方,以满足对方的心理需求,从而减少差异。

人与人之间的共同性或相似性因素是客观存在的。语言交际中交际各方对任何一个方面的认同,都可能产生“共同语言”,削减心理障碍,而使交际顺畅。当然,由于交际的复杂性和交际范围广泛性的特点,也会出现共同性或相似性不明显的现象,因而不能及时地发现共同性。这时就需要交际中的各方或其中的一方积极努力,从交际的整体利益出发,寻找交际对方感兴趣的话题,以求得心理上的相容和认可。记者采访,作家深入农村或基层采风时都经常运用这样的方法,而且往往取得不错的效果。

3.理解言外之意

语言交际中,由于受特定的交际环境、交际对象、交际目的以及语言禁忌的影响,有些话不便或是不能直说,这时就产生了所谓的“会话含义”。这是语言交际中经常有的现象,是语言交际艺术性的体现。对言外之意的理解是双向的,涉及说话人和听话人两个方面。合作的语言交际首先要求说话人对自己所要说的话及其会话含义有充分的理解,通常要注意下面这些因素:本次交际处于什么样的交际环境之中,对方的文化习惯如何,对方的知识水平高下,以及由于这些因素的影响而要选取多大透明度的语言表达形式等。对听话人来说,要正确理解对方的会话含义,考虑上述的各个方面也是十分必要的。只有在对说话一方说话当时的各种情况进行全面观照的情况下，才能形成对本次话语的正确性的理解。

4.克服羞怯

羞怯主要是由交际中的过分自我观照引起的。表现为交际中的消极应付或逃避。所以克服语言交际中的羞怯首先要求交际者有积极的交际态度和足够的自信，要对每一次交际有充分的准备，包括心理及其他各个方面的。对于说话者来说，这是十分必要的。比如教学中要先准备好教案（当然有的教师可以只准备腹稿），如果这时对自己仍然没有足够的信心的话，可以设计一个模拟课堂，反复地试讲几遍，这样可以提前进入交际的环境之中。交际中，尤其是各种利益攸关的公关交际中，也可以在交际开始之前，在允许的情况下，多准备好几种方案，以变应变；对于自认为口才不是很好的人，可以利用自身的文学素养，以文才助口才，这对于克服交际中的羞怯也是很有帮助的。对于交际中的其他各方来说，应该积极创造一种平等、真诚、融洽的交际氛围，在交际中及时发现羞怯者的长处，并指出来承认它，以增强羞怯者的自信心。必要时，可以适当地对羞怯者表现出来的长处进行合理的称赞和鼓励，以增强对方的自信意识和自助能力。这在上级对下级、长辈与晚辈的交际中显得尤其重要。总之，克服羞怯，建立平等、尊重、友好的交际氛围对交际的顺利进行是十分必要的。

5.有意训练

克服心理障碍，寻求最大限度合作是可以通过有意训练进行的。心理障碍的形成原因和表现形式多种多样，与之相应，有意训练的方法也不应该是单一的，而应该是可以灵活变通的。心理稳定法是一个可行性很强的方法。为了达到心理上的稳定，我们可以提前进入交际要发生的环境，事先对交际环境有所了解，从而达到心理上的提前适应;也可以主动接触交际对象,对交际对象有一定的了解,做到心中有数;或者在说话之前,可以慢慢喝水,或做几次深呼吸,安定下来之后再说,这也不失为一种有效的心理稳定的方法。

有意训练的进一步发展是要培养自我的挑战欲,鼓励自己做一些力所不能及的事,这样有助于增强自信心和自助能力,对克服语言交际中的心理障碍会有很大的帮助。

四 语言交际与思维训练

语言交际与思维是密不可分的。在交际中,有人说话颠三倒四,让人不知所云;有的人则条分缕析,讲故事娓娓动听,说道理侃侃而谈;有的人表达形式内容不拘一格,让人耳目一新;也有人讲起话来循规蹈矩,老生常谈,让人感觉味同嚼蜡。同时我们也会看到有些人面对问题总是答非所问。以上这些表达现象与表达者思维的情况是分不开的。说话总是有一定交际目的的,而表达的失误或失败往往会导致交际的中断或失败,达不到预期的目的。这里,加强思维训练就显得十分必要了。加强思维训练在理论和实践方面都有利于语言交际的进步。思维是人脑对客观世界和主观世界抽象概括的反映,是人类认识达到的高级阶段,所以加强思维训练可以提高人们对两个世界的认知能力,便于对其中出现的复杂现象进行整理、归纳、总结,形成系统。而语言是思维的一面镜子,是思维的最重要的工具,一般认为,思维的内容决定着语言的表达。因此,当经过缜密思考的内容付诸语言表达时,会条分缕析、鞭辟入里。从理论上说,思维训练可以推进理论的进步,而理论的进步当然又会对实践产生积极的影响。所以思维训练不仅是在语言交际中具有重要的作用，而且在语言实践的各个方面都有不可忽视的作用。

目前，语言交际（以及其他语言实践）与思维训练的探讨一直都没有中断。近年来关于这方面的论述不断有成果出现。如王铁民著《语言运用与思维美学》（华南理工大学出版社，1997）、盛炎著《语言教学原理》（重庆出版社，1990）、倪宝元主编《语言学与语言教学》（上海教育出版社，1995）等许多著作都不同程度地论述过这个问题。吴为章著《新编语言学概论》（北京广播学院出版社，1999）专列第三章“语言和思维”对这个问题进行了历时、全面的论述。在“引发的新课题”一部分对语言交际与思维训练问题进行了深入的分析，并提出了许多思维训练的方法。

（一）准确性和条理性训练

准确性是语言交际的前提，它包括表达的准确和理解的准确两个方面。要想使表达清晰、准确，就要求说话人对所要表达的事物有正确的认识，对道理有正确的评价，对现象能正确地认识其本质。所以，每一个表达者在平时的表达过程中都要随时注意对事物、现象、道理进行多角度的观察，全面的考虑，透过现象认识其本质，发现事物之间的联系。也就是说，在表达之前，说话人都要对所说的现象、道理或事物进行“综合—分析—综合”，形成正确的判断，做出合乎事实的推理。只有这样，才能使表达准确，明晰，紧扣中心。理解的准确性是语言交际得以继续进行的条件。语言交际中如果不能正确理解对方的会话含义，就匆忙应答，是对对方的敷衍和不尊重，容易导致交际的中断。分析对方的言外之意，确定对方的真实意图，需要一个摸索的过程。在这个过程中，听话人的心理活动就是依赖当时语境提示而进行的一系列的推理过程，有必要充分调动逻辑思维能力，去准确理解话语。

语言交际的任务不仅仅是表达正确的思想，还要求正确地表达思想。所以语言表达与理解的准确性和条理性是紧紧相联的。没有准确性作基础，表达上大多也是无序的、模糊的、不扣中心的。表达的条理性与思维的条理性是密切相关的。语言表达的条理性是指所说的话要中心突出、思路清晰、表义明确、层次分明，它取决于语言计划是否严密，即说话者的思维是否缜密、周到。说话人事先要对所说的话进行全盘的考虑，紧扣交际的目的，围绕主题，理顺思路，尽可能地施展自己的逻辑思维能力。在使用概念进行判断推理时，要注意科学性、合理性，从而使自己所说的话条理明晰，具有内在的逻辑张力，吸引对方，引导语言交际向顺畅的方向发展。这个思维过程表现在语言表达中，就是要确定本次交际所要表达的中心，然后围绕这个中心采取有序的分类手段，逐步展开，从而使表达既中心明确，又富于条理性。

（二）灵活性和敏捷性训练

灵活性和敏捷性是与语言交际内容和形式的老化、僵化、模式化的现象相对而言的。它往往受人们思维定势的影响。语言表达的任务既要表达正确的思想也要正确地表达思想，更高的要求是花样翻新地表达同一个思想，即一样话十样说。老生常谈的说话方式和老化腐朽的谈话内容因其缺乏新奇性而不会吸引对方的注意，在一定的程度上会影响交际的顺利进行。所以，进行语言表达与思维的灵活性和敏捷性训练是很必要的。思维的灵活性和敏捷性训练的有效办法是注意多向的尤其是逆向的和联想式的思维，开阔思维空间，积极利用多种思维方式，从而使思路开阔，使表达游刃有余。比如在训练中我们可以做这样的示范：我们说十五的月亮是圆的，车轮是圆的，地球是圆的，而全家团聚则是中华传统文化中的团圆，等等。灵活性的思维在语言交际中是十分重要的，它要求表达者积极调动自己的逻辑思维能力，尽可能地跳出自己思维定势的圈子，努力选择或创造新颖的表达方式，或者及时、切境地选择交际各方共同关心的新鲜的话题。清新的思路和新奇的表达内容往往会不同程度地吸引对方的无意注意。在语言交际的操作中，可以围绕一个中心，大范围地确定相对多一些的语点，再让这些不同的语点积极活动起来，进行协调、整合，形成清新而有序的语脉，从而使我们的表达新颖、活泼。

逆向思维是多向思维中的一个十分重要而有效的形式。它具有的高新鲜度，能够吸引对方的无意注意，从而对语言交际的顺利进行起到促进作用。比如，在人们关于地球的观念中，没有人和其他生物存在的话，就不应该称之为地球。那么，没有人和动物的地球应该叫做什么呢？我们也会经常听到有人爱问这样的问题：一个人冒雨回家，头发却没有湿，这是为什么？粉笔盒有几面？诸如此类的一些"脑筋急转弯"的问题。事实上，这些问题对于训练逆向思维是很有帮助的。

逆向思维在语言交际的操作中往往是行之有效的。《世说新语》记载，孔融小的时候便才思敏捷，一次有一个客人对孔融的聪明不以为然，说孔融是："小时了了（聪明），大未必佳。"孔融受到奚落，当即反驳说："想君小时，必定了了"。对方当即哑口无言，面露愧色。孔融之所以不失礼貌又有力地回敬了对方，是因为他有效地利用了那位客人的推理，进行了一个精巧的反推理，表达了那位客人成年愚蠢的会话含义，有理有节。所以加强逆向思维以及多向思维的训练，选择、创造鲜活有力的表达形式和内容，在语言交际中是十分有用的，这在当今的竞争社会中就更显得重要。

五 公关语言

公关语言，是一个组织为实现特殊的公关目的而运用的语言。一般地说，这是一种语言艺术。由于公共关系交际的特殊性，对在这种交际中使用的语言也提出了特殊的要求。所以，在公关交际中掌握一些公关语言的技巧是十分必要的。我国社会迅速发展的形势促使公关实务的日常化以及公共关系学的产生。近年来，关于公关语言的研究成果较为丰富。从 20 世纪 80 年代开始出现了关于公关语言学的专门著作。如孙莲芬、李熙宗编著《公关语言艺术》(知识出版社，1989)，黎运汉主编《公关语言学》(暨南大学出版社，1990)和李济中等主编《公关语言学》(北京工业大学出版社，1998)等，这些著作从构建最初的理论框架到形成完备的体系，对公关语言以及公关语言学进行了深入的探讨。公关语言大体上可以分为接近、说服、应急、拒绝四个方面。下面分别进行阐述。

(一)接近

公关实务中的接近是指通过一定的语言形式或辅助性手段，使语言交际中的各方形成一种融洽关系的心理现象。语言交际中的接近包括空间距离的缩短和心理上的渐近两个部分。在接近的心理方面，主观的语言表达起着很大的作用。总的来说，在语言交际中应该持有真诚、礼貌的态度。主要应该注意下面几个方面：

1.介绍得体

公关实务中第一程序便是介绍。得体的介绍有助于给对方留下美好的印象，为交际的顺利进行打下伏笔。一般地说，介绍提供的信息要简洁、明了，举止要大方、得体，态度不能过于随便。而且要注意介绍中提供的信息在接下来的交际中具有一定的可谈论性。信息过多会使人感到有卖弄之嫌,信息过少,又会让对方觉得你目中无人。而可谈论性强的话题有助于交际各方创造良好的交际氛围,不得体的举止不仅会影响交际者本人的形象,而且会给自己所代表的团体或是国家带来不好的影响。

2.称谓适当

称谓是公关实务中为了唤起对方注意或指定交际对象时所使用的。合适的称谓容易激发对方的合作欲望,使交际顺利。总的来说,使用称谓要恰当、得体,要注意对方的语言习惯、风俗习性、民族特点以及当时特定的交际环境。注意使用敬语,避开禁忌。

3.巧用“我”字

公关实务中为了指称对象、表达情感、阐明观点,常常用到“我”字。但是“我”字如何使用却有讲究。一般地说,为了在语言交际中给人以谦虚、良好的印象,首先要少用“我”字。如可以使用承前或是蒙后省略的方法,避开使用“我”字。其次如果必须使用时,可以在重音方面把它处理为轻声,或者用复数语法意义的“我们”来代替“我”,这样或许也可以使对方在心理上更容易接纳。

4.善于提问

提问是公关实务中使对方开口或是引导问题深入的重要步骤,是沟通思想、获取信息的重要手段。一般地说,提问要注意交际的场合、问题的性质、被问的对象等方面,不问令人难堪的问题,不越权提问,不问对方的隐私,不用质问的方式发问。在提问的表达方式上,要充分尊重对方,内容上要不落俗套,说话要有条有理,不要没话找话,说一些逻辑性的套话,要多使用暗示性提问和选择性提问。

此外，与人接近最好还要记住对方的名字，在适当的时候能张口叫出对方的名字，会一下子拉近彼此之间的距离。同时，在说话过程中恰当引用他人尤其是你的现时交际对象说过的话，对于交际的进行也会产生意想不到的好效果。

(二)说服

说服是公关活动中以一定的方式向公众说明理由，进行劝导、疏通，使之心悦诚服的行为。说服是公关活动中一种常见的行为，由于它具有劝解阻止、疏通说服以及宽慰安抚的各种功能，所以说服在公关实务以及其他各种语言交际实践中都是很重要的。

由于说服一般面对的都是比较棘手或是有一定难度的问题或场合，所以说服对方的过程中一般都要遵循一定的原则和要求。对于语言交际中的说服行为而言，主要是要遵循以理服人和以情感人的原则。说服是通过一定的语言形式使对方从心底里感到心悦诚服，而不是以某种不正当的手段进行强制压迫而仅使之口服。所以在说服的过程中要注意阐明事理，做到晓之以理，以理服人。尤其是在对方固执己见时这个原则就显得更加重要。比如：电视剧《女儿河》中下乡青年高志成在面对拥入石场闹事的愤怒的乡亲们，冷静沉着，从解决乡亲们目前的生活入手，逐步谈到石场的发展及至今后乡亲们生活的彻底改变，条分缕析、层层深入，逐步使乡亲们明白了其中的道理，最后乡亲们都满意而归。以情感人是指在说服的过程中要用真挚的情感去打动对方。说服不仅要言之有理，而且要动之以情。只有情理相融的说服方式最容易达到交际的目的。表情冷漠、声色俱厉，即使再有理，也不一定能够顺利地达到交际目的。比如有的领导在教育下属时由于不能融情入理，往往达不到预期的交际目的。

语言交际中，说服的方式和技巧很多。一般地说主要有下面这样几种方式：

1.循循善诱

循循善诱的说服方法，是指在说服对方的过程中，以所言之事为中心，从多方面进行讲解分析，从而使受众领会其中的原因或道理而心悦诚服。这需要交际主体有步骤地、耐心地、不断地诱导对方进行逐步深入的思考，让其自己领会。比如1936年“西安事变”之后周恩来到西安面对杨虎城部队中一部分人坚决要杀蒋介石的情形，从蒋的历史罪过入手，引证十月革命逮住克伦斯基以及滑铁卢战役擒住拿破仑的事例，从人民的最高利益着眼，层层深入，终于说服了那些主张杀蒋的军官，最终促成了西安事变的和平解决。

2.曲折说服

曲折说服指在说服的过程中，不是直接地说道理，而是以一种曲径通幽的方式让对方间接地明白其中的道理而心悦诚服。一般地说，这种方法主要有借此说彼、旁敲侧击、反向激将以及以褒代贬等几种方式。这样的说服方式能够避免与对方针锋相对地冲突，对方也容易承认这样的说服方法，所以常用做说服中的手段。

3.情理相济

情理相济是指在说服的过程中，不仅要对所说的道理进行深入浅出的分析和讲述，而且在讲述的过程中，不能板起面孔，而要以真挚的情感去打动对方，让被说服对象在富于人情味的说服中接受对方的意见或道理。

此外，说服工作中，还要注意给对方适时的鼓动、必要的批评。

（三）应急

应急是公关活动中面对意外出现的紧急情况而采取的各种措

施。应急是人们对交际活动中的紧急情况的即时处理，所以它要求人们在交际中要思维敏捷，表达机智。一般地说，在应急过程中要做到急而不乱、不失礼貌。在语言交际中用于对付这种情形的方法很多，下面我们介绍其中的几种常见的方式：

1.因势利导

因势利导是指在交际过程中，面对突发的情况，使这种情形的某一方面或整体导向有利于自己的一面。比如山东有一位导游员，有一次为八位日本客人做导游，在讲到"八仙过海"的故事时，有位日本客人问了这样一个问题：八仙过海到什么地方了？这位导游当即回答："我想，为发展中日两国的友谊，八仙过海东渡到邻邦日本了吧！"这样的回答十分巧妙，既摆脱了不利于自己的局面，又使日本客人感受到了中国人民的友好。

2.双关

双关是一种表现形式两种语义指向（表面和深层）的修辞方式。在公关活动中，双关的巧妙运用往往能收到良好的交际效果，反映应急语言的机智。于根元先生在《二十世纪的中国语言应用研究》（261 页）提到他与刘一玲对王蒙小说的语言的分析，其中王蒙小说的语言特点之一就是双关的机智。公关语言尤其是国际交际中双关的运用不乏其例。1972 年美国前总统尼克松访华，周恩来总理与他握手时说："您从大西洋彼岸伸出手来和我握手，我们已经 25 年没有联系了。"周总理的话言简意赅，耐人寻味，颇具机敏和幽默感，在当时的交际中产生了很大的作用。后来，在尼克松的回忆录中我们还可以看到他对周总理的极高的评价。

3.反问

反问是指在公关活动中，交际主体在应对比较难于回答的问题时的一种应急方法。这种方法以子之矛,攻子之盾,所以在某种场合也经常被使用。如美国一家电视台在中国采访梁晓声时说:"下一个问题,希望您做到毫不迟疑地用简短的一两个字,如'是'或'不是'来回答。"梁点头示意同意。记者话筒伸过来,问:"没有文化大革命,可能也不会产生你们这一代青年作家,那文化大革命在你们看来是好还是坏?"梁一怔,说:"没有第二次世界大战,就没有以反映第二次世界大战而著名的作家,那么你认为第二次世界大战是好还是坏?"梁的这一反问,使美国记者大吃一惊,当即停止了拍摄。可见,反问对于这种言辞激烈,带有挑战性的问题倒不失为一种有效的手段。

(四)拒绝

拒绝是公关活动中对对方的不合理的请求或是提问进行否认和表示不接受的行为。它是公共关系交际中经常遇到的一种情况。一般来说,直白的拒绝往往会给对方造成一定心理上的伤害,所以拒绝大多数情形下要讲究一定的技巧。公共关系交际中尤其如此。一般地说,有这样几种常见的方式:

1.推托拖延

推托拖延主要有两种方式,一是借他人之口表达,一是时间上的推托。比如在交际中经常有人在自己不便于拒绝时用这样的话"有人说这样不好"等。时间上的推托在交际中也十分常见,如经常要用到的"嗯……""让我再考虑一下"或沉默等。在非洲有些地区,打电话给修理工要求维修家电时,如果这个维修工这时不能到场,修理工常常要在用语言拒绝之前,保持四五秒的沉默,以示拒绝。同时,据当地人讲,这也是他们对请求者的一种礼貌。

2.诱导对方自我否定

诱导对方自我否定是拒绝中的十分有效的一种方法。这样可以使本来处于被动地位的交际一方处于主动的地位,而又能摆脱尴尬。比如罗斯福当选美国总统之前,曾在海军担任要职。有一天他的一位朋友问起美国在加勒比海的一个小岛建造潜艇基地的计划。罗斯福向四周看了看,然后压低声音对他的朋友说:“你能保密吗?”朋友立即答道“当然能”,罗斯福说:“你能,我也能。”罗斯福的回答机智地诱导了对方,巧妙地回绝了朋友的请求。

3.体态表现

体态表现主要是指在公关活动中,不直接用语言去否定或拒绝对方,而是用一定的体态、姿势来表示拒绝的态度。这种方法在语言交际中也十分常见。主要有以笑代答、装聋作哑等几种方式。以笑代答多是在直接回绝怕伤对方情面,要说明白又颇费口舌的情况下使用。装聋作哑多用于无论如何回答对方的问题,都会陷于被动的情形时,这时可以装作没有听见,对对方的问题不作任何表示,也是一种行之有效的方法。

六　语言交际的文明

(一)语言交际文明的基本概念

文明在这里说的是人类社会开化的程度和进步的状态,跟不文明相对,或者说跟野蛮相对。语言交际的文明跟语言的性质有密切的关系。人是社会的,要沟通,要协调关系。没有语言,就没有社会,没有人类。语言本来就是用来合作的。所以,要想很好地完成交际就必须讲究语言的文明。文明体现在许多方面,例如要有合作的原则,要互相尊重等。如果没有一句话是对的,到处是毛病,就没法沟通。另一方面,即使语法上没有任何问题,如果不适应使用的场合或对象，也会影响到交际。

语言交际文明和社会规范是分不开的。社会规范也可以说是人们办事的规则和方式，不是行为的内容。规范可以分为两种：一是技术规范，解决人与物之间的关系，如安全制度，操作规程——这与语言无关；另一种是社会规范，调整人与人、人与社会、团体与团体之间的关系——在这中间，语言起着至关重要的作用。

语言规范显然是社会规范的一个组成部分，在人与人、人与社会的关系中，人应该遵守必要社会用语规范。语言是人的第二形象，言为心声，一个人的话能反映一个人的性格、文化、修养等。据说有一个人给苏格拉底引来一个人，要苏格拉底说说对这个人的看法，苏格拉底要求这个人说话。英国广播电台举行过一次试验，让九种职业的人在电台里说话，请4000人判断这些人的职业、年龄。演员、律师、传教士这些职业被多数人猜中。法国作家巴尔扎克的长篇小说《鳞皮》写银行家举行盛大的宴会。小说不写参加的人的模样，写他们混乱的喧嚷。高尔基很佩服巴尔扎克让读者从人的说话就能知道这是些什么样的人。古人说文如其人，说话也如其人。听人说话，基本上可以知道这个人的品性、教养、个性特点，甚至社会身份、工作职业。语言是一个人的第二形象。这第二形象跟第一形象相比，更为内在，更为真实。一个单位、一个民族、一个国家也是如此，所以个人、单位、民族、国家都很重视语言交际的文明。一个人在代表单位、民族、国家的时候，这个人的语言，还是单位、民族、国家的第二形象。例如，称呼、打招呼、问候等等，都体现出人的社会行为规范。例如，一个人如果在称呼上使用错误，就会影响到自己的形象。

在现代中国社会里，语言的文明化问题近年来引起人们的关注。我们认为，所谓的语言文明化主要是指行业工作用语和社会生活用语的文明化，实际上也就是指人使用语言遵守社会规范。这里有两层意思，一是语言规范的本身，一是在社会交际中语言行为的规范。它涉及社会的各个方面，对社会有极其重要的作用。改革开放以来，由于社会生活的变迁，固有的和外来的多元文化的交汇以及市场经济的迅猛发展，上述两人部类的语言文明教育一时尚未获得显著发展，语言文明相对社会的发展来说，有所滞后。在这种情况下，许多有识之士表现出了对这一问题的极大关注。人们迫切希望把语言文明教育提到议事日程上来。正确地开展语言文明教育，有利于化解交际中的人际摩擦，创设良好的社会交际氛围；有助于树立互助互谅的人际关系，促进社会风气的改善。

（二）语言文明的要求

首先要使用礼貌语言。1981 年 2 月 25 日，全国总工会、共青团中央、全国妇联、中国文联、中央爱委会、全国学联、全国伦理学会、中国语言学会、中华全国美学学会九个群众团体，经过长期酝酿商讨，联合发出《关于开展文明礼貌活动的倡议》。倡议书说："我们向全国人民特别是青少年倡议，开展以讲文明、讲礼貌、讲卫生、讲秩序、讲道德和心灵美、语言美、行为美、环境美为内容的'五讲四美'文明礼貌活动，使我国城乡的社会风气和道德面貌有一个根本改观。""五讲四美"中对语言的要求就是很基本的。关于语言美当时提出："要使用和推广礼貌语言，做到'和气、文雅、谦逊'，不讲粗话、脏话，不强词夺理，不恶语伤人。"

礼，是行礼。礼貌，是行礼的样子。表示行礼的行为是礼貌行为，表示行礼的语言是礼貌语言。人跟人本来应该有礼貌。1981 年北京西单路口北面出现一条横幅："为了您的幸福，请注意交通安全。”人们看到之后，心里热乎乎的。有人提议在“您”后面加上“和他人”三个字，有关部门采纳了。这条横幅关心人，有“请、您”，比“禁止、不许”好多了，是一种社会的进步。礼貌语言诚于中而形于外，是内容和形式的结合。应避免两种情况：一种是内心很好，说得不对；一种是内心不尊敬，表面上说得很好听。这两种都不是礼貌语言。不是用了“请、您”就是礼貌语言，而是内心尊敬而又用合适的语言表达出来的语言，才是礼貌语言。不是虚文俗套，不是拍马屁，不是单纯形式；而是实事求是。

其他要求还有如：

1.不要啰唆

啰唆是语言的大忌。从语言文明的角度看，啰唆是怕别人听不懂，小看别人，不平等待人。常常有什么“再重复一下，再强调一下”的说法。有一种是车轱辘话，一点事儿来回来去说。有的是一段话的末了一句说两遍。有人每一句话都重复一遍。有的有口头禅：“这个，那个的话，所以的话，因此的话”。新起的是“怎么说呐”，好像问题复杂，要好好思考着说，挺深沉的样子。类似的是咂嘴。啰唆现在常常表现在打电话，比马季说的相声里的打电话啰唆多了。香港那一带有个词语叫“煲电话粥”，就是对这种不文明现象的一种形象概括。

2.要耐心听对方的话

如果对方不是来乱侃的，就要真听，不要显得不耐烦。要插话，先打个招呼，插短一些，插完了，请对方继续说下去。有的人，往往不顾别人，自己突然想到一个话题就说起来，这样就成了自己说，不是交际。

3.要有内容

说话要有信息量，语言也新鲜一些。有的人官不大，官腔、套话倒很会说。一种是哼呀哈，一种是拖腔拖调。还有一种是动不动就概括成“三句话四个字”“一个方向，两个目的，三个措施，四个注意”什么的。这种现象值得研究。

4.恰当答话

答话很重要。不理睬不好，问一句答 句一般是不热情。社交场合，一般不要用反问句来回答，反问句是表示否定或不满的，有争论的味道，有的很厉害。不能满足对方要求的，一般要表示歉意，还要说点别的。如果街上有人问路，我不知道，要说对不起。帮助人是义务，不能帮助要说对不起。

5.声音高低适度

声音传达的距离很有讲究。我们很多人在很多场合说话声音太高。很多人不注意说话的文明，在公共场所吵吵闹闹。原因无非是不怎么顾及别人。

思考和练习

1. 汉语里有了“出租汽车”，为什么还会出现“的士”？

2. 说出十个 1978 年以来出现的新词语。

3. 说说当前主持人语言存在的主要问题。

4. 说说法律语言的特点。

5. 说说立法语言的特点。

6. 举例说说我国法律语言研究应用的情况。

7. 说说研究广告语言的意义。

8. 说出一个你认为比较好的和一个你认为不太好的广告语，从语言方面作简要的说明。

9. 说说网络语言的特点。

10. 有人说网络语言就像黑话，你怎么看？

11. 当前网络语言存在哪些主要问题，怎么解决？

12. 国内和国外古代语言交际研究有何异同？他们对后来的语言交际研究产生了哪些影响？

13. 以实例说明现代语言交际研究的特点。

14. 简述语言交际合作原则的基本内容。

15. 语言交际心理障碍有哪些？是怎样形成的？以实例说明，除本节提到的以外，语言交际心理障碍还有哪些表现形式。怎样控制和克服？

16. 在语言交际中，怎样进行思维训练？

17. 在公关交际中，如何运用交际的技巧？

18. 在公关交际中，你曾怎样拒绝别人的要求？

19. 语言文明有哪些基本要求？

20. 什么叫礼貌语言？

主要参考文献

曹志耘《广告语言艺术》，湖南师范大学出版社，1992。

陈　炯《法律语言学概论》，陕西人民教育出版社，1990。

戴昭铭《文化语言学导论》，语文出版社，1996。

郭　熙《中国社会语言学》，南京大学出版社，1999。

刘焕辉《言语交际学》，江西教育出版社，1988。

刘焕辉《交际语言学导论》，江西教育出版社，1992。

罗常培《语言与文化》，语文出版社，1989。

李济中《公关语言学》，北京工业大学出版社，1998。

李宇明《语言的理解与发生》，华中师范大学出版社，1998。

潘庆云《法律语体探索》，云南人民出版社，1991。

邱大任《语言识别》，群众出版社，1985。

邵敬敏《文化语言学中国潮》，语文出版社，1995。

孙懿华、周广然《法律语言学》，中国政法大学出版社，1997。

王　洁主编《法律语言学教程》，法律出版社，1997。

王　洁《法律语言研究》，广东教育出版社，1999。

王希杰《修辞学通论》，南京大学出版社，1996。

吴为章《广播语言研究述评》，见《广播电视话语研究选集》，北京广播学院出版社，1997。

吴郁《节目主持艺术探》，北京广播学院出版社，1997。

夏中华《交际语言学》，辽宁教育出版社，1990。

夏中华《口语修辞学》，远距离教育出版社，1993。

邢福义主编《文化语言学》，湖北教育出版社，1990。

姚喜双《播音学概论》，北京广播学院出版社，1998。

于根元主编《广告语言教程》，陕西人民教育出版社，1998。

于根元主编《网络语言概说》，中国经济出版社，2001。

张公谨《文化语言学发凡》，云南大学出版社，1998。

张颂主编《中国播音学》，北京广播学院出版社，1994。

第七章　与应用语言学学科建设有关的重要方面

概论性教材中很少有专门讨论学科建设的。应用语言学是一门新兴的交叉性学科，同时又是急需发展的学科，因此有必要把学科建设问题作为专题进行讨论。

一个学科的建设涉及许多方面。就中国应用语言学来说，主要可以从研究机构、学术阵地以及队伍建设、课题设置几个方面考虑。这里主要总结一下中国应用语言学建设中相关方面所做的工作，同时也提出一些面临的任务。

第一节　机构建设

20 世纪 70 年代末 80 年代初，叶圣陶、王力、吕叔湘等老一辈语言学家明确提出要重视语言应用研究，“要搞好应用语言学的研究”，并且列举出应用语言学应该研究的主要内容。1980 年中国语言学会成立大会上，吕叔湘在大会讲话中用近四分之一的篇幅讨论语言学研究中的种种关系，强调语言应用研究的重要性。这表明，中国语言学界对语言应用研究的重要性有了明确的认识。

同时，随着语言研究的深入，语言学者和相关学科学者的语言观念也有很大的变化，人们开始认识到，有必要建立专门的研究机构，集中一批研究人员进一步研究，并协调全国的有关研究机构和学者来共同进行语言文字应用研究。

1983 年，中国社会科学院同当时的中国文字改革委员会协商建立语言文字应用研究所，设立在当时的中国文字改革委员会里，同中国语言文字改革委员会共同领导，以中国社会科学院的领导为主。1984 年 3 月，国务院批复同意建立语言文字应用研究所，同年 9 月，中国第一个语言文字应用研究所正式成立。这是中国应用语言学学科机构建设的第一步，是我国应用语言学发展史上的一个重要里程碑。它是我国决策的科学化、交叉学科的发展和科学发展为经济建设服务的三大背景下的产物，同时它又推动了这三个方面的发展。

语言文字应用研究所的方针任务是：紧密联系实际，研究、解决语言文字的应用问题。按照当时的设想，语用所的具体研究方向是：(1)研究整理汉字，提出现代汉语用字的各种标准；(2)研究解决《汉语拼音方案》在实际应用中的问题（如正词法、同音词问题、拼音电报等），在《汉语拼音方案》的基础上，研究实验汉语拼音文字；(3)研究语言信息处理问题，利用计算机研究语言文字问题；(4)开展社会方言、社会语言信息、比较社会语言学以及语言识别的研究；(5)研究语言风格、口语问题、儿童语言、语言教学以及盲聋语文；(6)研究介绍国外文字改革和语言应用方面的情况。

由于某些原因，后来这些具体任务的设想有了一些变动。但是，语言文字应用研究所所确定的解决语言文字应用各方面的问题，为我国的语言文字工作服务，为国家语言文字工作的有关决策服务的方向没有改变，它为中国应用语言学的发展作出的贡献是巨大的。

语用所成立以来取得的成果主要表现在汉字整理、汉语拼音研究、现代汉语规范化、社会语言学、计算语言学等方面。语用所在语言文字应用方面所做的大量研究工作，不仅为国家语言文字方针政策的制订提供了科学依据，而且对我国语言应用学科的建立、发展和完善起到了积极的作用。从学科队伍的角度看，语用所还为中国应用语言学的人才培养作出了自己的贡献。它表现在三个方面。一是作为中国社会科学院研究生院的语言文字应用学系，培养了一批文字学、文字改革、社会语言学、语言信息处理、语言应用等专业的硕士研究生；二是在所内通过项目等培养了一批年轻的学者；三是接受访问学者和进修教师，通过项目和开展合作研究等方式，为高校培养了一批教学和科研的骨干。

语用所成立之初由国家语言文字工作委员会和中国社会科学院双重领导，1988 年以后由国家语委领导，1998 年国家语委并入教育部，语用所随之成为教育部的直属研究所。2001 年 4 月，根据中编办对教育部所属部分事业单位调整更名的批复，国家语委普通话培训测试中心和《语言文字应用》杂志编辑部并入了语用所，组成新的语用所。语用所在中国社会科学院研究生院设有语言文字应用系，并与北京广播学院联合设立语言学及应用语言学博士点。

语用所目前的主要任务是：面向教育部和国家语委的中心工作，面向现代语言文字生活的需要，面向应用语言学的学科建设，研究语言文字应用的实际问题和理论问题，研究语言文字的规范化和标准化，研究语言政策和语言规划；开展国家通用语言文字培训、测试及有关的组织规划、教学与科研工作，指导各地的培训与测试工作；为社会各界提供有关语言文字的评测与咨询服务；编辑出版《语言文字应用》和《语文信息》，进行有关语言文字的网络建设和现代化的信息服务；培养研究生和其他相关人才。

语用所目前的主要机构有：

1.普通话和语言教学研究室

普通话及其规范研究；推广普通话方略研究；普通话培训和测试的理论与方法研究；语言教学的理论与实践研究；第一语言教学研究；第二语言教学研究；以电脑为载体的多媒体语言教学及远程语言教学研究；扫盲研究；语言康复研究。

2.汉字与汉语拼音研究室（辞书研究中心）

文字和汉字基本理论的研究；汉字规范和标准的研制；社会用字调查与研究；汉语拼音及其应用研究；中国盲文、手语现状及其发展的研究；辞书编纂理论研究及实践。

3.社会语言学与媒体语言研究室（广播电视语言研究中心）

社会语言学基础理论研究；语言变异研究；语言与文化关系研究；语言政策与语言规划研究；社会语言学与相关学科关系研究；中国语言文字使用情况调查结果的分析与研究；术语及领域语言研究；广播影视语言研究；播音员和主持人语言研究；网络语言研究；图书报刊语言研究；广告语言研究；新词新语研究。

4.计算语言学研究室

语言信息处理的理论研究与应用项目的开发；对语用所其他研究工作的计算机支持；负责中国语言文字信息网和语用所局域网的建设、日常管理与维护；组织网站的信息建设。

5.《语言文字应用》编辑部（应用语言学研究中心）

研究应用语言学的理论与方法；负责《语言文字应用》《语文信息》的编辑、出版和发行工作；举办与应用语言学研究中心和杂志相关的学术活动。

6.普通话培训处

负责普通话与文字应用培训测试中心境内境外各类培训计划的制订与组织实施;对地方普通话培训工作进行业务指导;组织开展普通话教学方法和手段等方面的科学研究;组织有关普通话教材的编写和审订;负责中心的教务、考务、教学管理和教学档案的管理;参与本中心培训与测试业务的工作。

7.普通话测试处

负责普通话与文字应用培训测试中心境内境外测试工作计划的制订与组织实施;对地方测试工作进行质量监督与业务指导;负责测试员队伍的建设;组织开展对普通话水平测试理论、方法等方面的科学研究;研究并组织建立国家测试题库,负责中心测试业务档案的管理;参与中心培训与测试业务的工作。

语用所的制度也为应用语言学学科建设积累了经验。语用所实行所长负责制、课题责任制和研究成员聘任制。语用所注意加强与高校和其他研究机构的学术联系,联合举办了多次学术讨论会,例如应用语言学讨论会、社会语言学讨论会等,团结了一大批有志于语言文字应用研究的各相关学科的同行,起到了应用语言学学术核心的作用。

除了语用所以外,全国一些高校也成立了一些语言应用的研究机构,就相关课题进行了大量的研究。由于各高校的基础条件不同,相关的研究机构各有侧重,有的侧重在信息处理,有的侧重在语言教学,也有的侧重在理论研究。例如北京大学的计算语言学研究所,北京语言大学的语言信息处理研究所,暨南大学华文学院的应用语言学系,南京大学、北京师范大学、语言文字应用研究所和北京广播学院(联合)等设立的语言学及应用语言学专业博士点。可以预计,在不久的将来会有越来越多的语言应用研究机构建立起来,以适应社会的需求。

第二节　阵地建设

一个学科的健康发展需要自己的学术阵地。《语言文字应用》杂志就是中国应用语言学的一个重要阵地。

《语言文字应用》杂志创刊于 1992 年。目的是为适应当代语言生活的新变化,为加强语言文字的应用研究,加强对语言文字应用状况的调查和宏观的语言规划,加强对社会的咨询服务。目前《语言文字应用》由中华人民共和国教育部主管、语言文字应用研究所主办,是以提高为主的全国性语言文字应用学术刊物,也是唯一以语言应用研究为中心的刊物,是国家语言学/汉语类核心期刊,现为《中国人文社会科学引文数据库》来源期刊、《中国学术期刊综合评价数据库》全文收录的来源期刊、《中国期刊网》《中国学术期刊(光盘版)》全文收录期刊。2001 年《语言文字应用》杂志以"双效"身份进入"中国期刊方阵"。

《语言文字应用》的指导思想是:贯彻执行国家语言文字工作的方针政策,致力于语言文字的规范化、标准化,集中发表语言文字应用领域的学术研究成果,努力团结和发展国内外研究队伍,加强国际学术交流,促进语言文字应用学科的发展。总的来说,《语言文字应用》致力于从学术上为国家的语言文字决策服务,为应用语言学的学科建设服务,为各行各业的语言文字应用服务,为社会语言生活的现代化服务。

在关注范围方面,《语言文字应用》讨论语言文字应用各方面的问题。主要刊载语言政策与语言规划、各类语言教育、语言信息处理、社会各领域语言文字应用的科研论文,刊载应用语言学的理论、方法等方面的研究成果,刊载国家的语言文字规范与标准,并且兼顾有关的调查报告、学术评论和信息动态报道。具体说来,包括语言规划、语言文字规范、推广普通话、社会语言学、语言教学、对外汉语教学、计算机多媒体辅助教学、计算语言学、面向中文信息处理的现代汉语基础研究等研究成果,还追踪报道国内外有关语言文字应用研究的热点问题。文章形式包括学术论文、学术报告、书评、笔谈、资料等。

《语言文字应用》面向广大语言文字研究与教学工作者。主要读者对象包括:语言文字研究部门、信息处理部门、编辑出版部门和文秘系统的专业人员,高校中文系、计算机系、外语系和对外汉语教学专业的教师、博士生、硕士生和大学生,师范学校和中学的语文教师,各级语委的业务干部以及其他语文爱好者。

创刊十多年来,《语言文字应用》为中国的语言文字应用研究作出了突出贡献。它发表了语言文字应用许多方面的成果,尤其是语言观、推广普通话、现代汉语规范化、语言教学、新词新语、广告语言、计算语言学等方面的成果,推动了语言文字应用研究的发展,团结和发展了队伍。

除了《语言文字应用》杂志外,其他一些语言学杂志也大量发表应用语言学的研究成果。主要有《世界汉语教学》《语言教学与研究》《语文建设》《汉语学习》《术语标准化与信息技术》《科技术语研究》等。当然,出于刊物的性质,各刊物关注的侧重点有所不同,但这些刊物也都是中国应用语言学的重要阵地。无论是《语言文字应用》还是其他关注应用语言学的杂志面向应用的举措，都是为了适应我国社会转型期需要。社会发展的大环境对应用语言学刊物的发展起了重要的作用。

第三节　队伍建设

一　研究队伍的素质

从根本上说，应用语言学的研究需要有一支高水平的学者队伍。从事应用语言学研究的总的要求是要具有应用语言学和交叉学科的基础。具体来说包括以下几个方面。

（一）要有语言本体研究的功力。

常有人认为搞应用最容易，这也就使得有人看不起应用研究。其实，真正的高水平的应用研究比本体要难得多。因为应用研究的人除了应用本身的研究外，还必须掌握本体研究的功力，必须有坚实的理论基础，熟练掌握语言学的基本理论和知识。例如，掌握语言学的基本概念，汉语语音、词汇和语法各个要素的基本知识，掌握语音的听辨、记音以及分析整理语音系统的能力，对新的语言现象的敏锐的观察能力等都是非常重要的。

（二）知识结构比较合理。

除了语言学的几个方面都有一定的基础以外，还需要相关学科的知识。例如，从事语言文字信息处理的，需要掌握计算机的相关知识；从事语言康复研究的，需要掌握生理和医学知识；从事语言教学研究的，需要掌握心理学和教育学的知识；从事语言规划研究的，需要掌握社会学和政治学的知识等。

(三)善于调查研究,能进行田野工作。

调查研究和田野作业在应用语言学中占有重要的位置。例如各种规范标准的制定就需要听取各方面的意见,如何搜集社会各界的意见,了解社会对某一问题的态度,对应用语言学来说就显得非常重要。

(四)有一定的实际解决问题的能力。

应用学科不仅要提出问题,还要解决问题。这就要求应用语言学工作者具有一定解决实际问题的能力。

(五)有科学工作者的品格和事业家的眼光。

这里说的科学工作者的品格是尊重科学,实事求是;事业家的眼光是说要不保守,站得高,看得远,为顺应社会发展,满足社会需求开展研究工作。

二 其他层面

上面是就基本要求而言。除此之外,队伍建设中不能不考虑领导队伍、骨干队伍和教师队伍的建设。

应用语言学学科建设中的领导工作当然也是重要的。领导层应该注意以下几个方面:(1)自己要承担课题,成为高层次学术群体的核心,善于团结人、关心人;(2)善于以学术引导学术;(3)既把握学科发展的方向和动向,又会微观操作和具体进行,不是大而化之。

还要培养一批学术骨干。从目前的发展看,骨干队伍最好由具备以下条件的人来构成:(1)开拓型和工程型人才;(2)了解全局又能独当一面的人;(3)善于调度人力的人。

高素质的教师队伍是中国应用语言学队伍建设的一个重要方面。作为一门新兴的交叉学科,目前并没有现成的专门人才,也没有现成的师资。因此,多学科的知识与智慧的凝聚交融,多学科专家的合作,培养多学科兼通的复合型人才,这是应用语言学发展的必由之路。这种状况反过来也有优势,即可以边研究边培养人才;这样做容易发现问题,容易出成果。当然,在教学中要注意扩展研究的面,善于使用多种思维方法;既关注国内,也关注国外。要注意课程该不该上,什么时候上,上到什么程度,跟别的课程的关系。总的来说,要高质量地培养现在和未来社会需要的动态发展的人才,注意后效应和跟踪调查。要出成果、出人才、出方法、出气氛。

队伍建设中也要注意学风建设,加强创新精神的培养,提倡健康的学术批评。学风是学术境界的体现,创新是学术的生命,健康的学术批评是学术发展的保健医生。这些也都是队伍建设中不可忽视的。

总的来说,学科重在建设。重在建设是个思想。体现在研究方法和态度方面,要正确估计形势。基本情况不好,才需要重在治理。要以立为主。发现问题是个开始,重要的是努力解决问题,拿出正面的看法来。要以正面引导为主。要有责任感,做出榜样。要多注意新的好的语言学思想,这还是个价值观的表现,如果经常注意新的好的,不仅会谦虚,不容易僵化,便于学习,而且是高层次人性的表现。力求解决问题,这是最终目的。

第四节　课题设置及成果推广

一　课题设置的基本原则

和其他学科的课题设置一样,应用语言学课题设置对本学科发展有一定的导向作用。最大限度地满足社会和学科发展的需要是课题设置的基本原则。不同时期的课题设置会随工作重心的不同而不同。目前要特别重视理论建设和人才建设。《国家语言文字研究“十五”科研规划指南》指出，要坚持“尊重规律，重在建设”的指导思想，集中力量，加大投入，以规范标准建设为核心，有计划、有步骤地开展科研工作；坚持面向语言文字工作战线和全社会开展研究，发挥好学科建设的基础作用、基地作用，使科研工作更好地为政府语言文字工作的科学决策服务，为两个文明建设服务。这些无疑都是正确的。当然，随着社会和学科的发展，还会出现新的研究内容。

另一方面，课题设置不只是政府或学术界高层的事，每一个从事研究的人都有责任发现和提出新的课题，以高质量地完成和引导社会和学科现在和未来的需求。政府或学术界有关部门则应该注意宏观把握和协调。可以滚雪球地进行，成本起初比较低，容易出阶段性成果和创业的人才。切忌计划经济的一套和形式主义、花架子。可以多个课题以及课题的几个阶段动态叠加地进行，播种与收获叠加进行。

目前，我国社会语言生活空前活跃，语言文字工作的基础性地位和作用更加突出。语言文字应用研究既面临着前所未有的发展机遇，也面临着严峻的挑战。抓住机遇，积极进取，适应国家西部大开发战略和加入世贸组织的需要，加快语言文字应用研究的步伐，促使语言文字应用研究迈上新台阶，是语言研究机构和语言文字工作者的重要职责。

二　我国应用语言学研究的成果和面临的任务

“九五”期间，我国语言文字应用研究取得了多方面的进展，实现了一些阶段性成果的转化。主要表现在：(1)语言文字法制建设研究和立法工作实现了历史性的突破；(2)语言文字规范、标准研制和基础工程建设进一步加强，取得了新的成果；(3)推广普通话、汉字规范化标准化的理论与政策研究逐步深入；(4)中小学语文教学、双语教学、扫盲等引起社会广泛关注；(5)随着对外汉语教学的蓬勃发展，对外汉语教学逐步发展成为应用语言学的一个分支学科；(6)语言文字信息处理由于计算机学界和语言学界的共同努力，取得了可喜的成绩，基本解决了汉字的计算机输入和显示等问题，中文自动分词、词性标注以及语音识别、语音合成等方面的研究获得了重大进展；(7)就不同领域进行的语言研究、专名术语研究相继展开，发表、出版了一批研究论著；(8)语言习得研究、语言认知研究和病理语言研究等也开始起步；(9)在辞书编纂方面，出版了一批质量较高的辞书，对提高全民族语言文字生活的质量发挥了重要作用；(10)进行了语言文字国情调查。

存在的问题主要是：(1)专业人才短缺，经费投入不足；(2)定性研究较多，定量研究较少；(3)采用人工、传统的研究手段较多，借助现代化手段较少；(4)面向人的研究较多，面向计算机和网络的研究较少；(5)语言规划研究、语言文字规范标准建设等，还存在着明显不足。

按照国家有关部门的规划，“十五”期间的语言文字应用研究要力争在以下五个方面有较大推进：(1)社会急需的语言文字规范、标准研制取得突破性进展；(2)面向信息处理的语言文字应用研究迈上新的台阶；（3）应用语言学的学科体系基本建立；（4）社会语言生活状况的跟踪监测与对策研究能够基本满足社会发展的需求；（5）研究手段与信息服务手段的现代化进程明显加快。

具体的任务有以下几个方面。

（一）语言规划的理论与实践

研究语言规划的性质、内容、意义、原则和方法；研究语言规划与语言文字法规的历史与现状；中外语言规划的对比研究；研究《中华人民共和国国家通用语言文字法》的执法状况，并制定其配套法规；研究语言文字工作的历史、现状及其发展战略，包括信息时代、西部大开发、加入世贸组织等的语言发展战略；研究香港、澳门和台湾地区的语言文字问题；研究应用语言学人才战略问题。

（二）普通话及其推广

研究普通话的音节、轻声、儿化、变调等问题，完善相应的语音规范；研究现代汉语词汇规范问题，研制现代汉语常用词表、通用词表等；研究新词新语、汉语外来语问题及词语中罗马字母读音、书写规范等；研究术语及其标准化；研究汉语简称和缩略语规范；研究普通话水平测试及其相关问题。

（三）汉字及其规范化、标准化

研制现代汉语规范字表，制订汉字字形、字音及排序等规范；研究汉字应用水平测试问题；研究汉语人名用字、地名用字、出版用字及汉字大字符集问题；在更大范围内研究汉字的各种属性；研究语言文字应用能力及社会语言文字规范等问题。

（四）汉语拼音及其应用

研究汉语拼音如何在现代生活中发挥作用；完善有关汉语拼音的规范。

（五）语言学习与教学

研究我国语言教育（母语教育、汉语作为第二语言教育、外语教育等）的发展战略和现实问题；研究中小学语文教育问题；研究语言障碍者的相关问题；研究双语问题、双语制与双语教学问题；完善基础教育、扫盲教育、对外汉语教学用的字表、词表等；研究对外汉语教学的相关问题，如面向对外汉语教学的汉语本体研究，汉语作为第二语言的学习过程研究，汉语水平考试研究，对外汉语教学用的多媒体教材或素材库研究，汉语中介语语料库研究，对外汉语教学工具书及等级标准研究，对外汉语教学应用软件研究等；研究民族地区语言教育的问题。

（六）面向计算机及网络的语言文字应用

研究语言信息处理前沿的新理论、新方法；加强语言信息处理的基础设施建设，包括建立经过多级加工标注的大规模汉语语料库和相关的数据库；制定语料库加工规范；加强基于语料库的语言、文字研究；研究术语自动提取、汉语自动生成和自动分析等问题；研究自动翻译的有关问题；研究网络语言及信息安全等问题。

（七）少数民族语言文字规范标准及其信息处理

加强民族语言文字规范标准建设和信息处理系统平台研制；研究少数民族人名、地名罗马字母转写方案和汉字音译转写法；制定民族文字书写形式规范；研究民族语辞书编纂的一般原则与方法；研究民族语缩略语书写的一般原则与方法；研制民族语言新词、术语规范；研制民族文字印刷字体规范，促进民族文字出版系统的更新换代；制定《信息技术 信息交换用藏文编码字符集 辅助集》；研制蒙、藏、维、哈、朝等语言文字的信息处理应用平台及其自动识别系统等。

（八）其他

对重要领域语言文字及其应用加强研究，例如，研究新闻出版、法律、广播电影电视、军事、体育、商务广告、医护、公共服务等领域用字、用语特点；研究辞书编纂现状及其发展对策等。研究信息处理系统的评测标准，建立评测库；制定汉字键盘输入语言文字规范评价原则、汉语语音输入语言文字规范评价原则、汉字手写输入语言文字规范评价原则等。

今后若干年，将是我国应用语言学研究更加迅速发展的时期。许多重要领域和问题需要进一步深入调查研究，一些重要研究成果还需要更多更好地转化推广，以及时满足社会发展对语言文字应用研究提出的要求，服务于我国社会主义现代化建设。

思考和练习

1. 语言文字应用研究现在的主要任务是什么？

2.《语言文字应用》的性质是什么？

3. 应用语言学的队伍有哪些基本要求？

4. 应用语言学课题设置的基本原则是什么？

5. “十五”期间应用语言学要在哪五个方面力争有所突破？

主要参考文献

齐沪扬、左思民《迎接新的世纪，作出新的贡献——上海师范大学语言研究所“世纪之交汉语语言文字应用研究”座谈会纪要》，《语言文字应用》1996年第1期。

王　宁《语言文字应用的广阔天地》，《语言文字应用》1996年第4期。

于根元《应用语言学的队伍建设》，《语言文字应用》1996年第1期。

后　　记

这是应用语言学系列教材中的一本。适用于应用语言学系、中文系，以及外文系、新闻系、播音系、传播系、对外汉语教学专业等本科。适当调整后可以供有关的硕士研究生、专科生用。有关本科专业基础课一般为34—68课时。其他方面使用根据实际情况定。内容可以调整、补充。章节也可以调整，例如把几个基本理论放在“中国的应用语言学”后面梳理。在“语言交际”等章里可以多安排一些练习、讨论和实践。作业可以做一两个方面的调查报告。如果同“现代汉语应用实践”课同时开，并且相互照应，效果更好。

本书分工情况：

郭熙（南京大学中文系教授，博导），负责撰写第一章的第一节，第二章的第四、五节，第三章的第五节。

夏中华（锦州师院中文系教授），负责撰写第四章的第五、六节，第六章的第六节。

侯　敏（北京广播学院播音主持艺术学院教授），负责撰写第二章的第七节，第三章的第四节，第五章的第四节。

邢　欣（北京广播学院播音主持艺术学院教授，博导），负责撰写第二章的第六节，第五章的第三节，第六章的第三节。

李宇明（语言文字应用研究所所长，教授，博导），负责全书审读、修改。

于根元(北京广播学院播音主持艺术学院研究员,博导),负责撰写其余部分和统稿。

这是起初分头起草等的情况,2002年郭熙主要根据陈章太的审稿意见和李宇明的修改意见,作了相当多的修改和补充。

于　根　元

2003年2月19日

术　语　表

八股腔　stereotyped writing style

白话文　vernacular Chinese

本体语言学　general linguistics

比较　comparison

播音风格　style of announcing and compering

播音主持语言　language of announcing and compering

称谓　address form

抽样　sampling

词典学　lexicography

辞书编纂 lexicography

地理语言学　geographic linguistics

第二语言　second language

第四媒体　the fourth medium

调查　survey

定量　quantitative

定性　qualitative

对比语言学　contrastive linguistics

对外汉语教学　teaching Chinese as a foreign language

儿童语言学　the study of child language

法律语言　forensic language

翻译学　translatology

方法　method

方法论　methodology

方言　dialect

个案　case

工具性　instrumental

公关语言　communicative language

观察　observation

广播电视语言　language used in radio and television broadcasting

广播语言　language for radio broadcasting

广告语言　language for advertisement

规范度　degree of normality; degree of standardization

规范观　view of normalization/ standardization

规范型　（如果是形容词，则是：normative/ standardized；如果是指规范的类型，则是：types of standardization）

国家通用语言文字法　Law of the people's Republic of China on the Standard Spoken and Written Chinese Language

过渡语　interlanguage

汉语拼音　Chinese *pinyin*; the Chinese Phonetic Alphabet

汉语水平考试　Chinese proficiency test

汉字编码　Chinese character encoding

汉字输入　input of Chinese characters

合作原则　cooperative principle

机器翻译　machine translation

基本词语　basic words and expressions

基本语法　basic grammar

计算语言学　computational linguistics

忌语　taboo

简称　abbreviated form

交际度　communicative degree

教师口语　teacher talk；teachers' spoken language

结构主义语言学　structural linguistics

客体语言　object language

口才　eloquence

口语　spoken language；oral language

礼貌语言　polite language

礼貌原则　politeness principle

历史语言学　historical linguistics

立法语言　legislative language

领域语言　domain language

媒体语言　language of media

描写型　descriptive

母语　mother tongue；native language

目标语　target language

目的语　target language

内核　kernel

品位　taste

普通话水平测试　test of proficiency in putonghua/ spoken Chinese

普通语言学　general linguistics

人工语言　artificial language

人文性　humanistic

人造语言　artificial language

认知　cognition

少数民族语言　minority language

社会语言学　sociolinguistics

神经语言学　neurolinguistics

实验　experiment

实验语音学　experimental phonetics

术语　terminology

双语　bilingual

司法语言　judicatory language

思维训练　training of thinking

缩略语　abbreviation

套话　formula；formulaic language

体态语言学　non-verbal linguistics

通用语言　general language

统计语言学　statistical linguistics

推广普通话宣传周　a week devoted to the popularization of spoken Chinese

外层　outer layer

外来词　loanword

外语词　foreign words

网络语言　cyber language；language used on the Internet

网民　netizen

网友　cyber partner

文才　literary talent

文化语言学　cultural linguistics

文言　classical Chinese

问卷法　questionnaire

现代汉语　modern Chinese

现代语言学　modern linguistics

心理语言学　psycholinguistics

新词新语　neology

新颖色彩　originality

亚稳体　metastable entity

言外之意　implication

研究能力　research ability

样本　sample

意译词　freely translated word

音译词　transliterated word

应用语言学　applied linguistics

应用语言学理论　theory in applied linguistics

语感　linguistic intuition

语境　context

语料库　corpus

语体　style

语文　Chinese；oral and written language；language and literature

语文学　philology

语言本体　language noumenon；language proper

汉字　Chinese characters

语言创新能力　innovative ability in language

语言风格学　study of language style

语言观　view of language

语言规划　language planning

语言交际　language communication

语言教学　language teaching

语言美　beautification of the language

语言能力　language competence

语言社团　language community

语言生活　language life

语言习得　language acquisition

语言信息处理　language information processing

语言学　linguistics

语言学理论　linguistic theory

语言哲学　philosophy of language

语言政策　language policy

语言知识　linguistic knowledge

语音合成　speech synthesis；voice synthesis

语音系统　sound system

语用　pragmatics

预测法　method of forecasting

侦查语言学　investigative linguistics

中介语　interlanguage

主持人语言　language of the compere

主体语言　subject language

自动分词　（如果指自动识别、分辨词，则是：automatic worddistinguishing；如果指自动的分词，可能是　automatic parsing）

自然语言　natural language

图书在版编目(CIP)数据

应用语言学概论/于根元主编. —北京:商务印书馆,2003(2021.9 重印)
(应用语言学系列教材)
ISBN 978-7-100-03793-8

Ⅰ.①应... Ⅱ.①于... Ⅲ.①应用语言学—教材 Ⅳ.①H08

中国版本图书馆 CIP 数据核字(2003)第 033233 号

YÌNGYÒNG YǓYÁNXUÉ GÀILÙN
应用语言学概论
主编 于根元

商务印书馆出版
(北京王府井大街36号 邮政编码100710)
商务印书馆发行
北京市白帆印务有限公司印刷
ISBN 978-7-100-03793-8

2003 年 8 月第 1 版 开本 850×1168 1/32
2021 年 9 月北京第 15 次印刷 印张 9⅞
定价:35.00 元